Social
History of
Japan 2

関西大衆食堂の社会史

「餅系食堂」からみた
都市移動と立身出世

奥井亜紗子［著］
OKUI Asako

法律文化社

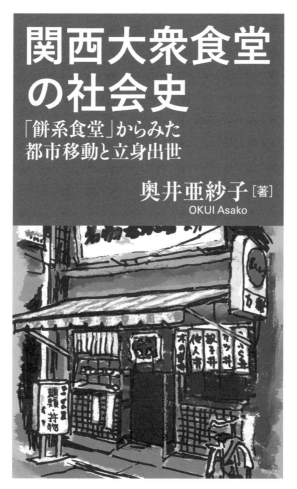

はしがき

力餅《ちからもち》、大力餅《だいりきもち》、弁慶餅《べんけいもち》、相生餅《あいおいもち》、千成餅《せんなりもち》…おおよそ団塊ジュニア以上の世代で関西に住んだことのある読者であれば、どこかでこれらの食堂の名前を見聞きしたことがあるだろう。麺類・丼物といった店内飲食メニューに加えて店頭でおはぎやあんころ餅、おいなりさんや赤飯などを販売し、名前に「餅」がつく昔ながらの大衆食堂である[1]。本書では、これらの大衆食堂を便宜的に「餅系《もちけい》食堂」と称することにしよう。一九九五(平成七)年の『京都新聞』によると、当時京都府内(京都市及びその近辺)では上記五つの餅系食堂を合わせて約一三〇軒、大阪には約一〇〇軒の力餅が存在したという[2]。近年、特にコロナ禍以降は急激に店舗数が減りつつあるが、ひと昔前までの京阪神都市圏の下町商店街にたいてい一軒はこの手の餅系食堂があり、人々の生活に溶け込んで庶民の食文化を形作ってきた。

本書は力餅を中心とした関西の餅系食堂のモノグラフ研究である。

社会学とは「自明なもの(taken-for-granted)を疑う」学問であるとよく言われる(シュッツ 一九三二=二〇〇六:三二)。筆者自身を含め、おそらく一定以上の年齢層の人々にとって、大衆食堂とは自明性(あたりまえ)の塊である。一地域住民、あるいは一常連客という立ち位置でみると、大衆食堂の自明性とは、平易に表現すれば「いつもの味が、いつでも食べられて、当然のようにそこにあるもの」である。だからこそ、長らく行きつけにしていた大衆食堂の閉店の貼り紙に、人々は動揺する。それは、この手の大衆食堂が、「この週末力餅食べに行くねん」というようにことさら予定立てて行くところではなく、「力餅か…、一昨日行ったな。…いや三日前やったかな」というほどには地域住民の日常生活の中に溶け込みきった存在だったからである。

大衆食堂の自明性には二つの相がある。一つは、そこでいただくメニューであり味であり組み合わせである。大阪在住の筆者にとって、優しい出汁の香りがする「昔ながら」の餅系食堂におはぎやおいなりさんがある風景は自明である。おうどんを食べながら自分のお腹と相談して、おいなりさんを一個、もしくはおはぎを一個追加注文すると、女将さんが店頭のショーケースの扉を開けて、ちょっと屈んで商品を取り小皿に乗せて持ってきてくれるまでの一連の動作も自明である。

加藤政洋《かとうまさひろ》・〈味覚地図〉研究会（二〇二三）は、京都にある前記の餅系食堂を含む「麺類・丼物一式」の食堂を、東京の蕎麦屋に類する存在と位置づけて「京都食堂」と呼んでいる。この「京都食堂」の特徴は麺類・丼物に限らない豊富な品揃えであり、いなり寿司や巻き寿司といった「寿司もの」、焼きめしやカレーライスといった「洋皿」、そして餅の入ったうどんをはじめとしておはぎや赤飯といった餅米を扱うメニュー、その他甘味類などが例として挙げられている（加藤・〈味覚地図〉研究会 二〇二三：一二一～一二三）。異なる食文化との出会いによって、大衆食堂の一つ目の自明性は比較的たやすく相対化される。

大衆食堂の自明性のもう一つの相は、「昔ながら」の食堂を営む大将（経営主）と女将さん――関西ではおそらく、食堂の「おっちゃん」と「おばちゃん」のほうがしっくりくるが――の存在そのものである。地域の常連客にとって自明であるのは、大将と女将さんは「いつだってそこにいて、いつ行っても変わらない味を提供してくれる」ことである。

だが改めて考えると、彼らはいかなる来歴を持ち、どのような経緯でそこに自分の店を構えるに至ったのだろうか。いかなる社会関係の中に生き、日々どのような思いで商売を営んできたのだろうか。大衆食堂の社会史を編むことで本書が解きほぐしていきたいのは、この大衆食堂の自明性の後者の相である。

大衆食堂とは地域に根差した商売である。提供されるメニュー一つとっても、その食堂が存在する地域社会とその土地の食文化を映し出すのが常である。そのため、関東の読者にとって、本書の描き出す餅系食堂の世界は、おそらくそこまで腑《ふ》に落ちるものではないかもしれない。

漫画家・エッセイストの東海林《しょうじ》さだおのエッセイ『大衆食堂に行こう』（二〇一一）に収録された東海林と定食評論家今柊二《こんとうじ》の対談には興味深いくだりがある。東海林が今に対して「京都へ定食を食べに行く」というテーマを考えたことがある、と言うと、全国の定食を食べ歩いている今が、「ああ、京都は定食がいいらしいですね」と「力餅食堂」と「せんなり（千成餅）食堂」の名前を挙げ、力餅（餅入りうどん）とおはぎ、その他赤飯やきなこ餅があることを伝える。すると、東海林は次のように一刀両断するのである。

「そういうのはぼくちょっとヤだな（笑）。定食屋ってやっぱり男っぽい雰囲気がいい。そういうとこで甘いもん出してもらっても困る」（東海林 二〇一一：一三三）（傍点筆者）

写真　往時の力餅食堂
（大阪府守口市）

入口両側に店内飲食メニューとおはぎ等店頭販売用のショーケースがある。
出所：小林正司氏提供。

興味深いのは、東海林が甘党ではないようだ、という話ではない。東京出身の東海林にとって、「安くて、うまくて、人情があり、物語もある」「僕らの味方」の大衆食堂に求める「男っぽさ」とは、一九七四（昭和四九）年から四〇年間にわたって『毎日新聞』に連載された東海林の四コマ漫画『アサッテ君』に登場する小市民感あふれる「平凡」な、でもワイシャツを着てネクタイを締めたサラリーマンの「男っぽさ」であった(3)。

ひるがえって関西の大衆食堂はどうだろうか。もちろん、関西の食堂にも「アサッテ君」はそこかしこにいるだろう。だが関西の大衆食堂ではなじみ深い、麺類と御飯という「炭水化物×炭水化物」定食——餅系食堂ではさらにデザートまで炭水化物（おはぎ）である——は、それがサラリーマンよりは身体を使って働く労働者の「胃袋」に応えて作り上げられてきた食文化であることを示唆している。関西の大衆食堂のメニューは、近代以降の京阪神都市社会が地方から膨大な労働者を吸収しながら発展してきた歴史を映し出す鏡である。

急増する労働者の「胃袋」に新たな商機を見出したのもまた、都会での成功を夢見て郷里から出てきた地方出身者であった。餅系食堂のルーツは兵庫県但馬《たじま》地方である。豊岡《とよおか》の町場でまんじゅう屋を始めた農家の長男池口力造《いけぐちりきぞう》が明治中頃に京都で開業した力餅は売れに売れ、郷里からの連鎖移動と住み込み従業員の暖簾《のれん》分けで店舗数を拡大していった。そのプロセスで派生していったのが冒頭に挙げた餅系食堂である。

本書では、農村—都市移動者としての餅系食堂経営主の社会史を通じて、彼らの経験した「近代」の風景をみることにしたい。序章では、まず近現代日本の移動と家族変動、自営業をめぐる先行研究を踏まえて本書の研究上の論点を示す（特に関心がない場合は、序章を飛ばして第1章から読み始めていただきたい）。第1章は餅系食堂関係者の出身地である但馬地方とそこからの都市移動のライフヒストリーを、第2章では住み込み従業員として出てきた彼らが暖簾分けをし「一国一城の主」となるまでのプロセスをみていく。第3章では、最も歴史が古く店舗数が多かった力餅の組合組織に焦点を当て、経営主たちが依拠する社会関係の論理が近代化していく様子を大阪の発展を踏まえつつ描き出す。続く第4章では、地域密着型商売である餅系食堂が、地域社会のなかでどのように商売と子育てを行ってきたのかを考察する。第5章では、社会環境の変化と暖簾分け制度の衰退を背景に、餅系食堂の後継者不足が進む状況をみていく。終章では、コロナ禍を経て急速に店舗数が減少するなか、新たな展開を見せている令和の餅系食堂の事例を考察する。

なお本書では、方言および現代においてはやや「不適切」と感じられる可能性がある表現も特に加工・修正することなく用いている。それは、サラリーマン的な「立身出世」とは異なる「もう一つの立身出世」ルートで身を立ててきた餅系食堂の生きてきた生活世界の「自明性」が込められた言葉だからである。

注

（1）店舗によっては「餅」をつけなかったり、平仮名表記にしたりなど、店名には様々なバリエーションがみられる。
（2）『京都新聞』（夕刊）「なぜ？京でうけた『○○餅』」一九九五年一二月二日。
（3）『アサッテ君』は一九七四年から二〇一四年にかけて『毎日新聞』朝刊で連載された四コマ漫画であり、一万三七四九回の連載回数は一般全国紙で最長である。

目次

序章　農村―都市移動から「家族の戦後体制」を読み直す

1　「家族の戦後体制」と労働力型都市移動

近代家族と人口学的移行世代

二〇二四（令和六）年春、日本の合計特殊出生率（二〇二三年）が過去最低の一・二〇を記録したことが社会に大きな衝撃を与えた。国内のみならず海外からも日本社会の持続可能性が危ぶまれる状況において、「男は仕事」「女は家庭」という性別役割分業を組み込んだ家族のあり方は、晩婚化・少子化をもたらす「昭和モデル」として、そこからの脱却が喫緊の課題とされている(1)。一部の保守派からは依然として遵守すべき「伝統」とされる「昭和モデル」であるが、この家族のあり方は、これまでも家族社会学を中心に「近代家族」あるいは「家族の戦後体制」（落合 一九九四〔二〇一九〕）と呼ばれ、歴史的文脈のなかで位置づけられてきた。

「近代家族」とは、一九七〇年代に欧米圏で興隆した社会史研究およびフェミニズム理論において用いられるようになった概念である。一九八〇年代後半から九〇年代にかけて我が国で独自の展開をみせた近代家族論は、これまで標準的かつ理想的と考えられてきたこの家族のあり方を近代という時代に特有なものとして相対化し、家族社会学にパラダイム転換をもたらしてきた（池岡 二〇一七：二二）。

落合恵美子《おちあいえみこ》が「近代家族」の理念的特徴として整理した次の八項目は、「近代家族」の定義に代わるものとして広く引用されてきた（落合 一九八九：一八）。

(1) 公共領域と家内領域の分離
(2) 家族構成員相互の強い情緒的絆
(3) 子ども中心主義
(4) 男は公共領域、女は家内領域という性別分業
(5) 家族の集団性の強化
(6) 社交の衰退とプライバシーの成立
(7) 非親族の排除
(8) 核家族（後に保留）

落合はその後、欧米とは異なる社会が近代家族化したかどうかをみるための概念の操作化として、出生率と女子労働力率を近代家族のメルクマールとすることを提案している（落合 二〇一四）。出生率を指標にするのは、人口転換が近代家族成立の要件だからである。人口転換とは、「多産多死」社会から「少産少死」社会への不可逆的な転換のことを指す。(2) 日本において人口転換は、一九二五（昭和元）～一九五〇（昭和二五）年生まれ、つまり昭和ヒトケタ世代から戦後の団塊の世代までの出生コーホートが家族を形成する過程で起こった。この出生コーホートは、平均四人のきょうだいを持ち大多数が結婚するものの、自身が形成した一夫婦あたりの子ども数は平均二人という「人口学的移行期世代」であった。

もう一つのメルクマールである女子労働力率は、産業構造の転換による農業などの伝統産業の縮小によってもたらされる。女性の就業機会およびその必要性が低下することによって「主婦化」が進行するのである。

人口学的移行期世代が築いた「家族の戦後体制」は、同時期に大企業を中心に整備が進んだ年功賃金や終身雇用制といったいわゆる日本型雇用慣行と、それに併行して広まった「家族賃金」観念——夫は家事に専念す

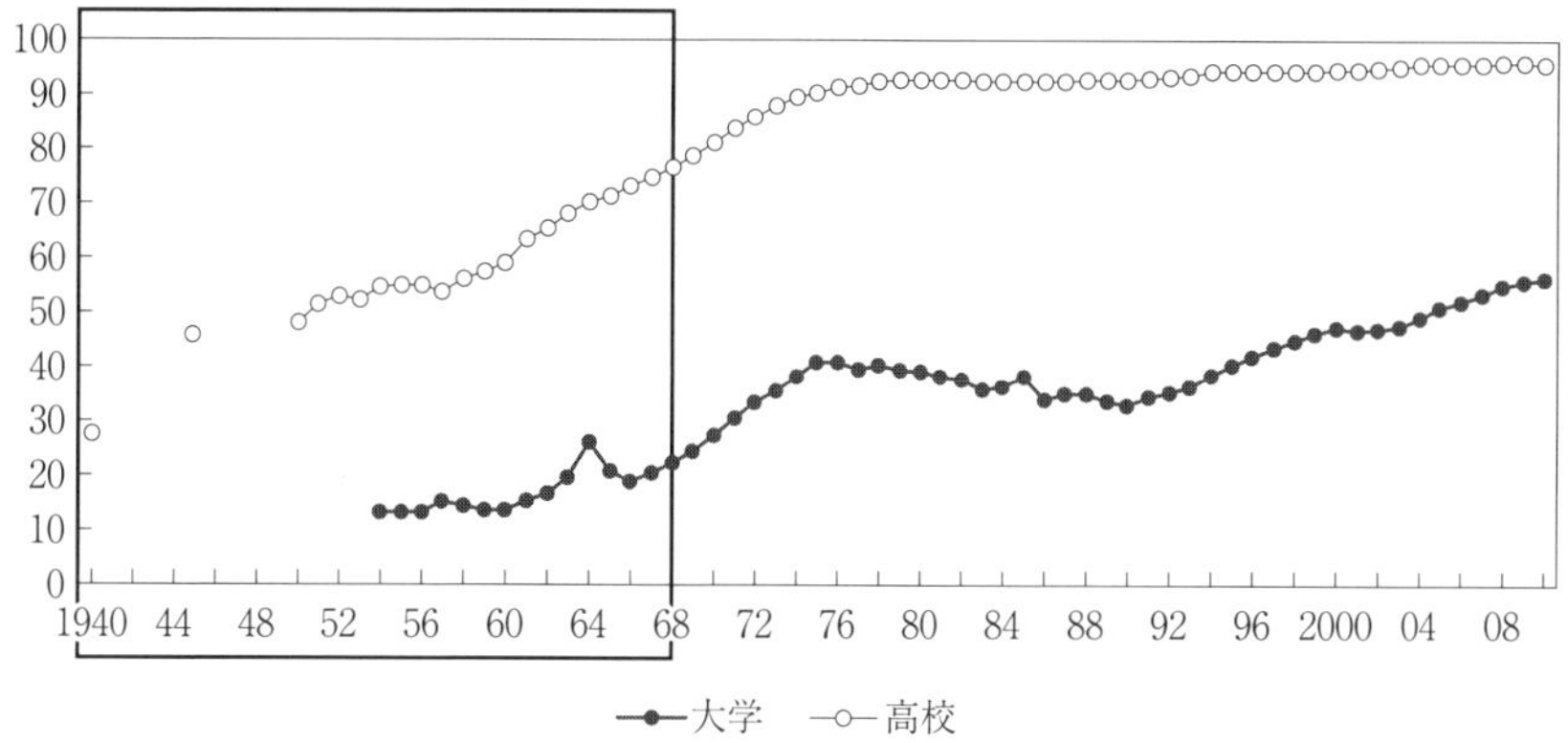

図序－1　男子の高校・大学進学率の推移

注：大学は四年制大学への入学率（過年度卒業者等を含む)。高校は通信制課程（本科）進学者を除く。

出所：1950年以降は文部科学省「学校基本調査」各年度／1940・1945年高校進学率は文部省統計局（1962)『日本の成長と教育 教育の展開と経済の発達』39頁、表5「中等教育機関への進学率」参照。

る妻を扶養する義務がある、という考え方――によってもたらされた物質的基盤に裏打ちされてきた（木本一九九五）。

しかし、「家族賃金」を有する大企業で日本型雇用慣行の恩恵を享受することが可能であったサラリーマン家族は、人口学的移行期世代が形成した家族において決してマジョリティを占めていたわけではない。

「近代家族の大衆化」から見落とされてきたもの

ここでいったん、そうした恩恵を十分に享受しうる大企業サラリーマンの学歴を「大卒」と仮定したうえで、この世代の進学率を確認しておこう。図序－1は一九四〇年から二〇一〇年までの男子の高校・大学進学率の推移をみたものである。黒枠で囲った部分は、人口学的移行期世代が一五～一八歳となる一九四〇（昭和一五）年から一九六八（昭和四三）年である。

昭和ヒトケタ世代が一五歳になる一九四〇年から五〇年にかけての高校進学率は戦後教育改革を挟むが、実業高校や師範学校を含む「中等教育機関」への進学率をみても一九四〇年に二八・〇％と三割以下であり、一九四五年で四六・九％である。[3] 一九四七年の学制改革を挟んで一九五〇年の高校進学率は四八・〇%、その後五〇年代の一〇年間は五〇%台で足踏みしていた。一九六一年に六割台を超えてからは上昇スピードが加速し、一九六五年には七一・七%となっている。つまり、人口学的移行期世代は後半の五年間で高校進学率が急増したとはいえ、全体としては中学卒業程度の学歴が多くを占めていたことが分かる。

さらに大学進学率となると、一九五四年時点でも一三・三%にすぎず、高度成長期前半は一定して二割を下回っている。後半は一九六四年に二五・六%を記録するがその後再び低下し、大学進学率が三割を超えるのはオイルショックを目前にした一九七一年まで待つことになる。昭和ヒトケタ世代が一八歳時点の一九四三年から五三年の大学進学率に関してはデータがないものの、一割を切るごく少数派であったことは疑う余地もないだろう。

高度成長期に家族を形成した人口学的移行期世代の多くは大卒ではなく高卒までであり、なかでも中卒の「金の卵」と呼ばれた若者たちが多くを占めてきた。しかし、全体に占める割合としては限定的であった大企業を中心とする近代家族モデルが当時の家族イメージとして一般化するなかで、他地域階層の家族の実相はどのようなものだったのか、あるいは、前者は後者にどのような影響を与えたのか、という「近代家族の大衆化」の具体的なプロセスは、管見の限りまだ十分には検証されていない。

もっとも、ブルーカラー労働者家族における「近代家族の大衆化」に関しては、これまでにも一定の議論の蓄積がある。戦後の日本製鉄における家族政策を分析した酒井《さかい》はるみは、企業の熱心な少子化政策と性別役割分業徹底の推奨が、労働者家族に形式としての近代家族を出現させていく様子を分析した（酒井 一九九四：三六）。また野依智子《のよりともこ》は、近代筑豊炭鉱の女性鉱夫の変容過程を分析し、採炭工程の機械化による女性鉱夫の排除のプロセスが労働者保護の名目によってなされ、それによって「母性」「主婦」「家庭」といった近代家族的なイデオロギーが浸透していく様子を描き出している（野依 二〇一〇）。これらの研究は、大企業のブルーカラー労働者の家族を対象とし、企業に先導・啓蒙される形で近代家族化が一定程度実現した事実を指摘する点で共通している。

では、大企業に包摂されていない地域階層の家族についてはどうだろうか。高度成長期における既婚女性の主婦化が全国的に波及するプロセスについては、近年、それが本当に起こったのかどうかも含めて実証的に検討する議論が出現している。田渕六郎《たぶちろくろう》は、既婚女性の就業率の高さとその変化の仕方には高度成長期を通じて市部と郡部で大きな隔たりがみられ、郡部において明らかに就業率が高いことを示した（田渕 二〇一八）。また、木本喜美子《きもときみこ》によれば、中小企業労働者家族においては、同時期に急激な既婚女性の雇用労働者化の展開がみられたという（木本 二〇二一：二二三）[4]。

また木本は、福井県勝山市の織物工業に従事してきた女性への質的調査から、当地域には結婚後も女性が働くことを当然とする「共働き労働文化」が存在していたこと、彼女たちにとって近代家族モデルは「外在的」なものにすぎなかったことを明らかにした（木本 二〇一八）。木本は、近代家族論が戦後日本の歴史的コンテクストに即して十分に検証されていないと批判する。社会階層的な差異や地域差に目配りした実証的研究の必要性を提起する木本の主張は、筆者も同意するところである。

整理すると、従来の「近代家族の大衆化」をめぐる研究では、大企業に包摂されたブルーカラー労働者層の家族が近代家族化していくプロセスの解明か、大企業に包摂されていない地域階層の家族に関しては、主に女性の主婦化に焦点が当てられて、近代家族化していない、あるいはしていないとは言い切れない事実が指摘されてきた。

だが、企業社会の枠外に生きる家族にとって、新中間層サラリーマンの形成する近代家族は、彼らの生活世界からは「外在的」なものであったかもしれないが、かといってまったく無関係なものだったわけではない。シリーズ映画「男はつらいよ」第一作（一九六九）では、渥美清《あつみきよし》扮するテキ屋の車寅次郎《くるまとらじろう》が、実家「とらや」の裏にある朝日印刷所で働く職工に対して「あいつ〔妹のさくら〕は大学出のサラリーマンと結婚させるんだい。てめえらみたいな菜っ葉服職工には高嶺の花だい」と啖呵《たんか》を切るシーンがある。工場労働者が着る薄青色の作業着は「ブルーカラー（青衿）」よりは「菜っ葉服」と、一方ではからかいの意味を、そして他方では汗を流して働く現場労働者の誇りを込めて呼ばれてきた。寅次郎の啖呵は、「菜っ葉服」の労働者にとって、「大学出のサラリーマン」の世界とは彼らと対照的な、しかし常日頃から比較対象として彼らの隣にある世界であったことを示唆している。

農村―都市移動者への着目　もう一つ、寅次郎のセリフをみてみよう。第三四作（一九八四）の、「労働者諸君！　田舎のご両親は元気かな？　たまには手紙書けよ！」である。東京下町で「菜っ葉服」を着て働く「労働者諸君」は、田舎に両親を残して都会に出てきた移動者であった。第三四作が発表されたのは昭和末期である。彼らの田舎の両親のなかにはすでに高齢期に差し掛かる者も少なくなかっただろう。

人口学的移行期世代は、その多くが農村をはじめとした地方から都市への移動を経験した世代でもある。彼らはきょうだいの数が多かったことから、長男が農村に残って家を守り、残りのきょうだいが都会へ出て核家族を形成するというパターンを取ることが多かった。「家族の戦後体制」はそのため、「家を積極的に否定せずに」近代家族化するという、「家制度と訣別しないままの核家族化」という特徴を有しているという（落合 一九九四〔二〇一九〕：八〇〜八一）。しかし、近代家族の形成主体がそもそも農村の家の継承ライン上にはない存在であったという前提は、彼らの農村的出自や階層性を不可視化する一因ともなってきた。

筆者はこれまで、「近代家族の大衆化」プロセスを農村から都市への移動を軸に実証的に分析してきた（奥井 二〇一二）。具体的には、兵庫県丹波《たんば》地方、但馬《たじま》地方をフィールドに、農村―都市移動者の追跡調査を実施し、戦後高度成長期にかけて都市移住した人々の移動と家族形成に関する実証研究を行った。ここで得られた知見の一つは、農村―都市移動は立身出世型と労働力型の二つの型に分けられること、それぞれの型によって転出先で形成する家族のあり方や郷里との関わり方が異なることである。

就学を機に移動して都市上層に流入した立身出世型都市移動者は、ホワイトカラー・サラリーマンと専業主婦、子ども二～三人と一見典型的な「近代家族」を形成する。西日本における立身出世型都市移動には、戦前から家の跡継ぎである長男が一定程度含まれており、郷里の家の継承ライン上にあってその断絶の葛藤を甘受することになる。しかし、彼らは「会社人間」化したため転出先地域にも軸足を置きえず、あくまでも郷里を自身の「連続性の希求先」とし続けてきた。

一方、就業を機に移動し自営業やブルーカラー層に流入した労働力型都市移動者は、妻は自営業家族従事者やパート、あるいは正社員で働いており近代家族的な性別役割分業はあまりみられない。ホワイトカラー・サラリーマンにみられるような父親不在傾向も薄く、地域活動にも参加するなかで、労働力型都市移動者は転出先地域に根を下ろし、「近代家族」に収斂しきれない地縁・血縁ネットワークのなかで生活を営んできた。

前述したように、農村―都市移動においては後者の労働力型移動が多数派を占めている。だが、筆者が当時行った労働力型都市移動者調査は一中学校の卒業生名簿をもとにした追跡調査であったため、事例蒐集《しゅうしゅう》が個別的・単発的であり、移動と定着のプロセスに関する体系的な調査研究は途上であった。また、労働力型都市移動者のなかでも、ブルーカラー雇用労働者の形成する家族と自営業層が形成する家族は単純に一括りにはできない質的な相違がみられたが(5)、その点についての掘り下げも不十分なものにとどまっている。

本書では、これまで労働力型都市移動の起点として現地調査を継続してきた兵庫県但馬地方出身者が、近代以降京阪神都市圏を中心に関西一円に店舗展開をしてきた餅系食堂を新たな研究対象に据えて、労働力型都市移動者のなかでも特に飲食系自営業に流入した人々に焦点を当てて、移動と定着、家族形成の実相をみていくこととする。

以下では、高度成長期より少し時代を遡って、近現代という時間軸での農村―都市移動、とりわけ労働力型都市移動をめぐる先行研究をみていこう。

「過剰人口」としての農村―都市移動者

近代の農村―都市移動を考える際に念頭に置かなければならないのは、この現象を出現させた条件が現代の日本社会とはおよそ一八〇度異なるということである。農村から都市への人口移動は近代日本社会の主要な社会変動の一つであるが、それを基底づけたのは、近代以降一〇〇年間を通じた年率およそ一％に及ぶ目覚ましい人口増加であった。一八七二（明治五）年に約三四八一万人であった日本の人口は一九三五（昭和一〇）年には約七〇〇〇万人へと倍増し、その三五年後の一九七五年には一億人超にまで膨れ上がる（鬼頭 二〇〇〇：二一七）。その一方で、同時期の農業就業人口は、敗戦直後の一時的増加を別とすれば、約一四〇〇万人前後で一定してきた。農村人口は、その自然増加分に匹敵するだけの人口を排出し続けてきたことになる。

近世の幕藩体制下において、非後継ぎは「厄介」とされ、その分家や独立には政治的社会的制約が大きかった。近代以降、社会的階梯が万人に開放された「腕前の世」に移行すると、非後継ぎも才力次第で「立身出世」が可能になり、新しい家の「ご先祖になる」未来を擁く余地が生まれる（神島 一九六一：二七二）。こうした社会変革のプロセスにおいて、農村の家の継承ライン上にない次三男層もまた、相続の代わりに学歴をつけてもらい都市上層に流入していく存在としてイメージされてきた(6)。

だが、実際のところ、前掲の高校・大学進学率の推移が示すように、相続の代わりに学歴切符を渡されて都市に送り出された次三男は少数派であった。彼らは農村の「過剰人口」の典型的現象形態であり、その処遇や見通しの無さは戦後においても社会問題と捉えられてきた。高度成長期までの地方農村部は「過剰人口」の圧を慢性的に抱えて、その排出先を発達しつつあった都市部に求める。都会の下町に生きる人口学的移行期世代の「菜っ葉服」職工は、近代以降排出されてきた農村の「過剰人口」のしんがりでもあった。

都市人口の増加を統計からみてみよう。表序-1によると、一九二〇（大正九）年には一万人以下の市町村

表序－1　人口階級別市町村人口割合の変遷　(%)

人口規模	1920	1925	1930	1935	1940	1945	1950	1955	1960	1965	1970	1975
1万人以下	67.7	63.4	59.2	54.1	49.6	54.8	46.0	17.0	10.6	10.2	9.4	8.1
1万～5万人	16.4	16.2	16.1	15.2	16.1	22.4	21.1	37.7	37.8	31.8	27.3	24.5
5万～10万人	3.8	5.8	6.8	5.3	5.3	7.5	7.5	10.6	11.4	11.6	11.9	12.5
10万～50万人	3.8	4.3	6.0	7.0	9.5	7.0	12.1	18.3	20.7	23.3	27.1	30.2
50万人以上	8.2	10.4	11.8	18.2	19.6	8.3	13.3	16.4	19.6	23.0	24.3	24.8
	100.0	100.0	100.0	100.0	100.0	100.0	100.0	100.0	100.0	100.0	100.0	100.0

出所：総務省統計局。

に住む人口の割合は六七・七%と約七割を占めており、一〇万人以上の大都市に住む人口の割合は一二・〇%にとどまっていた。しかし、一〇万人以上の都市部人口の割合は二〇年後の一九四〇年には約三割まで急増し、なかでも五〇万人以上の大都市圏は約二割に達する。敗戦直後は大都市人口割合が急減するものの、一九五五年には再び回復基調に転じる。一九七〇年以降は人口の過半数が一〇万人以上の都市に居住するようなり、なかでも人口五〇万人以上の大都市人口の割合は四人に一人まで増加している。一方、人口一万人以下の地方に住む人口は一九七〇年には一割を切るまで減少している。

地方社会はこれだけ急激な人口流出を経験したことになるが、農村・農民を対象とした研究分野のうち、農村社会学においてこうした移動へのまなざしは少なかった。日本の村落社会に関する研究は、昭和初期に都市への労働力移動、農山漁村同士の移動、および海外への移民といった様々な人の移動が活発化するなかで、それとは対照的な定住社会としての村落の把握に学問的可能性を見出してきたからである（福田 二〇二〇：一九）。「定住」を「学的前提」として成立した農村社会学に代わって、「過剰人口」問題に着目し移動研究を進めてきたのは農業経済学である。

野尻重雄《のじりしげお》『農民離村の実証的研究』は、離村現象を実証的に扱った先駆的な研究である。野尻が一九四〇年前後に東日本の二〇カ村、一万戸超の農家を対象に実施した調査によると、全家離村が主流であるイギリス・アメリカと異なり、日本における離村はほぼ半数が個人的永久的職業移動であった。

野尻によれば、この日本の移動の特徴は、農村の家と家産を守ろうとする「農民固着性」、すなわち農村の家の論理によって説明することができる。家の論理との摩擦を極力回避した結果、日本の移動は、家の継承ライン上にない次三男を主とした若年単身者移動が主流になるという（野尻 一九四二：六〇〜六一）。

戦後から一九五〇年代にかけての移動をめぐる研究もまた、移動主体として次三男を想定している（大河内 一九五〇＝一九八三、氏原 一九五四）。跡継ぎではない次三男層は農村社会にとって「過剰人口」であるが、彼らはあくまでも家の論理によって「排出」され、一身上の大きな変動があったり不況下に失業したりすると農村に還流する存在であった。「農村の土地関係から解放されない」がゆえに一人前の「近代的賃労働者」として労使交渉を行えない日本の労働力の特質は「出稼ぎ型」として、農村の家の「封建的性格」を象徴するものと捉えられた（大河内 一九五〇＝一九八三）。

これらの議論は、「過剰人口」問題の背景を農村の家の論理に求めた点、そしてその家の論理を非歴史的なものと捉えた点に特徴がある。農村―都市移動者は農村の家における「封建的」労働、そして都市の大資本下における賃労働の双方の狭間で翻弄される受動的な存在としてイメージされてきたのである。

一方、隅谷三喜男《すみやみきお》は、寄生地主制が成立する一九〇七（明治四〇）年以前の日本には相当数の挙家離村《きょかりそん》が存在していたこと、彼らの流入先は必ずしも大資本下の賃労働ではなく民間資本商工業のもとでの雑業層であったことを指摘している（隅谷 一九六四（一九八三）：二〇一）。独占資本が確立して以降、一定の農民層分解の結果として「中農標準化」傾向が現れ、移動主体の主流は「安定」した中農層の次三男となる。隅谷の議論は、農村の家の論理による次三男の都市への排出は、彼らの都市における流入先が雑業的な自営業層から近代的な企業へと移行する過渡期に生じた歴史的な現象であったことを明らかにした（佐藤（粒来）二〇〇四）。

都市自営業層への流入

だが、農村―都市移動者の流入先は、自営業層の世界から近代的な企業へと簡単に切り替わったわけではない。加瀬和俊《かせかずとし》は、地方出身者が都市部出身者と比較して相対的に不利であり、個人商店等の零細企業に就職していく状況が昭和三〇年代を通じて存在していたことを指摘している。当時の中卒者に人気の製造業は都市出身者の子弟によって占められており、地方出身者は都市出身者が敬遠する小店員や軽工業、雑業的工業分野に入っていかざるを得なかった（加瀬 一九九七）。また、高度成長期における労働市場の広域的な制度化は、「過剰人口」の排出を迫られる地方間の競合をもたらすことになり、中小零細企業や商店も就職先として開拓する必要性を生じさせることになった（山口 二〇一六：二一三）。[7]こうした就職先は雇用者として世帯を形成して安定的な生活を送る条件が乏しく、とりわけ住込み店員については低賃金かつ長時間労働で前近代的な労働条件に甘んじざるを得なかったため、地方出身者の多くは自営業主として独立する意志を強く持つことになったという（加瀬 一九九七：八四）。

つまり、農村の「過剰人口」である労働力型都市移動者は、従来、家の論理に引きずられつつ都市企業雇用労働者として吸収されていく存在としてみなされてきたが、近代以降高度成長期に至るまで、少なからぬ労働力型都市移動者を包摂してきたのは多様な雑業的自営業の世界だったのである。

大企業に包摂されなかった当時の労働力型都市移動者は、どのように捉えられてきたのだろうか。

高度成長期の都市社会では、地方出身の若年労働者達が新たな人間関係を求めて様々な交流の場＝サークル活動が開花した。東京の「住込み店員と女中の会」と称された「若い根っこの会」はその代表的なものである。こうした連帯の背景には、地方出身の若年労働者たちが、「見知らぬ土地で、予備知識なしに心細い生活」を始めなければならず、また上京後数年で郷里の親との文通も少なくなるなかで、「都会における孤独に直面する過程」があったという（加瀬 一九九七：一九八）。労働力型都市移動者の置かれた当時の状況には、一方の極にこうした若者同士の積極的な連帯と新たな仲間づくりの明るい局面が、そしてもう一方の極には連続射殺事件を引き起こした永山則夫《ながやまのりお》に象徴されるような都会での孤立、非行、そして犯罪といった局面が存在した（見田 一九七九）。

しかし、彼らを支えたのは、こうした郷里との断絶によって誘引された「新たな連帯」だけではなかった。「生き馬の目を抜く」都市における地方出身者の生存戦略として、同郷ネットワークによる自営業層への流入に着目してきたのが一連の同郷団体研究である。

2　同郷ネットワークと自営業

同郷団体の結成と展開　日本の都市における同郷団体結成の黎明期は一八八〇年代に遡る。成田龍一《なりたりゅういち》によると、この時期、同じ県や旧藩出身者が「親睦会」の開催を呼びかける新聞広告が確認されるという（成田一九九八：三二）。当初の同郷団体は名士層や学生など立身出世型都市移動者を中心とした集団であり、「郷土」と大都市に暮らすエリート層をつなぐ結節点として機能していた。この時期の「同郷会」において構築された「郷土」という心理的な空間は、故郷でもともと形成されていた対面的な関係性とは異なり、都市で出会った人々によって想像された「同郷性」であった（成田 一九九八）[8]。

二〇世紀に入ると、重工業化の急速な進展によって大都市の労働市場が本格的に拡大し、農村の「過剰人口」を吸収していくことになった。これに伴い、当初の立身出世型都市移動者を中心とした同郷団体は、労働力型都市移動者を中心とする団体へと大きくその性格を変えていくことになる。労働力型都市移動者の形成する同郷団体の特徴は、それまでの立身出世型移動者を中心とした同郷団体が有していた親睦機能に加えて――あるいは、それ以上に――、後続の同郷からの移動者が都市での生活基盤を整えるための相互扶助機能が求められた点にある[9]。同郷団体の多くは戦時中にいったん活動停止を余儀なくされるが、戦後高度成長期になると大規模な労働力型移動者の都市流入を受けて、戦前をしのぐ数の同郷団体組織が設立され、活動も活発化する。

松本通晴《まつもとみちはる》が全国の町村に対して行った調査によれば、一九八六（昭和六一）年時点で確認できる日本全国の同郷団体の約七割が一九五五年以降の設立であったという（松本 一九九四）。

同一業種同郷団体への着目

一九六〇年代に入ると、こうした労働力型移動者を中心とする同郷団体に関心を寄せる研究が出現する（金崎 一九六一、松本 一九六八、祖父江 一九六九ほか）。ここで着目されたのは、同一業種就業者からなる同郷団体の存在である。京都西陣地区撚糸《ねんし》業関係者に富山県東砺波《ひがしとなみ》郡利賀《とが》村出身者が多く、戦前から活発な相互扶助活動を行ってきたことを明らかにした松本の研究はその先駆的研究といえよう（松本 一九八六）。これ以後、同郷者の「つて」を辿った連鎖移住が特定の業種への就業や起業を促進した事例が数多く紹介されてきた。岡崎秀典《おかざきひでのり》によれば、広島県因島《いんのしま》市重井《しげい》町出身者は明治後期から阪神方面で豆腐製造業を営む者が多く、その後牛乳販売業へと転業していった。彼らが結成した大阪白滝会が大阪府乳業会に占める地位は大きく、一九八七年時点の府下牛乳販売業舎の二割程度に上るという（岡崎 一九八七：二二）。武田《たけだ》尚子《なおこ》は、広島県沼隈《ぬまくま》郡内海《うつみ》町出身者が一九五五（昭和三〇）年に結成した大阪内海会の会員に金属加工業、なかでも鍍金（メッキ）加工・銘版製作業の自営業を営む者が多かったことを明らかにしている（武田 一九九九）。

多くの研究者が着目したのが都市の浴場経営業に関連する同郷団体である。宮崎良美《みやざきよしみ》は石川県南加賀および能登半島出身者に大阪の浴場業に関わるものが多いこと、特に南加賀出身者は加賀浴友会という同郷団体を結成し、後続の同郷者に対し都市での当座の住居の確保や浴場業に参入するための情報提供といったサポートを行ってきたことを明らかにした（宮崎 一九九八）。また、谷口貢《たにぐちみつぐ》は東京においては同様に連鎖移動で新潟県西《にし》蒲浦《かんばら》地方出身者が多く浴場経営を営んでいることを紹介している。東京における浴場業の最盛期である一九四〇（昭和一五）年には、東京に所在する約二八〇〇軒の公衆浴場の約半数が新潟出身者であったという（谷口 二〇〇二）。

連鎖移動と職の斡旋を通じて同一業種の自営業を営む同郷者集団の事例は数多い。学術研究ではないが、御《み》母衣《ぼろ》ダム建設で沈んだ岐阜県大野《おおの》郡荘川《しょうかわ》村出身者による東京ラブホテル業の事例などもある[10]（朝倉 二〇〇三）。

「同郷」の範囲の広狭、あるいは転出先における組織規模の大小にはかなりの幅はあるものの、これまで明らかにされている以外にも様々な同郷者同一業種就業の事例があることは想像に難くない、そしてそれ自体が戦後日本の都市社会形成史の一側面と捉えられるのである。

同郷団体研究は、就業機会において不利な労働力型都市移動者が、郷里や転出先での同郷ネットワークを頼りに職と住を確保し、都市生活に適応していったことを明らかにしてきた（鰺坂 二〇〇九、松本 一九九四）。なかでも自営業流入者は、銀行からの資金借り入れが容易ではなかっただけに、近年までの同郷ネットワークが有してきた実質的な助け合いは生命線であった。

同郷ネットワークのタテの論理とヨコの論理

ここで都市移動者の生活基盤構築を支えるこうした同郷ネットワークを機能させる論理について考えてみたい。先行研究において、郷里を同じくする者同士の助け合いは、ムラの「互助《ごじょ》」の論理を移動先の都市に持ち込んだ現象として記されてきた（鰺坂 二〇〇九ほか）。同郷者同士の頼母子《たのもし》の慣行などはその一例である。郷里への思慕を軸に結集した都市移動者同士の相互扶助は、どちらかといえば自明かつフラットなものとして描かれる傾向にあった。

一方、山口拡《やまぐちひろし》によれば、新潟出身東京浴場業者同士の結びつきには、従来挙げられてきた同郷ネットワークによる相互扶助だけでなく、親分子分関係という「別の結びつき」がみられるという（山口 二〇一二：九二）。また武田（一九九九）は広島県沼隈郡内海町出身者の金属加工業の事例で、徒弟制度による同郷者の独立サポートと同時に独立後の都会の業績原理と属性原理との葛藤について分析している[11]。これらの研究は、従来の同郷団体研究が自明のものとしてみてきた同郷ネットワークによるヨコの結びつきのみならず、移動先での業種業界に規定され、ときに緊張を孕んだタテの人間関係の局面を描き出している。

ただし、もともと日本の村落社会においては、「互助」というヨコの社会関係だけではなく、「片助《へんじょ》」つまり立場の強い人間が弱い立場の者に施すタテの社会関係の論理が内在してきた。その代表的なものの一つが親方《おやかた》子方《こかた》である（恩田 二〇一九：一〇）。有賀喜左衛門《あるがきざえもん》は村における社会関係の核として親方子方関係を重視しており、社会政策の欠如した政治構造のなかで人々を守るのは、親方による子方の支配と庇護の関係であると考えていた。近代以降、社会政策や企業の社会化の深まり、雇用の増大によって、親方子方は過去の日本人の生活におけるほどの重要性を持たなくなったとしつつ、そうした制度的保障の枠外に生きる人々にとっては依然として親方子方関係が明白に存在することを指摘している（有賀 一九七〇［一九五九］：三二一・三二八）。

都市自営業への連鎖移住が前提とするのは移動の時間差であり、そこには当然すでに「持つ者」といまだ「持たざる者」が存在する以上、まず必要となるのは「片助」、つまりタテの社会関係を機能させる論理である。だが、その論理は郷里におけるヨコの社会関係の論理とは異質な「別の結びつき」あるいは都会の論理ではなく、むしろ郷里に本来的に内在しているタテの社会関係の論理との連続性のもとに捉えるべきであろう。

中西雄二《なかにしゆうじ》は、公的職業安定行政――なかでも学校を通じた就職への経路――が確立する一九七〇年代以前において、職業紹介を主とする同郷ネットワークの相互扶助機能は「持たざる者」が都市で暮らすための「橋頭堡」として存在したと述べている（中西 二〇二一：二八）。右に述べたことを踏まえれば、同郷ネットワークを「橋頭堡」たらしめる論理は、タテの社会関係のそれが先行したと考えてよいであろう。このタテの社会関係の論理は、郷里という場とそこでの社会関係から物理的に離れた時に、どのようにしてその有効性を維持してきたのだろうか。

3　自営業および自営業家族をめぐる議論

自営業の位置づけとその変化　ここで、労働力型都市移動者が流入した都市自営業をめぐる議論をみてみよう。

従来、自営業層は産業化の進展に伴っていずれ消滅する階層として考えられてきた。ＯＥ

CD（経済協力開発機構）の統計によると、日本の就業者に占める自営業の割合は、高度経済成長スタート時点の一九五五（昭和三〇）年には他の先進国に比較して五六・五％と高く過半数を占めていたが、一九六五年には三九・二％、一九八〇年には二八・一％と半減している（OECD Data）。高度成長期を通じた自営業者数の減少は自営業の一大職種を占めた農林漁業従事者の激減を反映したものである。その一方で、同期間の非農林漁業の自営業主及び家族従事者数は一九五六年に六七八万六〇〇〇人、一九六五年に七〇九万五〇〇〇人、一九七四年には八七八万五〇〇〇人と増加基調であり、ピークの一九八二年には一〇四四万九〇〇〇人を記録している[12]。全就業者数に占める都市自営業の割合は高度成長期を通じて一六～一九％を推移しており、一九九二年以降からは減少傾向に転じているものの、二〇二一年までは一割台を堅持してきた。

だがそれにもかかわらず、都市自営業は長らく近代的労働市場に参入しえなかった残余階級として周辺的に扱われてきた。戦前において都市自営業は零細層や貧困層とみなされ、労働経済学では社会政策の対象とされている。戦後になると自営業から企業家として成功する事例に言及するものがみられるにせよ、概して「自己搾取的な経営と賃労働兼業」によって成り立つ経済的不安定性が否定的なニュアンスで言及されるにとどまってきた（鎌田 一九七三：四〇）。こうした自営業へのまなざしの不在は、これまでの階級・階層研究の主たる関心が労働者階級と新中間層に偏っていたことに起因する。大門正克《おおかどまさかつ》はその背景として、政府と企業社会を戦後高度成長期の日本社会を規定する存在として過度に強調する、これまでの社会学の研究視角の偏りを指摘している（大門 二〇一〇）。

二一世紀に入ると、それまで周辺的な存在とされてきた自営業層の就業構造全体における位置づけやその重要性を歴史的に問う研究が出現するようになった。

鄭賢淑《ちょんひょんすく》（二〇〇二）は、多様で操作的定義がしにくいことから「被雇用者ではない」という消極的定義しか与えられてこなかった自営業層を、経済的位置、社会移動、階層意識や階層行動といった観点から分析し、自営業層が「階層的独自性」を持ち歴史的な形成・変容を遂げていった様子を統計的に明らかにしている。

近代日本の社会移動に関する歴史分析を行った佐藤《さとう》（粒来《つぶらい》）香《かおる》（二〇〇四）は、産業化がもたらす就業構造全体の変化の中で自営業がどのように位置づけられるかについて言及している。農村から都市への移動は従来、「生業の世界」（伝統的セクター）から「職業の世界」（近代的セクター）への移動が想起されてきたが、実際にはそれは必ずしもイコールではなかった。先にみたように、高度成長期においては、まだ都市の「生業の世界」である自営業層が拡大していたからである。しかし、低成長期になると都市の「生業の世界」の閉鎖性が強まるなかで、学歴が「職業の世界」への移動にとって重要なものとなっていったという。佐藤（粒来）の議論は、これまで伝統的セクターと近代的セクターの両立によって維持されていた日本の雇用の安定性が失われつつあることが、近年の雇用・失業問題をもたらしていることを示唆している。

日本社会における自営業層の存在意義について強調してきたのが野村正實《のむらまさみ》である。野村は、日本の長期におよぶ低失業率を説明する概念である「全部雇用」が成立してきた条件として、(13) 大企業モデル、中小企業モデルに加えて自営業モデルを提示した。この自営業モデルの特色は労働時間、労働量、働く年齢、家族労働力の利用の仕方すべてにおける柔軟性の高さである（野村 一九九八：八八）。野村は、学歴主義が貫通する大企業の世界の対局として自営業の世界を位置づけ、高度成長期の日本社会が経験した、自営業の世界が支配的な経済社会から雇用の世界が支配的な経済社会へ歴史的移行のインパクトを従来の高度成長期研究が看過していることを批判した（野村 二〇一六：七二）。組織に従属する雇用者とは異なる自営業が衰退することは、彼らが築き上げてきた勤労倫理（通俗道徳）が衰退することであり、それは政治的・経済的・社会的に日本社会に大きな影響をもたらすのである（野村 二〇一四）。佐藤（粒来）および野村の議論は、これまでもっぱら企業が支えてきたと考えられてきた戦後日本社会の経済的・社会的安定が、実際には少なからず自営業によって支えられてきた事実を明らかにしている。(14)

自営業家族の特徴

続いて自営業の家族に焦点を当てた研究をみてみよう。一九七〇年代以降、労働省婦人少年局や婦人問題研究が自営業女性家族従事者の労働実態を明らかにする調査に着手した。ここで注目されたのは、自営業家族の三世代同居率の高さや職住一致といった構造のなかでの、家族従事者である妻の労働時間の長さ、労働過重、報酬の低さであり、小規模自営業家族に対する社会保障の不備が指摘されてきた（庄谷ほか 一九七〇）。

その後、前述した自営業の持つ多様な側面に着目しその重要性を強調する近年の研究を受けて、これまで「家制度の残滓」とみなされていた、サラリーマン家族とは異なる自営業家族のあり方を「自営業独自の家族戦略」と積極的に捉える研究が出現する。伊賀《いが》光屋《みつや》は「子に譲るべき家産」がない「大企業体制」セクターのサラリーマン家族は、「教育投資こそそれに代わる唯一のもの」であるため学歴志向が強くなり、「教育で得た学歴や資格によって、組織内で昇進していくキャリアライン」を目指すのに対し、「中小企業体制」セクターの自営業家族は、「家産に基づき独立開業し、家族企業を拡大していくキャリアライン」を目指すとしてその違いを整理し、そのうえで三世代同居による世代的継承も「フレキシブルな生産組織に適合的」として評価する（伊賀 二〇〇二：二一九）。フィールドワークと参与観察に基づいて商人家族の実態を分析した坂田《さかた》博美《ひろみ》は、自営業の妻の、時間では測りえない貢献の大きさに着目し、夫婦間の対等な協働のなかに主体的な選択と自立を見出した（坂田 二〇〇六：二一三）。また徳井《とくい》美智代《みちよ》は小規模製造業主と妻双方への聞き取り調査から、経理や資金繰りといった「やりくり」は多くの場合妻や母が行っており、彼女たちが経営の一翼を担う存在であることを明らかにしている（徳井 二〇〇九：三一〇〜三一一）。

これらの自営業家族をめぐる研究は、批判するにせよ評価するにせよ、いずれもサラリーマン家族との対比を前提に自営業家族を捉える点で共通している。もっとも、自営業家族がサラリーマン家族とは異なる日常を有することは疑う余地もないが、とはいえ、両者は単純に二項対立で捉えられるものでもない。

自営業家族の近代家族化

ここでは、自営業家族の特徴とされる三世代同居と職住一致を取り上げる。第九回出生動向基本調査（一九八七）では、結婚直後の親との居住形態が調査されている。これによると、結婚直後の妻の就業状態が専業主婦の場合の同居率は二五・六％であるのに比べて、自営の場合は五一・五％と高くなっている。ただしこの妻の就業状態「自営」には農林漁業や内職が含まれている。夫の結婚時の職業別でみた結果は農林漁業と自営業が区別されているため、こちらで結婚直後の同居率をみたところ、結婚直後の同居率は農林漁業が七五・三％、自営業四三・五％、雇用者はホワイトカラー二五・五％、ブルーカラー三三・一％となっており、農林漁業に比べると自営業の同居率は格段に低い。さらに、結婚時期別に夫の結婚時の職業別の親との同居率を見た場合、農林漁業の同居率は時代を通じておおよそ七〜八割台と際立って高いのに対して、自営業では一九五五〜五九年結婚コーホートで四二・九％であったのが一九八五年以降は三〇・八％まで減少している。一方で夫雇用者は、ホワイトカラーは一九六五〜六九年結婚コーホート（二三・〇％）、ブルーカラーは一九六〇〜六四年結婚コーホート（二七・二％）の同居率が最も低くなるが、その後は増加に転じて昭和六〇年以降はホワイトカラーが二七・八％、ブルーカラーが三三・一％となっており、自営業の親との同居率は農林漁業よりもむしろ雇用労働者の同居率に近似していくのである（厚生省人口問題研究所 一九八八：四二）。

もう一つの職住一致についてはどうだろうか。中小企業庁が行った「第一回中小企業総合基本調査」（一九五七）によると、当時五〇人未満企業の八五・五％が住居と事業所が同一区画内であり、仕事の場と住まいが一体となっていたことが分かる。この生活環境は、商人家族の生活を商売中心にするとともに、子どもが日常生活のなかで商売になじむために後継者育成にプラスの結果をもたらすと考えられてきた。しかし、石井《いしい》淳三《じゅんぞう》は一九九〇年代に「家商分離」現象すなわち家族が小売商の経営単位ではなくなったことから、前述の核家族化と併行して「職住分離」も進行しつつある傾向を指摘し、自営業家族が「伝統的家族」から「近代家族」への変化のなかにあると述べている（石井 一九九六：二一九）。

この自営業家族の「近代家族」的側面を改めてクローズアップしたのは新雅史《あらたまさふみ》の議論である。新はこれまで伝統的なものとされてきた商店街が近代の産物であることを明らかにすると同時に、商店街の担い手である近代の小売商が「イエ」の規範ではなく「近代家族」によって担われていたこと、つまり冒頭に挙げた落合の近代家族の理念的特徴――とりわけ「(5)家族の集団性の強化」「(6)社交の衰退」「(7)非親族の排除」といった特徴に関連する――のもとで事業を行ったために、近世の商家のように非親族を柔軟に取り込むことができず、「跡継ぎ問題」を引き起こすことになったとする（新 二〇一二：二一九）。北九州市の酒屋の長男であった新は、「あとがき」において、職住一致の住居に友達を呼ぶことをためらい、「スーツを着た父親とそれを待つ母親」こそが「当たり前の家庭」で「理想的」と考えていたことを回顧している（新 二〇一二：二一四～二一五）。

坂本佳鶴恵《さかもとかずえ》はホームドラマの分析を通じて、高度成長期に新中間層が拡大し、彼らの家族のあり方――サラリーマンの夫、専業主婦の妻、子ども二人を典型とする近代家族――こそが「平凡」で「誰もが持つ」という「画一化への指向性」と「あるべき家族」像としての規範性を強めたことを指摘した（坂本 一九九七：三七〇）。新が抱いた近代家族への憧れは、自営業家族の日常がいかにサラリーマン家族と隔たっていようとも、近代家族とは異質の価値規範で閉じられた存在ではありえなかったことを示しているといえよう。

4　飲食系自営業の位置づけ

飲食系自営業の位置づけ　自営業およびその家族をめぐっては、周辺的かつ「遅れた」存在とする視角から、戦後日本社会における存在意義の大きさや独自の継承戦略を積極的に意味づける視角へと変化してきた。しかし、従来の自営業研究において分析対象とされた都市自営業の職種をみると、その多くが小売業ある

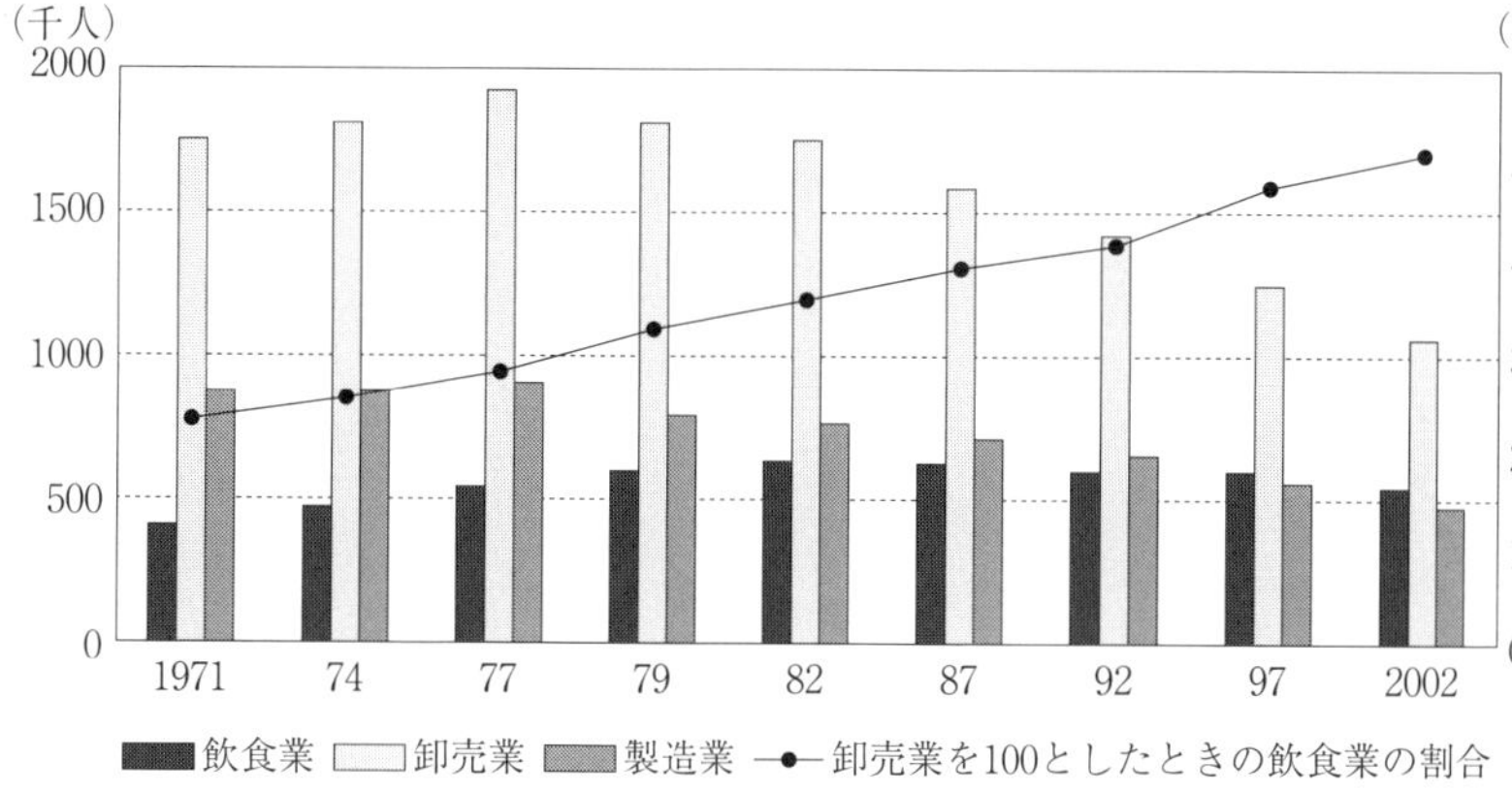

図序－2　自営業主数の産業別推移

注：2002年の数値は、1997年の産業分類区分による集計をしたもの。
出所：総務省統計局「就業構造基本調査」。

いは製造業であり、本書で扱う大衆食堂のような飲食系自営業を取り上げた研究は管見の限りほとんど見当たらない。

この背景としては、以下二点が考えられる。一つは、産業としての飲食業の歴史の浅さである。飲食店の原型は、旅中の食事である「旅籠《はたご》」を提供する「旅籠屋《はたごや》」が定着した室町末期に遡り、江戸後期頃からは高級な料理茶屋とその対極である「一膳飯屋《いちぜんめしや》」などが登場したが、外食施設としての飲食店が普及し、「食堂」という言葉が一般的に使われるようになるのは大正中期であるという（野沢 二〇〇四：二二）。一定の研究蓄積を持つ近世の商家や老舗研究とも連続性をもって捉えられる小売業や製造業に比べると、飲食業は近代新興の拡大産業であった。

もう一つは、自営業全体に占める飲食業の位置づけである。「日本標準産業分類」は一九四九（昭和二四）年一〇月に設定され、大分類、中分類、小分類の三段階によって構成されている。この分類において、飲食業は長らく「卸売り・小売業、飲食店」という大分類で卸売り・小売業と一括りのものとして扱われてきた。二〇〇二（平成一四）年三月の第一一回改訂において、飲食店のサービス的要素のウェイトの高まりと同時に、従来「サービス業」に分類されていた「旅館、その他の宿泊所」における飲食提供にかかる収入ウェイトの高まりを受けて、大分類「飲食店、宿泊業」が新設される。[15]

図序-2をみると、一九七一（昭和四六）年時点での自営業主数は飲食業四〇万七〇〇〇人、卸売・小売業一七五万五〇〇〇人、製造業八七万五〇〇〇人と、卸売・小売業が圧倒的に多く、飲食業は製造業の半数以下というボリュームの少なさである。だが卸売り・小売業と製造業の自営業主数が一九七七（昭和五二）年をピークに減少傾向に転じているのに対して、飲食業は一九八二年まで増加基調であり、その後漸減するものの二〇〇二年まで五〇万人台を堅持している。卸売・小売業を一〇〇とした時の飲食業は一九七一年の二三・二から二〇〇二年には五一・二まで上昇してきた。自営業に占める飲食業の存在感は着実に増してきているのである。

飲食系自営業とはどのような特徴を有するのだろうか。飲食系自営業に特化した先行研究がほとんどみられないなかで、天野正子《あまのまさこ》（一九八六）は主婦の家業経営従事率の高い地域密着型の自営業として小売業、飲食業、クリーニング業、理容業を取り上げて比較分析したものとして着目に値する。天野は東京都中野区内の小規模自営業への訪問面接調査を行った。[16] これによると、いずれの業種も顧客は「もっぱら近隣の地域住民」であり、自営業家族従事者である主婦の生活は「労働の場（職場）と生活の場（家族）の不分離一体化」だけでなく、「地域社会との緊密な結びつき」を特徴としており、自営業主婦にとって「家族を取り巻く地域社会はそのまま、労働の場」であるという（天野 一九八六：五）。そのうえで、飲食業の特徴としては、他業種に比べて家族従事者以外に従業員を雇用している割合が高いこと、主婦の起床時間は他業種と同じにもかかわらず就寝時間が遅く睡眠時間が短いこと、[17] また家事と家業では「家業優先」と回答する割合が高いことなどが指摘されている。ここから、飲食系自営業の主婦の労働負荷が他の業種に比べても重く、またその家族生活が家業経営により深く組み込まれていることがうかがえる。

関東のそば屋・関西のうどん屋

最後に、国民金融公庫調査部の報告書『日本の中小飲食業』（一九八〇）より、飲食業のなかでも麺類・丼物を中心とする大衆食堂の輪郭を摑んでおこう。

麺類・丼物を中心とする大衆食堂（「そば・うどん店」）は、関西地方では「うどん屋」、関東地方では「そば屋」と呼ばれることが多い(18)。これは大阪を中心とする関西地方では主食あるいは主食の代用品は主としてうどんであり、そばがそれほど好まれなかったことによるという。一九五八（昭和三三）年に業界が環境衛生同業組合を結成するにあたって「麺類業」と称して以降、これが業界の正式呼称として全国で統一されることになった（国民金融公庫調査部 一九八〇：二九一）。

「そば・うどん店」は飲食業のなかでも家族労働に依存する零細自営業が多い業種である。販売形態は「店売り」すなわち店内飲食と「出前」があり、店舗の立地条件と販売方針、人出によってその割合は異なるものの、国民金融公庫が一九七四（昭和四九）年に大阪で行った「そば・うどん店実態調査」によると、「出前」を行う店の割合は八一・三％に上り、売り上げに占める割合は平均三割であった。同調査によると、一日あたり平均来客数は二六一・七人であるが、店舗によって三〇～四〇人から一五〇〇人以上ときわめて幅広い分布である。また店舗面積も大小の差が大きいものの、一〇坪（三三平方メートル）までの店舗が三割強を占め、平均一九・六坪（六四・六八平方メートル）、客席数は一店あたり平均三〇・二席であった（同上：三〇五～三一一）。

厚生省が一九七七（昭和五二）年に行った「環境衛生関係営業経営実態調査」によると、平日の営業時間は一〇～一一時間が最も多く、最長は一三～一五時間と長時間営業の店舗が多い。客数の曜日変動をみると、日曜日をピークに土曜、月曜の順に客数が多く、とりわけ日曜日の客数は平日平均より六七％も多くなっている。（同上：三〇五～三〇七）。長時間労働で出前が多く世間の休日が稼ぎ時と、「そば・うどん店」の労働負荷は飲食系自営業のなかでも目立って重いといってよい。

その一方で「そば・うどん店」は、売上高総利益率が六二・三％と高率で、「売れさえすれば利潤の多い業種」でもあった。客単価は飲食業のなかでも低いものの、販売品目や内容に創意工夫をこらすことによって利益率を上げうる可能性が秘められた業種だったのである（同上：三三一）。過酷な労働条件と背中合わせではあるものの、才覚さえあれば商売が成功しうるという「やりがい」は、近代以降の餅系食堂が但馬地方の労働力型移動者を数多く吸収してきた背景の一因であった。

5　餅系食堂モノグラフからみる近代

ここまで、近代以降の移動と家族変動、および自営業に関する先行研究を概括し、研究上の論点を示してきた。本書では、餅系食堂の社会史を以下五つのステージに分けて順に紐解いていこう。

本書の構成

第1章　「もう一つの立身出世」ルートを拓く——但馬地方の労働力型都市移動

餅系食堂の住み込み従業員として京阪神都市圏に出てくる移動は、但馬地方の人口学的移行期世代が経験した労働力型都市移動の一つの典型である。人口学的移行期世代の労働力型都市移動は、それがたんにマジョリティで移動の規模が大きかったというだけでなく、農村における「過剰人口」の移動であった点に特徴がある。餅系食堂は、女中奉公をはじめとした近世以来の出稼ぎ労働力の輩出先であった京都に本店を構え、その後大阪、神戸と足場を広げていった。第1章では、当時の但馬において餅系食堂に出てくる移動がどのようなものとして経験されたのか、またその移動ルートに乗って都市に出てきた人々の郷里に対する思いについて考察する。

第2章　餅系食堂の暖簾分けと親方子方

餅系食堂の特徴は、いわゆるチェーン店とは異なり、住み込み従業員の暖簾分けによって拡大発展してきたところにある。従来、労働力型都市移動者が築く同郷ネットワークは「互助」の側面が強調されてきた。しかし、餅系食堂に住み込みに入った裸一貫の若者たちは、親方からの「片助」によって暖簾分けを果たし、系譜によって構築される親方および兄弟弟子とのタテの社会関係のネットワークに包摂されて、都市での生活を営んできた。第2章では、住み込み従業員が「一国一城の主」として暖簾分けを果たすまでのプロセスを明らかにするとともに、郷里の親方子方という伝統的な系譜に基づくタテの社会関係の論理がそのプロセスにおいてどのように機能したのかについて考察する。

第3章　大阪都市圏の発展と力餅組合の近代化路線

二〇世紀以降の大都市圏の伸長は地方からの大量の「過剰人口」の流入によって支えられてきた。そこで叢生したのが様々な同一業種の同郷者集団であり、自営業に流入する労働力型都市移動者が都市において生活基盤を構築するうえで重要な役割を果たしてきた。暖簾分けで展開してきた餅系食堂はいずれも、組合員相互の親睦と共存共栄を目的として組合を設立している。なかでも店舗数規模の大きい力餅では、戦後の大阪都市圏の発達に伴って隆盛を誇った大阪組合を中心に会員同士のフラットな結びつきが強く指向されてきた。こうした近代的な組合への指向性は、郷里から持ち込んだ伝統的なタテの社会関係の論理とは必ずしも折り合わない局面を内包している。第3章では、京都と大阪という二つの力餅組合（支部）の性格の違いに着目しつつ、一〇〇周年記念事業を通じた両者の関係性の変容とその意味について考察する。

第4章　餅系食堂の日常と地域社会

職住一致という自営業の特徴が、仕事と家庭生活との間の線引きを困難なものにすることはよく知られているが、大衆食堂のように地域密着型の自営業の場合は、前記二つに加えて地域社会との線引きもまた曖昧なものであった。第4章では、地域コミュニティに包摂された往時の餅系食堂の日常にフォーカスする。「夫婦商売」の食堂の女将に主婦化が無縁であることは改めて検証するまでもないが、多忙な両親の働く背中を見てきた餅系食堂の子どもたちはどのように育てられてきたのだろうか。また店を継承した子どもは、どのような経緯で親の商売の跡を継いでいったのだろうか。

第5章　繁栄の陰り

二〇世紀以降長きにわたって隆盛を誇ってきた関西の餅系食堂であるが、平成に入るとその繁栄に陰りが見え始める。餅系食堂の「一人勝ち」を突き崩していった社会変容の萌芽は高度成長期から始まっていた。第5章では、食をめぐる環境変化が餅系食堂にどのように影響を与えたのか整理したうえで、郷里における高校進学率の上昇が餅系食堂の暖簾の父子継承への収斂をもたらしたことについて考察する。そのうえで、近代家族的な「あるべき家族」規範が餅系食堂の後継者不足を引き起こしていった様子を明らかにする。

終章　令和の餅系食堂

最後に終章では本書の論点をまとめたうえで、コロナ禍を経て餅系食堂の店舗数が激減するなか、新たな展開を模索している令和の餅系食堂の姿を紹介し、餅系食堂の現在地点について考察する。

調査の概要

筆者は二〇〇一（平成一三）年より兵庫県但馬地方の地域調査に携わってきた。当初は北但西部香美町《かみ》（旧村岡町《むらおか》）の集落で共同調査を行っていたが、二〇〇七年より北但東部に拠点を移し、旧日高町Ｉ集落のフィールドワークを開始した。このフィールドワークで住民からたびたび耳にした「このあたりは昔から力餅に出る人が多かった」という語りが、今回の餅系食堂研究の端緒となっている。

二〇一五（平成二七）年から力餅関係者への半構造化インタビュー調査を開始し、二〇一七年には現存店舗経営主を対象とした郵送質問紙調査「『力餅』経営主の生活史に関するアンケート調査」（以後、「力餅調査票調査」と表記する）を実施した。調査票は『会員名簿』（平成二七年三月現在）に記載された八二名から名簿作成以降に廃業した五名を除く七七名を対象に実施し、初代経営主用と二代目以降の経営主用に別々の調査票を同封してどちらかを選んでもらう方法を取った。回答数は四八（うち初代経営主二九、二代目以降経営主一九）、回収率は六二・三％である。本文に出てくる数値は特に説明がない限りこの調査結果によるものであり、本文記載の対象者の年齢層は二〇一七（平成二九）年当時のものである。

図序‐3から回答者の年齢層をみると、五九歳（一九五八年生）以下は五人と約一割に過ぎず、最も人数の多い年齢層は団塊世代を含む七〇～七四歳で一五人と三割超にのぼる。これに七五～七九歳七人、八〇代以上三人と合わせると七〇代以上の人口学的移行期世代が回答者の過半数を占めていることが分かる。

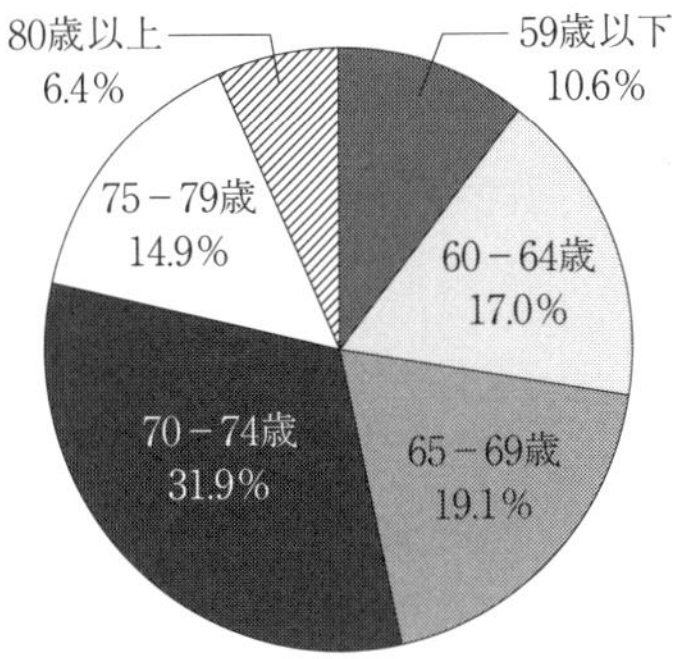

図序－3　現経営主の年齢層

注：実数 N=47。無回答（1）を除く。年齢は2017年時点。
出所：筆者作成。

インタビュー調査は力餅組合幹部からの紹介による機縁法、アンケート調査票末尾の追加調査の依頼に応じて氏名を記入してくださった方、その他グルメサイト等で店舗を確認して直接インタビュー調査のお願いをした方などを対象に実施した。表序‐2は調査対象者一覧である。力餅（経営主、経営主の妻、元経営主も含む）二七名、その他の餅系食堂（経営主、経営主の妻）九名（相生餅一名、大力餅四名、千成餅三名、弁慶餅一名）である。[19] T1氏、D1氏、S3氏は経営主の妻である女将さんであり、経営主がすでに他界している、あるいは体調不良などで代わりに調査に応じていただいたケースであるが、経営主にインタビューをしている際に、女将さんが折々に会話に入ってくださったケースもある。その他、継承者以外の経営主の子ども、経営主の親戚、パート従業員、郷里但馬の餅系食堂関係者などにも周辺的なヒアリング調査を実施している。

インタビュー調査は、基本的に店舗に訪問して実施しているが、調査対象者から特に指定がある場合は、最寄り駅近くの喫茶店や電話口でのインタビューも行っている。

餅系食堂の社会史は、「もう一つの立身出世」ルートを歩んだ但馬地方の人口学的移行期世代の労働力型都市移動の物語である。

表序－2　インタビュー対象者一覧

		出生年	何代目	継承	出身地／ルーツ	店舗所在地	性
力餅	T1	1928	1	暖簾	日高町	大阪市	女
	T2	1929	1	暖簾	日高町	門真市	男
	T3	1931	1	暖簾	日高町	大阪市	男
	T4	1939	1	暖簾	竹野町	京都市	男
	T5	1939	1	暖簾	日高町	京都市	男
	T6	1939	1	暖簾	日高町	守口市	男
	T7	1940	1	暖簾	村岡町	京都市	男
	T8	1944	1	暖簾	竹野町	長岡京市	男
	T9	1945	1	暖簾	日高町	大阪市	男
	T10	1951	1	暖簾	日高町	姫路市	男
	T11	1954	1	暖簾	日高町	豊中市	男
	T12	1929	2	婿養子	滋賀県安土町	京都市	男
	T13	1936	2	婿養子	村岡町	京都市	男
	T14	1938	2	父子	日高町	大阪市	男
	T15	1940	2	父子	奈佐村	大阪市	男
	T16	1943	2	父子	日高町	京都市	男
	T17	1944	2	父子	朝来郡和田山町	堺市	男
	T18	1946	2	父子	竹野町	京都市	男
	T19	1950	2	修業婿養子	滋賀県草津市	大阪市	男
	T20	1950	2	父子	日高町	守口市	男
	T21	1954	2	父子	日高町	大阪市	男
	T22	1986	2	父子	日高町	大阪市	男
	T23	1968	3	パートから継承	姫路市	姫路市	女
	T24	1955	3	父子	奈佐村	神戸市	男
	T25	1965	3	父子	日高町	大阪市	男
	T26	1976	3	父子	竹野町	京都市	男
	T27	1993	3	父子	日高町	大阪市	男
相生餅	A1	1933	2	修業婿養子	日高町	京都市	男
大力餅	D1	1943	2	父子	奈佐村	京都市	女
	D2	1968	2	父子	宮崎県	京都市	男
	D3	1957	3	父子	日高町	京都市	男
	D4	1968	4	父子	日高町	京都市	男
千成餅	S1	1933	1	暖簾	日高町	京都市	女
	S2	1937	1	暖簾	竹野町	京都市	男
	S3	1939	1	暖簾	日高町	京都市	男
弁慶餅	B1	1950	2	父子	日高町	京都市	男

注１：性別女性のうち、T1氏、D1氏、S1氏は経営主妻（女将さん）、T23氏は経営主である。
注２：「婿養子」は先代の娘との結婚を機に入職したケース、「修業婿養子」は入職してから婿養子になったケースである。

この世代のマジョリティでありながら「家族の戦後体制」には描かれてこなかった人々の「近代」の経験を振り返ってみよう。

注

（1）『男女共同参画白書　令和五年版』では、「今こそ固定的性別役割分担を前提とした長時間労働の慣行を見直し、『男性は仕事』『女性は家庭』の『昭和モデル』から、すべての人が希望に応じて、家庭でも仕事でも活躍できる社会、『令和モデル』に切り替える時である」と記されている（内閣府男女共同参画局HP）。

（2）ここでの人口転換とは、人口置換水準である合計特殊出生率二・〇七までの低下であり、その後の合計特殊出生率二・〇を切る「第二次人口転換」と区別して「第一の出生率低下」と呼ばれる（落合 二〇一四：五三八）。

（3）文部省調査局（一九六二）『日本の成長と教育 教育の展開と経済の発達』三九頁表5「中等教育機関への進学率」参照。なお、ここでの進学率は、一九四七（昭和二二）年までは小学校（尋常小学校またはそれと同程度）の卒業者のうち旧制中学校、高等女学校（実科を除く）、実業学校（甲）および師範学校（第一部）のそれぞれ本科へ進学した者の割合、一九四八年以降は、新制中学校を卒業して新制高等学校（本科）へ進学した者の割合を取っている。

（4）この理由としては、高度成長期以降に定着した耐久消費財の導入に基づく多消費的ライフスタイルが、賃金レベルで大きな企業規模間格差があるなかで「家族賃金」基盤に欠ける中小企業労働者家族にとっては「高嶺の花」であり、その実現には妻の雇用労働者化が必要であったことが挙げられている。

（5）たとえば、自営業層はブルーカラー層と比較して、子どもの教育に関する意識が高いこと、性別分業に対しては肯定派と否定派が二極化する傾向があること、家的規範、近代家族的規範がどちらも明確に内面化されていること、などである（奥井 二〇一一：一七三）。

（6）こうした位置づけは、上述した近代家族論および立身出世研究（門脇 一九六九、竹内 二〇〇五）などにみられる。

（7）山口によれば、そうした競合関係が意識される求人開拓の場面では労働市場において良好だとみなされる県民性を演出する必要があったという（山口 二〇一六：二二一）。

（8）神島二郎《かみしまじろう》は、近代日本の都市社会において同郷者の連帯が強調される「擬制村」の存在を指摘し、それが、近代日本社会が「市民」を生み出しえない要因であるとして批判的に捉えている（神島 一九六一）。

（9）同郷団体の主な機能は文化・心理的機能と社会・経済的機能に分けられる（越川 二〇〇二）。前者は階層を問わず同郷者集団一般にみられる機能であり、総会、運動会、新年会などの親睦活動を通して地方出身者がノスタルジックな「故郷」を想起できる「心の拠り所」としての役割を果たしてきた。一方、後者は職業紹介、住居の提供、頼母子講などの相互扶助機能が該当する。なかには、郷里出身の政治家の後援組織となる例（山口 二〇〇八）、また故郷の公共施設整備のための寄付、沖縄や奄美の「復帰運動」（中西 二〇一六）のように、出身地に大きな影響を与える政治活動に発展する例も報告されている。

（10）ジャーナリストの朝倉喬司《あさくらきょうじ》によれば、一九六〇（昭和三五）年に完成した御母衣ダムに沈んだ中野集落出身者が東京新宿で旅館業を開始し、収益性からのちにラブホテル経営になっていったという。彼らが結成した春秋会系列の旅館やホテルには「水」にちなんだ名前が付けられており、朝倉の取材時点で新宿、渋谷を中心に約三〇軒あった。商売柄暴力団関係者の妨害に対抗する必要も相俟って同郷団体としての結束は固く、月一回の会合、冠婚葬祭や資金調達の相互扶助を行っていたという（朝倉 二〇〇三：六八～七〇）。

（11）武田の分析によれば、業績原理と属性原理は矛盾をはらみつつも、属性原理の主張があからさまな業績原理追及やその成果の誇示を隠す効果を担うことによって同郷団体が維持され続けており、それが老年期の都市移動者の生活を支えるというように、業績原理と属性原理は複雑に関連する様相を示しているという（武田 一九九九：七〇）。

（12）とりわけ、農業における家族従事者数は一九五六（昭和三一）年の九五九万九〇〇〇人から一九八二年には二五三万一〇〇〇人まで急減しているのに対して、非農林業は二〇二万四〇〇〇人から三三三万七〇〇〇人と安定的に推移している。野村はこの非農林業自営業者数の安定性に着目して、大企業や中小企業に加えて自営業・家族従業者という三つの雇用モデルを提示している（野村 一九九八）。

（13）「全部雇用」とは東畑精一が唱えた概念であり、仕事を求めている人が全員なんらかの仕事についているが、完全雇用とは違って各人が最大限の生産性を上げているわけではないし、賃金に満足しているわけでもない、という状態を指す（野村 一九九八：三八）。

（14）小熊英二《おぐまえいじ》は、統計上の正規雇用の数が一九八〇年代以降ほぼ一定であること、「人の尊厳」を侵食する低賃金非正規雇用の増加は正規雇用の減少ではなく、自営業（自営業主と家族従業者）の大幅な減少とのバーターであったことを指摘している（『朝日新聞』二〇二四年一〇月二四日寄稿「よき統治のために」）。

(15) 総務省HP　第三回統計分類専門会議「日本標準産業分類　第一一回改訂の主要な改定点」参照。

(16) 有効回答数六九二、回答率八四・〇%である。

(17) この理由としては、飲食業の半数近く（四五・八%）が「一〇時をすぎて開店、二二時を過ぎて閉店」という「昼深夜型」であることが挙げられている（天野　一九八六：一一二）。

(18) 東京地区の「そば屋」は自家製造の〝手打ち〟が九割を占めるが、大阪地区の「うどん屋」の多くは生麺工場からうどん玉を仕入れる店が多く、〝手打ち〟自家製造は少数派である。いずれも同時に丼物を扱うのが一般的であり、「麺類・丼物一式」という販売品目表示が行われることが多いが、これは「めし物類」が麺類にくらべて相対的に単価が高いことが理由であるという（国民金融公庫調査部　一九八〇：二九二～二九三）。

(19) 図表一覧は話をうかがった餅系食堂のうち、原則としてアポイントメントを取ってインタビュー調査の場を設けていただいたケースに限定している。

第1章 「もう一つの立身出世」ルートを拓く——但馬地方の労働力型都市移動

——昔はなあ、抵抗がないねんな。力餅に就職するとか、出ていくとか…田舎言葉で、『どこ行きんなるんじゃ?』『どこどこ餅行っとんなるがな』って。『力餅行きんなったらしいで〜』『そうきゃあな』って言ってな（一九二八年生：大阪在住）[1]。

1 餅系食堂の始まり

力餅食堂の歴史的展開

はじめに、餅系食堂のなかでも最も歴史の古い力餅食堂の歴史を、力餅連合会が編纂した『一〇〇年のあゆみ』をもとにみていこう。

力餅食堂（以後、「力餅」と表記）の創業主池口力造《いけぐちりきぞう》は、兵庫県但馬地方北部に位置する城崎郡旧奈佐《なさ》村目坂《めさか》の農家の長男として生まれた。一二歳で旧豊岡藩士伊藤家の下男として奉公に出るが、三年で実家に戻り農業を継承する。両親を看取ったのち、「山間の小農の経営に甘んじていては将来に希望が持てない」ことを悟り、信頼を得ていたかつての奉公先伊藤家から資金を借り入れ、一八八九（明治二二）年に豊岡町の町場にて饅頭店を開業した（力餅連合会 一九八八：一一）。この饅頭店は思ったように売り上げが出ずに閉店することになるが、一八九五年には再起をかけて京都寺町六角《てらまちろっかく》に日清戦争の勝利にちなんで「勝利饅頭《しょうりまんじゅう》」店を出店する。その後もしばらく苦労の日々が続いたが、一九〇三年、出入りの酒屋の主人から資金を借り入れて店舗を改造し、

写真1－1　力餅本店

大正期の撮影とみられる。
出所：力餅連合会（1988）『一〇〇年のあゆみ』9頁より転載。

「饅頭」を「餅」に変え、満を持してはじめた『京都名物力餅』が日露戦争勃発の機運で大成功をおさめた。「東西屋[2]」を雇って京都市内に大々的に宣伝をし始めたことも功を奏して、力餅は京都名物の一つとしての地位を確立していくことになる（写真1－1）。大正期になると、力餅は住み込み従業員の暖簾分けによる多店舗化で京都から西へと店舗を増やしていき、一九一四（大正三）年には京都で六店舗、大阪一号店を天神橋筋商店街に開店、一九一八年には神戸一号店を小野柄《おのえ》通りに開店した。当時はあんころ餅やぜんざい、大福、田舎饅頭などが主体の甘味食堂であり、忙しいときは、〝そら、あんこや〟という掛け声とともにあんこをドーンと出したことから、「どんあんころ屋」という通称があったという（力餅連合会 一九八八：一七）。

力餅が甘味中心から麺類、丼物を献立に加えて一般的な食堂に展開したのは大正末期である。当時大評判となったのは玉二つと餅の入った「ビックリうどん」やボリュームたっぷりの「ビックリぜんざい」であり、カロリーの多い力餅のメニューは、急速に発展していた京阪神地域の労働者層の「胃袋」をがっちりと摑むことになった。店内飲食を始めたきっかけは、当時池口力造と親交のあった鰹節卸業を営む福島明一郎《ふくしまめいいちろう》の発案であった。愛媛県松山の漁村から上京した福島が一九二二（大正一一）年に創業した福島京都店（現在の福島鰹株式会社）は、破竹の勢いで多店舗化する力餅の躍進を支えに、鰹節卸会社としての基礎を築き上げていくことになる。

昭和初期には、創業者の弟池口喜《き》一郎《いちろう》によって、杵をクロスさせた上に「力」の文字をあしらった「力餅」

の登録商標デザインが作られた（写真1－2）。店舗数は順調に増加し、一九三六（昭和一一）年には京阪神六九店舗、戦前ピーク時の一九四一年には、京阪神に広島を加え全七八店舗（京都三六、大阪三五、神戸五、広島二）にまで増加している（力餅連合会 一九八八：一九）。

日中戦争以降は統制経済でコメ、砂糖、塩などが配給制となると、原材料の入手難から営業時間の短縮、閉店が相次ぐ。そして本土決戦の可能性が高くなると、店を畳んで郷里但馬に疎開する経営主が増え、敗戦時点で残っていたのは京都二〇店、大阪わずか三店という状態であった（力餅連合会 一九八八：二一）。

戦後は、疎開していた経営主たちが徐々に戻ってきて営業を再開した。朝鮮戦争を契機とした都市の復興により、一九五〇年代前半の戦後第一期店舗急増期、一九六〇～七〇年にかけての第二期店舗急増期を経て店舗数は順調に増加する（図1－1）。昭和末期最盛期には郷里豊岡、山陽方面にも拡大して全一八〇店舗を記録している（図1－2）。力餅は京阪神都市圏の下町商店街におなじみの存在となっていった。一九八八（昭和六三）年発行の重厚な布張りの記念誌『一〇〇年のあゆみ』には、当時の大阪府知事岸昌《きしさかえ》、京都府知事荒巻禎一《あらまきていいち》、兵庫県知事貝原俊民《かいはらとしたみ》が祝辞を寄せている。二〇〇一（平成一三）年四月二〇日『料飲観光新聞』は力餅組合を「関西地区で最大の規模と歴史を誇るのれん会」と称しており、戦後関西の飲食業界、特に麺類業界において力餅は唯一無二の存在感を示してきた。

写真1－2　「名物力餅」商標
出所：筆者撮影。

組合の組織化と連合会

昭和初期になると、店舗数の急増を背景に、京都、大阪、神戸ごとに力餅組合が発足し、慰安会や永年勤続者の表彰といった活動を行われるようになった。新規出店が相次ぐなかで、店舗同士の競合を避けるため、既存店舗の一キロ圏内には開業させないというルールが設けられ、売上金

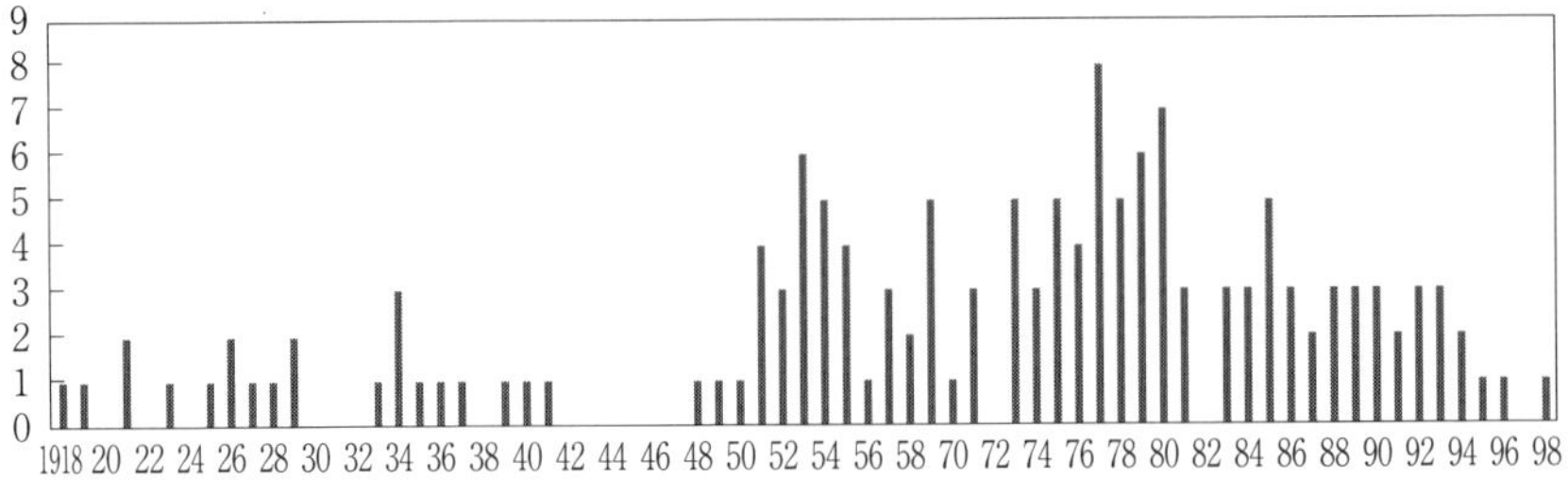

図1－1　年別出店数（店）

注：『100年のあゆみ』編纂時に営業中の店舗のみの情報であるため、実際の出店数はさらに多い。

出所：『100年のあゆみ』（1988）18-28頁をもとに筆者作成。

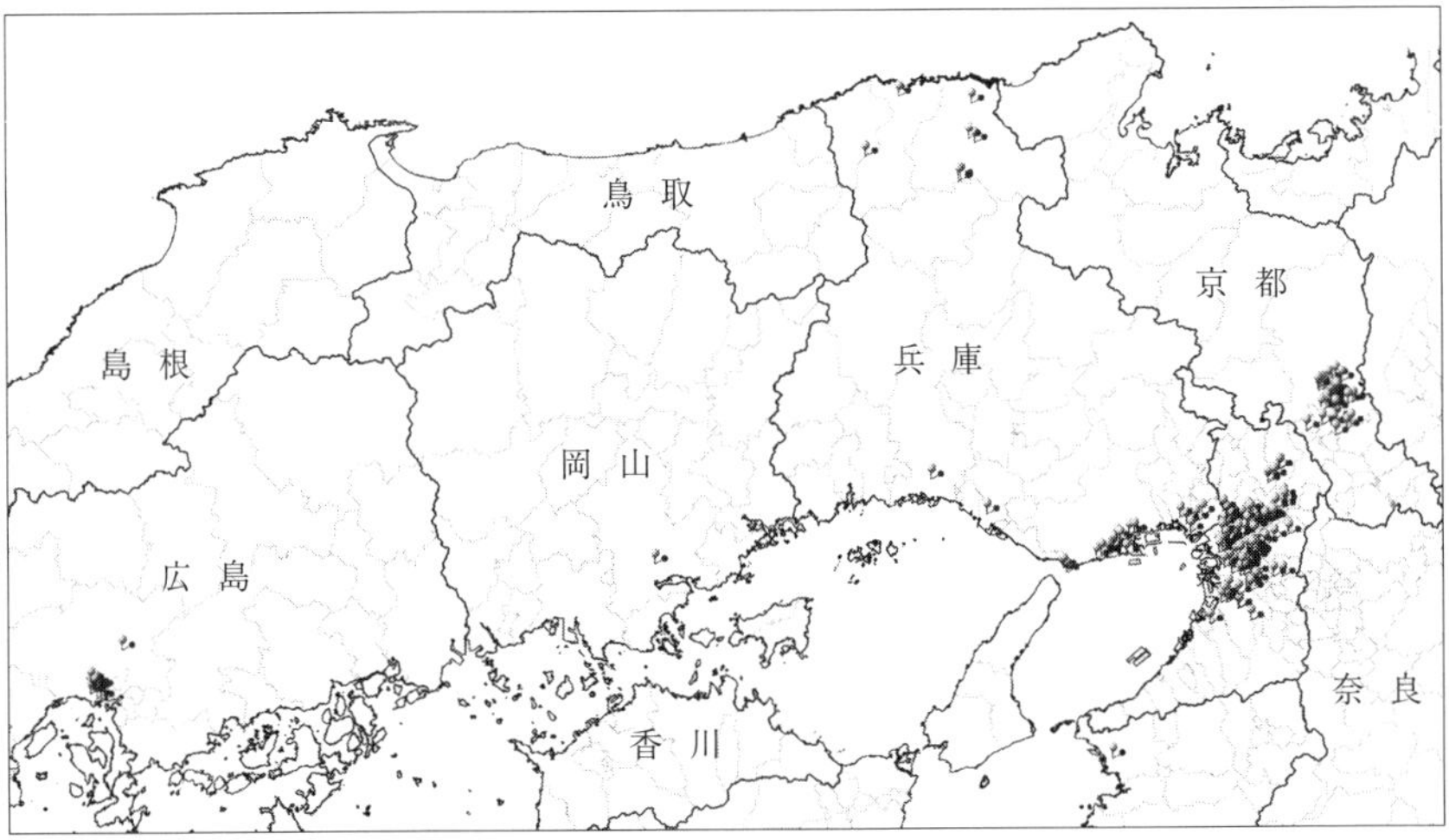

図1－2　最盛期力餅分布図

出所：『100年のあゆみ』（1988）40-46頁をもとに筆者作成。

の一部を組合に預ける積立金制度が設置された（力餅連合会 一九八八：一二〇）。

一九三七（昭和一二）年には創業者池口力造を囲んだ祝賀謝恩会が開催され、その席で創業者の弟である池口喜一郎と本店から暖簾分けした松本菊太郎《まつもときくたろう》が中心となって、京都、大阪、神戸各組合（支部）の上部組織となる「力餅連合会」発会式が行われた。力餅連合会会長は、一九八七年までは創業主である池口家が代々務めてきたが、それ以降は各組合の組合長が二年任期の持ち回りで務める形に変更され、年一回の総会は連合会長を出している組合の地域で開催されることになった。現在、連合会費は組合員一名につき年間一万二〇〇〇円を支部ごとに徴集しているが、連合会が恒常的に行う業務は総会と保険の一括加入、及び一〇年に一度の商標登録更新のみであり、実質的な活動は各組合単位で行われている(3)。

組合と連合会の活動については第3章で改めて詳述するが、ここで確認しておきたいのは、力餅の組合が「ボランタリー・チェーン」であるという点である（力餅連合会 一九八八：二九）。力餅は暖簾を同じくしつつも独立後の各店舗は完全に独立経営であり、出店先のそれぞれの地域に根差して仕入れやメニュー、価格などは各店舗経営主に完全に任されてきた。各店舗は所属組合に暖簾代に相当する会費を納めるものの、本店へのロイヤリティや資本の結びつきは一切発生しない。これは池口力造の「力餅の名前が広まってくれたらそれで良い」という創業当初からの意向によるものであったという。

およそ一世紀のあいだ順調に店舗数を拡大してきた力餅であるが、暖簾分けをした経営主の大多数は創業者と同郷の但馬出身者であり、親戚や同郷者の紹介など縁故を頼って力餅に住込み従業員として働き、親方のもとで一定の修業期間を経て独立開業していった。

図1－3　但馬地方

出所：筆者作成。

2　但馬地方と親方子方

力餅経営主の出身地

兵庫県の日本海側に位置する但馬地方は山陰道八カ国の一つであり、古代律令制下の「クニ」に起源を持つ。但馬地方は北但馬と南但馬に分かれ、北但馬は西部に美方《みかた》郡、東部に豊岡市、城崎《きのさき》郡、出石《いずし》郡からなり、南但馬は養父《やぶ》郡と朝来《あさご》郡からなる（図1－3）[4]。

筆者が行った力餅調査票調査から、力餅の現存店舗の初代経営主の出身地域をみると、但馬出身者四〇名のうち、城崎郡日高《ひだか》町二三名（五七・五％）、同郡竹野《たけの》町六名（一五・〇％）で七割超となっており、日高町が過半数を占めている。地区をみると、創業者池口力造の出身地である奈佐村と峠を隔てて隣接する山間部地域に集中している（図1－4）。

京都組合所蔵『昭和五十二年歴代記録』は、創業時から一九七五（昭和五〇）年までの京都力餅組合に所属した経営主の来歴がまとめられている。ここに記載された経営主のうち、修業を経て独立開業した初代経営主、および修業を経て親方の店を譲渡されるなどした二代目経営主あわせて六二名の出身地をみたところ、五四名が但馬出身であり、うち竹野町二三名、日高町一五名、豊岡市六名（うち奈佐村三名）、美方郡村岡町五名であった。このうち戦前に開業した者に限定してみると、池口力造の出身集落である目坂と峠を隔てて隣接する竹野町南部山奥の三椒村出身者が多く、床瀬一〇名、中村四名となっている。一方、戦後になると日高町出身者が増加し、少数ではあるが、南但馬の朝来郡や養父郡出身者もみられるようになってくる。調査票調査の結果と合わせると、力餅に出てくる人々の出身地域は、目坂からまず城崎郡竹野町山間部、そして同郡日高町山間部へと時代が下るにつれその重心が移ってきた様子がうかがわれる。

以下では、この城崎郡に着目しつつ、但馬地方の特徴をみていこう。

図1－4　但馬内旧町

注：★は創業者出身地の旧奈佐村、円は餅系食堂関係者を多く輩出した地域。
出所：筆者作成。

季節出稼ぎと女中奉公　但馬地方は山地が多く耕作地が狭小であり、また日本海型気候で冬場は雪が多く裏作が難しいことから、

表1－1　但馬内郡別・職業別出稼ぎ人数（昭和7年冬～8年春：人）

		酒造	凍豆腐	雑役 男	雑役 女	計	全体に占める「雑役女」の割合
豊岡		15	0	49	30	94	31.9
城崎郡	日高町	160	62	65	140	427	32.8
	竹野町	162	3	50	131	346	37.9
	香住町	416	0	103	381	900	42.3
	計	738	65	218	652	1745	37.4
美方郡		1385	2303	434	477	4599	10.4
出石郡		90	0	2	5	97	5.2
朝来郡		299	5	148	11	463	2.4
養父郡		531	250	128	50	959	5.2
合計		3058	2623	979	1225	7885	15.5

出所：河野（1934）430頁、第一表をもとに筆者作成。

近代以前より北但西部美方郡を中心に酒造り、凍豆腐《こおりどうふ》（高野豆腐）製造、素麺製造、女中奉公といった様々な季節出稼ぎの労働力を輩出してきた（河野 一九三四）。なかでも酒造出稼ぎ（但馬杜氏《とうじ》）は「百日稼ぎ」と呼ばれる当地方の代表的な季節出稼ぎである。戦前の酒造出稼ぎ先は、奈良、鳥取に次いで大阪、和歌山、兵庫、京都など近隣府県一帯に広がっていた（但馬杜氏編集委員会 一九八一）。

河野正直が一九三二（昭和七）年度に実施した調査によると、但馬地方のなかで出稼ぎ者の人数が少ないのは豊岡（豊岡盆地およびその四周）と出石郡である。表1－1をみると、両地域とも出稼ぎ者が一〇〇人を切っており、他郡と比べて著しく少ないことが分かる。豊岡周辺では杞柳《きりゅう》産業（柳行李《やなぎごうり》）が、出石郡では縮緬《ちりめん》製織業が盛んであったことから、冬場の過剰労働力が一定程度吸収されていたとみることができる（河野 一九三四：四三七）。一方、最も出稼ぎ者を輩出しているのは北但西部の美方郡であり、四五九九人と但馬全体七八八五人の六割近くにのぼるが、次に多いのは北但東部の城崎郡であり一七四五人と全体の二割強を占めていた。なかでも美方郡に隣接する香住町は、日高町や竹野町に比べて出稼ぎ人数が著しく多い。

注目すべきは、城崎郡の出稼ぎ者の職業別内訳である。美方郡と養父郡は「酒造」と「凍豆腐」が多く全体の八割を占めているが、城崎郡では「酒造」は半数以下であり、特に「凍豆腐」は日高町に六二人みられるものの、香住町からは〇人である。

「雑役 女」はその大部分が京都を中心とした京阪神への女中奉公であるという。出稼ぎ者総数が圧倒的に多い美方郡における「雑役 女」の全体の出稼ぎ者数に占める割合は一〇・四%であるが、豊岡および城崎郡は三割台と高く、なかでも竹野町は三七・九%、香住町では四二・三%にのぼっている。但馬地方において、京都での女中奉公の経験は、経済的な目的のみならず嫁入り前の行儀見習いという位置づけをされてきた(5)。美方郡旧村岡町から中学卒業後京都に女中奉公に出ていた女性（一九三五年生）へのヒアリングによると、かつて嫁入り前の女中奉公先としては京都と豊岡の町場の二つの選択肢があったが、花嫁修業としてより「箔《はく》がつく」のは京都での女中奉公であったという。

力餅関係者を多数輩出してきた城崎郡には、近代以前から女中奉公を中心とした京都への出稼ぎ移動ルートが構築されており、またその移動ルートには肯定的なイメージが付与されてきたといっていいだろう。

但馬地方の親方子方

但馬地方の地理的特徴が生み出したもう一つの特色が親方子方である。但馬地方の農地所有面積は平均五反程度、一八八七（明治二〇）年の小作地率は五九%と全国平均の三九%に比較して際立って高く、「全体の九五%前後の農家が自己所有だけでは生計が成り立たない」ことから親方子方が発達した地域として知られてきた（杉之原 一九五三：四）。

親方子方とは人格的な社会関係の一つであり、社会的立場の上の者と下の者との間の庇護—奉仕の関係である（有賀 一九七〇〔一九五九〕、喜多野 一九五九）。その代表的なものは本家分家からなる同族を基盤として構成される親方子方であるが、その一方で、服部治則《はっとりはるのり》が調査した山梨県南巨摩《みなみこま》郡西山《にしやま》村上湯島《かみゆしま》の事例のように、同族結合が相対的に弱い地方においては、親方格の家筋は必ずしも固定的ではなく、家と家の間の、あるいは個

表1－2　但馬内郡別・親方子方の実態（1968年）

	回収数	今も残っている		昔あったが今はない		ない	
		N	%	N	%	N	%
城崎郡	128	41	32.0	69	53.9	10	7.8
美方郡	64	20	31.2	41	64.1	1	1.6
出石郡	47	14	29.8	31	66.0	1	2.1
朝来郡	62	6	9.6	52	83.9	4	6.5
養父郡	60	9	15.0	45	75.0	2	3.3
合計	361	90	26.0	238	68.8	18	5.2

出所：松本（1990〔1971〕）200頁、表9をもとに筆者作成。

人間の任意な関係の側面が強くなる傾向がみられる（服部 一九八〇）。そのため、本家のみを親方とするのではなく、分家や孫分家でも自分たちが親方になりうる余地があるという。

但馬地方の親方子方においては、代々子方であるようないわゆる「世襲子方」が大部分ではあったものの、子方の子どもが実父の親方とは異なる他の親方につく「くらがえ」の事例がみられたことが報告されている（杉之原 一九五三、松本 一九九〇）。こうした流動的な関係性は、より富裕で将来性のある他の親方につくことで子方が「家格のつり上げ」を企図したり、あるいは親子それぞれが別の親方に仕えることによって「頼りどころ」を増やしたりする動きとして捉えられる（杉之原 一九五三：九～一〇）。もっとも、焼畑耕作のため地主による農地の集積がみられなかった上湯島とは対照的に、但馬地方は「大地主の過密地域」であったため(6)、上湯島の「非同族型」の親方子方関係と同一の類型とみなすことはできないが、上湯島と同様に但馬地方の狭小な耕地面積という条件が当地方の親方子方に一定の流動性をもたらしてきたと考えられる。

松本通晴が一九六八（昭和四三）年に行った実態調査によれば（表1－2）、農地改革以降親方子方の慣習が急速に衰退していくなかで、北但三郡（城崎郡、美方郡、出石郡）では「今も残っている」という回答が三割前後を占めており、なかでも餅系食堂関係者を多数輩出した城崎郡は三二・〇％と最も多くなっている（松本 一九九〇）。

北但馬の自治体史の多くは親方子方の慣習について言及している。『奈佐誌』は、「親方持ち」の慣習について、「この関係は普遍的でありとあらゆる部落においてみられ、中に際立った有力者は子方十数軒を有したものさえあった」と記している（奈佐村 一九五五：九〇～九一）。『日高町史』では、市史編纂にあたって町内旧地主へのアンケート調査を実施しており、一三八名配布中、回答のあった八六名の実名および江戸期、明治期、農地改革期における子方数、所有面積等の一覧表が掲載されている（日高町 一九七六：五九六～六〇二）。

出石郡旧出石町に位置する神美村が編纂した『神美村誌』は、一部落あたり平均五〇戸のうち、かつて子方を持つ親方であった者は五戸存在することになるとしてその子方数を概算し、「わが村の農民は全面的に親方子方制度の網の目の中に捕らえられていたことが明白である」と述べている（神美村 一九五七：四一四）。こうした記述は、当地域において親方子方がいかに人々の生活を貫徹した慣行であったかを示すものである。

城崎郡旧香住町の長井村役場が編纂した『長井村誌』によると、当地域では一七歳になると名を改めて村の「門地声望アルモノ宅」の「出入リ」になって親方子方関係を結ぶ場合があり、子方は親方の「指導ト誘掖ヲ受ケ且ツ時ニヨレバ親方ノ為メニ身命ヲ抛チテ盡セルモノナリキ」としている。こうした親方子方関係は地主小作関係のなかにも類するものがみられるとして、「コレ多ク地主小作ノ干係ガ親方子方ノ干係トナリ畧同者間ニ多カリシモ一因タルナルベシ（原文ママ）」とされる（香住町 一九九一：一一八）。本誌では、村の「若連中」に加盟する際に年長者との間に親分子分の関係を結ぶケースなど、個人間の多様かつ流動的な「親方取り」の慣行が紹介されている。（長井村誌 一九三四〔一九九一〕）。

北但馬に広汎にみられたこのような一定の流動性を内在する親方子方慣行は、近代以降に同地域出身者が京阪神都市圏にて餅系食堂を展開していくにあたっての、いわば構造的かつ精神的背景であった。

3　但馬地方の労働力型都市移動

京都における餅系食堂の叢生

北但東部に位置する城崎郡旧奈佐村は豊岡市街地より約六キロの奈佐谷渓谷沿いの一一集落からなる（図1－5）。力餅創業者池口力造の出身集落である目坂は、奈佐村西部の「奥三部落」（船谷、辻、目坂）の一つである。村東部の平野地帯は養蚕が盛んであったが、山が深い「奥三部落」は農業に加えて製紙、製炭、牛飼いなどを主な生業としてきた。

目坂地区にある白岩《しらいわ》神社の鳥居には、「昭和七年」「施主京都池口兄弟」と刻まれている。京都で一旗上げた力餅創業者が故郷に飾った「錦」は、同様の成功を夢見た後続の労働力型都市移動者を次々と生み出すことになった。目坂および日高町山間部からは、力餅の住み込み修業に入る者のみならず、力餅と同じような食堂を営むために出てくる者が相次いだ。京都には力餅のほかに、大力餅、相生餅、千成餅、弁慶餅など、店頭におはぎやお赤飯を並べ、名前に「餅」がつく力餅と同じようなスタイルの餅系食堂が多数存在しているが、その歴史は古くは大正時代に遡る（表1－3）。ここでは主だった餅系食堂を紹介しておこう。

【大力餅食堂】

大力餅食堂は、一九一七（大正六）年頃に日高町清滝《きよたき》村で大工をしていた堀田鉄次郎《ほったてつじろう》を中心とする六人グループが創業したとされる。店の名称については、当初はツテを辿って力餅に入れてもらおうとしたが断られたため、力餅より大きくなるとの決意を込めて「大力餅」と命名したという説がある。初代経営主は創業グループと同じ日高町山間部の神鍋《かんなべ》高原出身で、大工や炭焼きをしていた者が多かったという。最盛期の店舗数は約六〇店舗にのぼり、京都だけでなく大阪北摂地域にも一部展開していた。

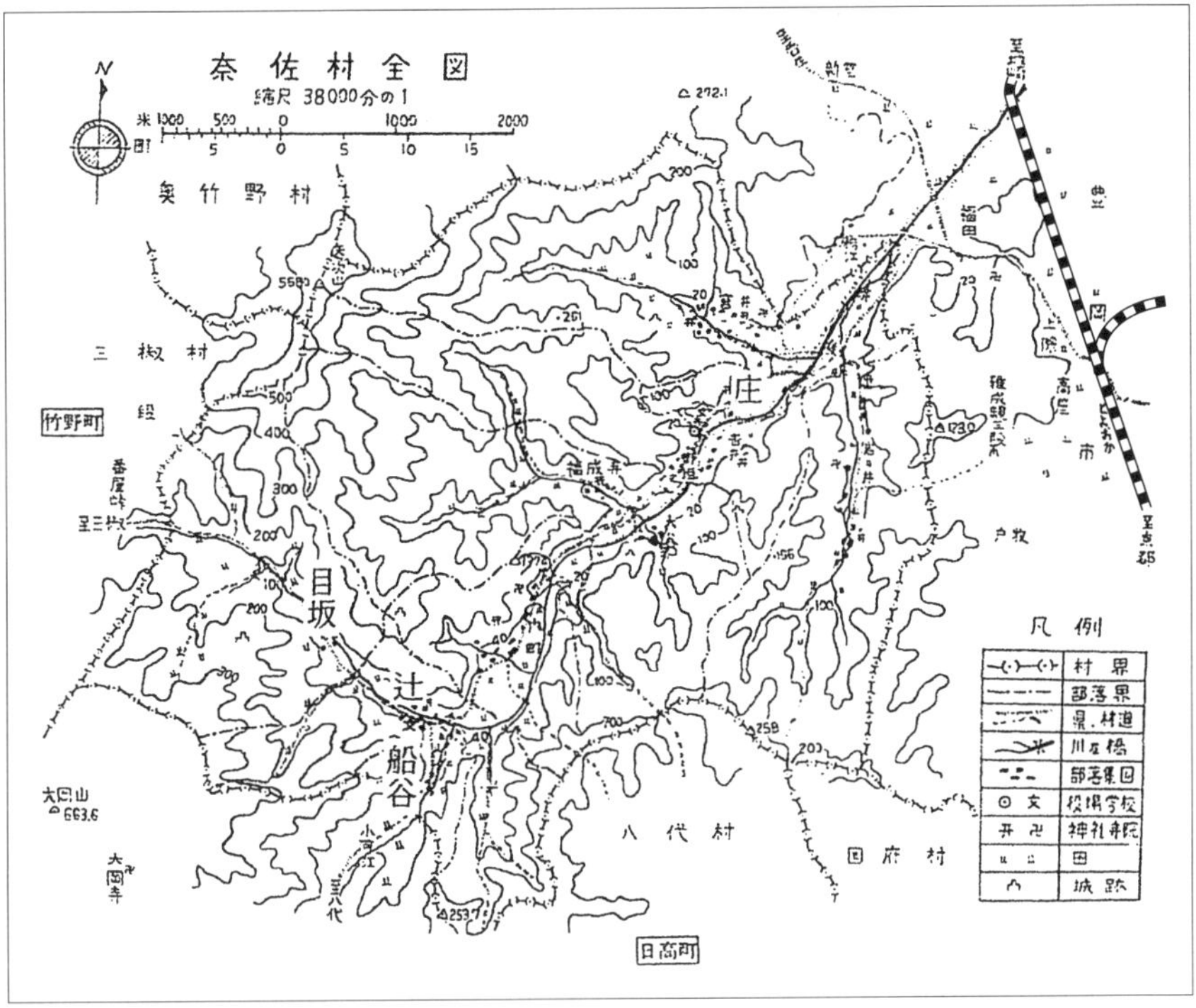

図1－5　奈佐村地図

出所：『奈佐誌』(1955) に一部加筆。

表1－3　京都餅系食堂の叢生

	創業年	創業者	創業者出身地	最盛期店舗数
力餅食堂	明治22（1889）	池口力造	奈佐村目坂	180店
大力餅食堂	大正6（1917）	堀田鉄次郎ら	日高町清滝村	約60店
弁慶餅食堂	大正15（1926）	谷口利太郎	奈佐村目坂	23店
相生餅食堂	昭和8（1933）	白石鉄造	奈佐村目坂	約15店
千成餅食堂	昭和37（1962）	坂口伊作（白石鉄造弟）	奈佐村目坂→日高町清滝村（養子転出）	33店

出所：『奈佐誌』(1955) および聞き取りをもとに筆者作成。

設立年は不明であるが古くから大力餅にも組合組織があり、かつては組合で頼母子講を頻繁に行って各店舗番頭の開業資金を準備していたという。新規店舗を出店する際には五〇〇メートルの距離制限が設けられており、組合の入会費を払うとお祝いとして大力餅の暖簾が贈られた。力餅同様、主な組合活動は親睦であり、月に一度の例会に加えて新年会、春の花見、夏に網船、秋の紅葉狩りなどを行ってきたが、店舗数減少のためコロナ後に組合は解散している。

【弁慶餅食堂】

弁慶餅食堂は一九二六（大正一五）年に奈佐村目坂出身の谷口利太郎《たにぐちりたろう》（一九〇〇年生）が創業したとされている。最盛期の店舗数は二三店舗とされる。かつては力餅や大力餅同様に弁慶餅組合があり、毎年バスを貸切ってのお花見や日帰り旅行、月に一度の寄合などを行っていた。弁慶餅は他の餅系食堂に比べて早くから店舗数が減少し、二〇〇〇年代初頭には組合を解散している。

【相生餅食堂】

相生餅食堂は、もともと大力餅の番頭であった磯垣正一《いそがきしょういち》が一九三三（昭和八）年に開業した相生餅食堂を、奈佐村目坂出身の番頭白石鉄造《しらいしてつぞう》（一九〇五年生）が譲り受ける形で創業した。最盛期の店舗数は約一五店舗である。白石鉄造の兄弟子も戦後「相生餅総本店」を開業して一〇店舗ほど暖簾分けをしており、「本家争い」をしていた時期があったという。一九六四年に法人の協同組合を作って餅付き機の共同購入などを試みた時期もあったが実現に至らず、店舗数が減少したため二〇一〇年代半ばに組合は解散になっている。

【千成餅食堂】

千成餅食堂はもともと弁慶餅食堂を営んでいた坂口伊作《さかぐちいさく》（一九一四年生）が一九六二（昭和三七）年に独立して創業した食堂である。坂口伊作は奈佐村目坂出身で相生餅食堂の白石鉄造の実弟にあたるが、養子として日高町清滝村坂口家で育ち、同じ清滝村出身の一派で弁慶餅から独立して千成餅を創業した。(7)一農民から関白まで出世した豊臣秀吉にあやかった「千成」という名前は、伊作の実兄である相生餅白石鉄造の命名であるという。最盛期は一九九〇年代で三三店舗を展開し、協同組合を作って材料の一括購入などもしていた。一九九二年には「千成餅組合三〇周年／千成餅協同組合二〇周年」の記念誌『千成餅』も編纂している。二〇二三年現在営業しているのは一二店舗であり、現在も組合で毎月一回集まっている。

以上の新しい餅系食堂の創業に際しては、仲間に入れてもらえなかった、喧嘩別れした、本家争いをした、といった様々な説があるものの、現在は異なる餅系食堂間での対立的な関係や感情はまったくといっていいほどみられない。坂口伊作が弁慶餅から独立する際に、実兄である相生餅の白石鉄造が自身の相生餅グループに引き込むでもなく、むしろ新たな店名を授けたというエピソードからは、餅系食堂の組合間で店舗数を競うような感覚もなかったことがうかがわれる。実際、同村出身者やきょうだい・親戚間で別々の餅系食堂に働きに出てきていたというケースは珍しくない。また、かつては他の餅系食堂から「嫁さんを融通してもらう」ようなケースもあったといい、親戚関係と姻戚関係は複雑に絡み合っている。(8)

これらの餅系食堂はいずれも力餅と同じように、主に但馬出身者を住込み従業員として雇い、(9)一定期間の修業ののち暖簾分けをさせることで店舗展開をしていった。一昔前の京都では、おおよそ一商店街に一軒は餅系食堂があったといわれる。但馬出身者の餅系食堂は、文字通り近代以降の京都の庶民の「胃袋」を支えてきたのである。(10)

「もう一つの立身出世」ルートとしての餅系食堂

近代以降の日本において、「立身出世」とは高等学校―帝国大学という学校系列とそれによる官吏登用という、いわゆる「正規」の「立身出世」を歩むエリート層に限られたものではなかった。見田宗介《みたむねすけ》は、明治体制の確立とともに「身を立て名を挙げ」という日本近代の立身出世主義が上層、下層を貫いて形成されたとし、篤農二宮金次郎を準拠像とする「金次郎主義」を近代日本の「立身出世主義の底辺を構成するもの」と位置づけている（見田 一九六九〔一九七一〕）[11]。竹内洋《たけうちよう》は、明治三〇年代以降には民衆に広く教育熱が浸透し、上級学校には進学しない――進学できない――が、高等小学校までは卒業する者の増加を「高等小学校現象」と称して、いわゆる「学歴エリート」ではない人々の立身出世主義的メンタリティを分析している（竹内 二〇〇五：一二七）。司馬遼太郎《しばりょうたろう》が『坂の上の雲』で描き出したような、坂の上の青空に浮かぶ「一朶《いちだ》の白い雲」を見つめてひたすら前に進まんとする時代の高揚感は、但馬の山深い村々においても無縁なものではなかったのである。

もっとも、「郷土出身の名士」というと、一般的には政治家や学者、大企業経営者など、いわゆるホワイトカラー的な立身出世型移動をした人物が想起されがちである。岩本由輝《いわもとよしてる》によれば、「笈《きゅう》を負うて遊学の途に就いた」彼らは各界の指導的人士となって「郷土出身の名士」として讃えられ、「生涯を通じて故郷に好ましい印象を持ち続け」、また「故郷の側でも何かの折に寄付などを要請することもあり、それに快く応ずることによって名士としての名をいっそう高めることにもなった」という（岩本 一九九四：一〇八）。「故郷に錦を飾る」のは、郷里と屈託のない関係性を築いた立身出世型移動者であると考えられてきたのである。

奈佐村において故郷に錦を飾ってきたのはどのような人々だったのだろうか。表1‐4は『奈佐誌』（一九五五）巻末に収録されている「奈佐村出身者芳名録」に掲載された都市移動者五二名のうち、婚出女性一人と寺の丁稚一人を除いた五〇人の属性をまとめたものである。「芳名録」に明確な掲載基準は記されていないが、冒頭に「各位は愛郷心篤く、常に郷土の繁栄のために寄与される事多く…」とあるところから、奈佐村（一八

表1－4　「奈佐村出身者芳名録」掲載者の属性

出身集落	転出先	続柄
1．目坂14（28.0） 2．宮井８（16.0） 3．庄７（14.0） 4．福成寺６（12.0） 5．岩井５（10.0）	1．大阪16（32.0） 2．京都10（20.0） 3．神戸６（12.0） 4．東京３（6.0） 5．豊岡２（4.0）	長男16（32.0） 次男27（54.0） 記載なし７（14.0）
職業		**最終学歴**
1．飲食業14（28.0） （力餅５、相生餅３、弁慶餅２） 2．販売10（20.0） 3．製造　工場経営７（14.0） 4．製菓　餅製造４（8.0） 5．豆腐製造２（4.0）		尋常小学校８（16.0） 高等小学校16（32.0） 豊岡商業高校３（6.0） 豊岡中学校１（2.0） その他専門４（8.0） 大学４（8.0） 記載なし14（28.0）

注：実数Ｎ＝50名。２名（婚出女性１名及び寺の丁稚１名）を除く。
出所：『奈佐誌』（1955）巻末芳名録をもとに筆者作成。

八九～一九五五年）から都会に出て成功したのち、郷里に対してなんらかの寄付を行った者が掲載されていると考えられる。

まず出身集落をみると力餅創業者池口力造の出身集落である目坂が一四人（二八・〇％）と最も多く、転出先は京阪神で六割超となっている。続柄をみると長男が一六人（三二・〇％）であり、当時の平均きょうだい数に鑑みると長男の存在感は少なくない。最終学歴は記載のない者が一四人（二八・〇％）と多いが、判明分だけで高等小学校以下が二四人（四八・〇％）と約半数を占めており、職業をみると飲食業一四人（二八・〇％）、販売一〇人（二〇・〇％）、製造・工場経営七人（一四・〇％）となっている。以上を見る限り、奈佐村においては、ホワイトカラーの立身出世型移動者というよりは労働力型移動者が故郷に錦を飾ってきたことが分かる(12)。

さらに、この飲食業一四人のうち一〇人が力餅、相生餅、弁慶餅など餅系食堂経営主であり、掲載者全体でみても五人に一人の割合を占めている。この餅系食堂一〇人のうち七人は「奥三部落」の出身であった。ここから、力餅をルーツとする餅系食堂の展開は、奈佐村の中でも山の深い「奥三部落」を中心に、学歴主義的な文脈とは異なる「もう一つの立身出世」ルートを拓いてきたこと、そして彼らこそが「芳名録」に名を記されるような「故郷に錦」を飾ってきたことが

写真1－3　昭和初期頃の力餅の住込み従業員達

右から２番目が当時の一番番頭。
出所：瀬川佳之氏提供。

分かる。

都会で「一旗揚げる」ことを夢見て餅系食堂に出てきた労働力型都市移動者の多くは、高度成長期まで残存した北但馬の「親方子方制度の網の目」において子方側の階層に位置していた。[13] 相生餅のA１によれば、餅系食堂の住込みに出てくるのは、その多くが「金もなければ力もないし、資本もないし、なんにもない」「ただあるのは農業をして健康な体」の若者たちであったという。もっとも例外的なケースはあるものの、初代経営主の多くは義務教育終了後、親戚や近隣の口利きで餅系食堂に丁稚として入り、長時間労働の厳しい修業時代を乗り越えて暖簾分けを許され、文字通り裸一貫から「一国一城の主」の夢を叶えた苦労人達であった（写真１－３）。

前述した京都力餅組合所蔵『昭和五十二年歴代記録』をみると、一九四〇（昭和一五）年に開業した旧豊岡町新田村出身のある経営主の来歴について、「学校卒業後上京今出川鶴やに奉公致しましたが同じ奉公するならば早道の力餅にと鞍替え」したと記されている。身一つで郷里を出てくる若者にとって、戦前から破竹の勢いで多店舗化を進めていた力餅は、手っ取り早く暖簾分けをしてもらえる、つまり短期間で「一旗揚げる」ことができる魅力的な奉公先として認識されていた様子がうかがわれる。

4　誰が餅系食堂に出てきたのか

力餅調査票調査の結果から、初代経営主の輪郭を素描しよう。回答者のうち初代経営主は二九人、二代目以降経営主は一九人であった。初代経営主の内訳は、長男は六人、次三男は一八人、無回答五人である。前述した「裸一貫の若者」のモデルケースは農家の非跡継ぎである次三男であり、初代経営主の七五・〇％を占めている。通勤圏内での就業機会に乏しい北但馬において、「下の人はもう、養子に行くか、京阪神に行くかっていう二つに一つの選択肢しかなかった」と言われるように、「過剰人口」であった次三男にとって学卒後の都市移動はいわば「既定路線」であった。

次三男の場合――「既定路線」としての都市移動

はじめに、この次三男の移動の事例を二つみてみよう。

T５（一九三九年生）は日高町山間部の農家に七人きょうだいの三男として生まれた。実家の生業は農業と炭焼きである。中学卒業後は半年ほど実家で百姓をしていたが、歳の離れた長兄がすでに結婚をして家の跡を継いでいた。T５自身、いずれは自分の身を自分で立てなければと考えていたが、それを痛烈に感じたのは、当時、家でラジオを購入した際に八人暮らしの一家の通帳の残高が六〇〇〇円しかないことを知った時であったという。

「こらあかんって思って（笑）。それが一番の、村を離れた理由です。町で成功せんならんって。」

一九五四年、同村出身者が京都で力餅を新規開業するにあたって「丁稚さん」を探しており、学卒後実家にいたT５に声がかかって京都に出てくることになった。田舎にいた時の生活は貧しいうえに肩身が狭かったが、京都での生活は「自分で店持ついう、希望があったからね、それで頑張れた」といい、一三年の修業ののちに暖簾分けを許され独立開業を果たしている。

T4（一九三九年生）は竹野町山間部の専業農家に六人きょうだいの三男（末子）として生まれた。実家の農地所有は八反と村のなかでは比較的大きいほうである。T4は但馬屈指の進学校である豊岡高校を卒業しているが、同級生の大多数が進学や企業に就職するなかT4は商売の道を志し、同じ集落出身者が大阪府堺市で営む洋菓子屋に「柳行李一つ下げて」丁稚に入った。しかし、働き出してみると洋菓子屋は従業員が多く、独立の道が閉ざされていることが分かったという。ちょうどその頃、郷里の親から同村出身の京都の力餅に空きが出たとの連絡を受けたことから、一九五八（昭和三三）年に力餅に転職し、九年の修業ののち独立開業している。

先に述べたように、竹野村は戦前から力餅で一旗あげた人を多く輩出してきた。T4の父親は、T4が五、六歳の頃から「この子は商売人にさす」「町で商売させます」と近所の人に言っていたという。T4の父親のなかでは、「たたき上げの商売人としての成功」は、息子を都会に出すその先に、具体的なイメージをもって思い描ける未来であった。経済的には多少余裕があり進学校を卒業したT4自身にとっても、学歴主義的な文脈における「立身出世」とは異なった、「もう一つの立身出世」ルートとして商売の道があったといえる。

T5とT4はどちらも一九三九年生まれときょうだい数が多い人口学的移行期世代の次三男であった。長兄が郷里で家を継いでおり、いわば典型的な「過剰人口」の労働力型都市移動のケースである。T4が「（長兄が―筆者注）継ぎますやんか。後のこの端のほう（自分たち次三男）は、もう要らんねや（笑）」というように、彼らにとって学卒後の都市移動そのものは「既定路線」であった。彼らの語りからは、いつ出るか、どこに出るか、という選択の範囲とそれぞれのタイミングのなかで、餅系食堂という「もう一つの立身出世」ルートを摑んでいった様子がうかがえる。

長男の場合——貧しさからの脱出　一方、跡継ぎである長男の移動は少数派ではあるものの、「既定路線」で出てきた次三男の場合以上に、郷里での経済状況の厳しさが前面に語られる傾向がみられる。

T10（一九五一年生）は日高町三方地区の山奥に五人兄弟の長男として生まれた。バス通りに出るまでに約一時間かかるような山の最奥の集落に住んでおり、T10の就学を機に一家で山を下りてきた。父親は日雇い人夫などをしていたが生活はきわめて厳しく、「僕が出たらその分だけ食費が助かる」と中学卒業後は親戚の紹介で姫路の力餅に入り、苦労の末に一九八七（昭和六二）年に独立開業を果たした。

「一五でもう、『高校なんか行かへん』と…そら行くようなね、あれ〔経済的余裕—筆者注〕なかったからね。（中略）そのかわり『自分は絶対店出す』って言って出てきたんですよ。…だから卒業のあれ（文集）にはね、あの、『あばよ三方』って書いてね（笑）。もう二度と、三方には帰って来うへんって。」

T10の語りからは、「既定路線」で出てくる次三男の語りにはみられなかった郷里に対する明確な見限りの感情と同時に、「もう一つの立身出世」ルートに自身の未来を賭けようとする強い意志が透けてみえる。

調査票調査において実家に関する項目は全体的に無回答が目立ち、おおよそ量的分析に耐えうる標本数ではないが、ここから分かる範囲で移動主体の続柄による実家の状態の違いをみてみよう。

実家の生業は、次三男の実家では「農業のみ（専業農家）」が一〇人、「農業と酒造出稼ぎ」二人で過半数を占めているが、長男の実家の生業にこの二つに該当する回答はなく、「農業と日雇いや不定期の賃労働」「商業等自営業と農業」「商業等自営業」「その他」など多岐に及んでいる。また現在の実家の状態をみると、次三男では一八人中一四人と七割強の実家が長兄によって継承されており、うち四人はすでにその子どもの代になっていると回答している。一方、長男の実家で他のきょうだいが代わりに家を継承しているのは六人中二人にすぎない。次三男の実家で継承されているのは、前述した「農業のみ」「農業と酒造出稼ぎ」を生業と回答した者の家であった。以上から、次三男は比較的安定した農家とみられる家から輩出されている一方で、長男の場合は、跡継ぎ本人が都市に出ているという事情を差し引いても、そもそも安定した農的基盤を有していない家から輩出されたことが推察される。

竹野町出身のS2（一九三七年生）は、千成餅で暖簾分けした但馬出身者に長男が「わりと多い」事情を、「田舎の方はもう貧乏でしょ、だから飯食われへんでしょ。やさかいに、出世した人のところ頼ってみな出て来とるわけ」と説明している。

「飯が食えない」人々が「出世した」人を頼って都会に出てくる構図は、但馬地方の「片助」の慣行である親方子方が空間的に拡大したものと捉えられる。前述したように、但馬地方には一定の流動性を持つ親方子方の慣行が戦後も根強く存続していた。池口力造が拓いた「もう一つの立身出世」ルートは、近代以降の北但馬地方の若者たちに、都会における目新しい、かつ有力な頼りどころ――「くらがえ」先――を提供することになったのである。

挙家離村――力餅と金山廃村

餅系食堂の住み込みに入るのはその多くが単身の若者であったが、郷里ですでに所帯を構えた者が縁故を頼り妻子を連れて出てくるという挙家離村のケースも一定数存在した。

表1－5は一八七四（明治七）年と一九五四（昭和二九）年時点における奈佐村一一集落の戸数と人口の変化をみたものである。町場に近く市街地化が進行した庄では戸数一・五倍、人口一・七倍と増加しているが、全体をみると戸数は平均で八割程度に減少しており、なかでも「奥三部落」の戸数の減少幅は大きい。とりわけ創業者の出身集落である目坂は一八七四年時点を一〇〇とした場合、戸数五〇・八、人口六三・二まで減っており、近代以降に挙家離村を含めた著しい人口流出を経験した様子がうかがえる。

この「奥三部落」の戸数減の著しさからもうかがえるように、田舎の家を畳んで一家で都市部に転出する

表1－5 奈佐村の戸数・人口の推移

		1874年		1954年		1954年／1874年	
		戸数	人口	戸数	人口	戸数	人口
岩井		58	261	51	286	87.9	91.3
宮井		68	334	57	346	83.8	96.5
庄		38	189	57	323	150.0	170.1
吉井		26	129	21	101	80.7	78.3
野垣		28	122	23	114	82.1	93.4
福成寺		50	229	41	257	82.0	112.2
大谷		44	191	30	158	68.2	82.7
内町		49	199	39	224	79.6	112.6
船谷	奥三部落	15	67	10	63	66.7	94.0
辻	奥三部落	48	225	32	192	66.6	85.3
目坂	奥三部落	63	304	32	192	50.8	63.2
合計		487	2250	393	2256	80.7	100.3

出所：『奈佐誌』（1955）77頁、262表をもとに筆者作成。

ケースは、山間部の条件不利地域——正確に言えば、近代以降条件不利に転じた地域——で多く発生した。

日高町三方地区羽尻は木炭〔阿瀬炭〕、麻糸、牛飼いなどを生業とする広大な山村地域であり、本村の他に分尾、若林、金山の三つの支村からなる集落である。亜瀬渓谷の奥深い山間部に位置する金山は、室町時代には鉱山地帯で「金山千軒」と呼ばれるほど栄えていた地区であった。大正期は一一軒、戦前は一〇軒、戦後も七軒が主に炭焼きで生計を立てていたが、力餅への連鎖移動が相次いで廃村となっている。

Ｔ２（一九二九年生）は九人兄弟の八番目として金山に生まれた。上のきょうだいは夭逝したり、尋常小学校卒業と同時に次々と「口減らし」で「皆、ぼんさん〔丁稚—筆者注〕に、大阪のほうに」出たりであったといい、Ｔ２が物心ついた時に一緒に暮らしていたきょうだいは三人のみであった。一九三五（昭和一〇）年にＴ２の就学を機に、大阪市内に転出して所帯を構えていた長兄を頼って一家で移住したが、一九四五年の大阪空襲ですべて焼けてしまう。出征していた兄たちも戦死が相次ぐなか、生き残ったT2と兄一家、両親は金山に帰ることになった。(14)戦後は再び金山で農業と炭焼きの生活をはじめ、T2自身も結婚して三人の子どもを授かった。一九五五年には関西電力が金山に発電所を設立し、一九五七年には村人たちの要望を受けて三方小学校の金山分校が開設されたが、車も通らない山深い金山での農業は「肩の上〔に荷物を載せて運ぶ─筆者注〕ばっかり」で何をするにも重労働であったという。

一九六一（昭和三六）年に大阪で力餅を営んでいた妻のおじにあたるIから声をかけられて入職し、三年の修業ののちに暖簾分けで独立開業した。出てきた経緯を、T2は以下のように語っている。

「はじめはね、向こうから餅つきに、〔親戚の力餅に─筆者注〕正月手伝いに来てたんですわ。」「二年程手伝いに出て、『ああ～そうやな…あっこ〔金山〕おってもしゃあないし…』、この商売してたら、まあもし私が死んでも、嫁さんと子どもだけでもうどん屋やったらやっていけるから飯食えるやろうという考えから出てきたんですわ。」（T8）

同じく金山で生まれたT20（一九五〇年生）は小学校入学直前の一九五七（昭和三二）年に一家そろって大阪に転出した。前述T2の親方IはT20の祖父の弟にあたる。T20の父親（一九二四年生）は、毎年冬になると叔父のIの力餅に餅つきなどの手伝いに出てきていたため、実質的な住み込み修業期間を持つことなく暖簾分けで独立開業した。T20によれば、力餅を始めた父親が金山に帰村した際「商売なかなか面白いから」と誘ったことが、前述したT2一家とT2の兄一家が力餅に出てくるきっかけになったといい、(15)「父が田舎から引っ張り出した」ようなものであるという。

こうして次々と力餅に引っ張られる形で離村が相次ぎ、最後の一戸となった家が冬を目前に断念してふもとに降りる形で一九六二（昭和三七）年一二月二六日に金山は廃村となった[16]。

近代以降、金山が条件不利地域に転じた要因の一つには学校教育へのアクセスの悪さがある。一九一二（大正元）年に編纂された『三方村誌稿本』によると、三方村は「生計困難なるもの」が多く「就学歩合常に劣等」であったが、なかでも羽尻の三支村は、同じく山村である観音寺の二支村と合わせて、「何れも学校より一里半以上を距て、且つ山路険悪にして到底通学の叶うべくもあらず」ということから、「教育免除地」とされていた（日高町史編さん研究会三方部会 一九一二〔一九七〇〕：九六）[17]。T2、T20、および前述の長男T10のケースも含めて、三方地区山村部からの挙家離村はいずれも子どもの小学校入学を一つの契機としている。明治以来、同地域では通学が物理的に難しいことから分教場の設置や学校付近での寄宿補助などがたびたび議論されてきたが、実現に至らなかったという（同上）。戦後になってようやく金山分校が開設された頃には、高度成長期の波に乗って勢いづいた都市部の力餅に人口を吸収されていくことになったのである。

5 労働力型都市移動者が故郷に錦を飾るということ——大阪力餅元組合長Oの事例

ここまで、人口学的移行期世代を中心とした労働力型都市移動者の事例を取り上げてきた。最後に本節では少し世代を遡って、前述「奈佐村芳名録」に名前を記されたOの事例を取り上げよう。大阪力餅組合の元組合長であるOは、典型的な「もう一つの立身出世」を果たし、戦後高度成長期にかけての大阪力餅組合の「黄金時代」を牽引した人物である。彼の組合における活躍は第3章に譲るとして、ここでは「もう一つの立身出世」ルートを辿った労働力型都市移動者がどのような思いで故郷に錦を飾ったのか、その心情の一端を考察する[18]。

生い立ちと地域有力者としての成長　Oは一九〇六（明治三九）年に奈佐村の「奥三部落」に分家の長男として生まれた。親方にあたる本家から土地を分けてもらってはいたが、父親が病弱だったこともあり経済的にはかなり厳しく「食べられるか食べられないか分からない」ような生活であったという。高等小学校卒業後はしばらく炭焼きをしつつ百姓をしていたが、昭和初期頃に同集落の幼馴染で兄貴分であったBと共に大阪に出奔し、土方などの様々な日雇い仕事で食いつないだ。Bは数年後に「親が危篤」という電報に「騙されて」帰郷し、そのまま家を継いで農家として生涯を送るが、Oはその後も大阪に留まった。石炭配達の仕事で出入りするようになった大阪玉造《たまつくり》の力餅の親方と同郷ということで気安く話をするようになり、「ウロウロしてへんと、ここで修業してみ」と声をかけられて住込みに入り、一九三五年に暖簾分けを許され大阪市旭区千林《せんばやし》にて独立開業する。[19]

千林は戦後にダイエー一号店が出店したことで有名な町である。戦後の千林商店街は大阪を代表する勢いのある商店街として成長していく。Oの店は力餅連合会のなかでも「伝説的」と言われるほどの圧倒的な売り上げを誇り、千林の発展に伴ってO自身も地域の有力者として頭角を現していった。[20] 以下は一九七八（昭和五三）年第三五五号の『近畿麺類新聞』に掲載されたOの訃報を伝える記事の抜粋である。

〔Oは〕終戦後の昭和二四年二月に地域振興を望む地域住民の声に応えて生まれた旭区地域振興会古市連合会千林第一町会の会長に推され、翌二五年四月には千林商店会の顧問となり、千林地域住民の良き相談相手となり、また指導者として地域発展に情熱を注いだ。今日の千林の発展はOの功績に負うところが大きいといえる（『近畿麺類新聞』）。

一九五〇年代の旭区では、人口の急激な増加に伴って、様々な地域団体や支部が組織化されていた。同記事によると、Oは、一九五四（昭和二九）年に旭区公衆衛生協会発足と同時に副会長就任、一九五八年麺類業界環境衛生組合設立に合わせて旭支部を結成し支部長に就任、一九六四年旭区食品衛生推進委員会発足以来会長職を務める、といったように数々の業界組織の地域支部の立ち上げに関与している。その他にも旭保健所運営協議会委員長、旭防犯協会古市支部長、千林福祉協議会委員、旭区防火協会理事、大阪商工会議所旭支部運営委員、旭区更生保護事業助成会評議員など多数の役職を歴任して紺綬褒章、大臣表彰、知事表彰ほか多数の表彰を受け、一九七八年には当時飲食業界関係者としては珍しく勲五等瑞宝章を受章している。

「故郷に錦を飾る」という欲望

商売で大成功をおさめ、大阪に揺るぎない根を下ろしたOであったが、Oの長男（T15）からみると、彼の気持ちは「全然但馬に向いてた」という。商売が軌道に乗ってからのOは、郷里の田畑や山を購入して人をたくさん使って植林をしたり、村の中心部を見下ろす県道沿いの見晴らしの良い場所に大きい墓を建て直したりといった形で、大阪での成功を積極的にアピールしていった（写真1－4）。このOの田畑や山、そして墓を長年管理してきたのがOと共に出奔し村に戻ったBであった。近年Oの息子T15が大阪に移転したが、それまでは長らくBの長男夫婦が墓の管理を引き継いでいたという。

Oは奈佐小学校分校にピアノを寄贈し、寺にも多額の寄付をしてきた。なかでも桁違いの寄付は、一九六九（昭和四四）年に氏神神社の明治一〇〇年記念事業に際した参道一三〇段の石段と鳥居、手洗い場の奉納であった（写真1－5）。Bの長男によればこの石段は一本一三万円であり、石段だけで軽く一〇〇〇万円以上投じている計算になる。

T15によれば、Oは村の親方筋を尊重しており、毎年盆の帰省時には最初に代々村会議員を輩出してきた親方筋の家に一家そろって挨拶に訪れていた。だが同時に、自身の存在が村のヒエラルキーを揺るがすものであることも自覚していたようである。OはBの息子二人を住み込み従業員として受け入れて暖簾分けをさせたが、店を持った彼らもまた現金を持ち帰り、椎茸栽培小屋の改築資金など折に触れて実家を援助するようになる。

それは郷里の人々に対して都会の「現金（カネ）の力」をあからさまに見せつけることを意味した。

「そうすると今までちょっとこない〔偉そうに―筆者注〕してたん〔親方衆〕がな、これ〔カネ〕の力が出てきたらな、逆転すんねん。現金の力で逆転すんねん。だから〔村のヒエラルキーが〕崩れていくわけや。…親父も誇示したかったたやろ。まあいわば、田舎の小学校だけ出てきて、こっちで商売してや、…言うたら悪いけど、そんなに学があるわけでもなんでもないけども…やって〔成功して〕。」（T15）

写真1－4　O氏墓地跡からみた集落中心部

県道手前の田はO氏の所有。
出所：筆者撮影。

写真1－5　O氏が寄付した参道の鳥居と石段

出所：筆者撮影。

T15の語りからは、「もう一つの立身出世」を果たした貧しい農家の長男が「故郷に錦を飾る」行為が、たんなる愛郷の念だけではなく、郷里のヒエラルキーを超克し、あるいは見返したいという欲望に裏打ちされていたことがうかがえる。

神社に寄進された鳥居にはOの名前が記されていない。Bの長男によれば、これはBが「村に禍根を残す」として強硬に反対したためであるという。Oの寄進は神社の狛犬の影に置かれた小さな石碑に刻まれている。O、Bとも鬼籍に入って久しい現在、Bの言う「禍根」の真意を問うことは不可能であるが、一三〇段の石段が貧しい農家の長男の郷里に対する欲望の表象であるとするならば、その欲望をある意味で阻止しようとしたのがBであった。ここに、一度はOと共に郷里から出奔した「兄貴分」Bの複雑な胸中と立ち位置を垣間見ることができる。

6　餅系食堂の「坂の上の雲」

二代目経営主T21（一九五四年生）は、子どもの頃に家族で但馬に帰省した際、Oの立て直した立派な墓の前の県道を車で通るたびに、先代の父親（一九一四年生）が「あそこOさんのお墓やで」と言っていたことを覚えているという。T21の父親もまたOと同様、力餅に「丁稚」に入り苦労の末に暖簾分けをして成功を収め、大阪の地域社会で活躍して勲章を授与された人物であった(21)。華々しく出世したOが故郷に飾った数々の「錦」は、彼の郷里に対する愛憎相半ばするとでも言うべき屈折した感情の表出ではあったが、彼の後に続いて但馬から労働力型の都市移動をしていった餅系食堂の経営主たちにとっては誇らしく、また目指すべき目標でもあったのである。

京阪神都市圏に展開した餅系食堂は、但馬地方のなかでも、親方子方が高度成長期まで残存した城崎郡日高町と竹野町山間部の学歴主義とは縁の薄い「裸一貫」の若者たちに対して、「もう一つの立身出世」ルートを拓いていくことになった。この「もう一つの立身出世」ルートは、「過剰人口」とされてきた非跡継ぎである次三男の移動のみならず、経済的に困窮した家の長男や、条件不利化した山間部の家族を挙げての移動も惹起しながら展開していった。

餅系食堂に出てきた北但馬出身者は、ホワイトカラーならぬ白い調理着に身を包み、近代以降の京阪神都市社会の発展を支えたブルーカラー（菜っ葉服）労働者達の「胃袋」を支えていくことになる。次章では、彼らが暖簾分けをして「一国一城の主」となっていくプロセスをみていこう。

注

（1）祖父は奈佐村出身で一九三二（昭和七）年に大阪で力餅を開業したが、戦時廃業し郷里に引き上げた。本人は大阪で生まれて奈佐村で育ち、力餅から分派した「かどや」で七年修業して独立している。

（2）東西屋とはチンドン屋の呼称のひとつであり、路上で柏木や太鼓を鳴らすなどして人目を集め、その地域の店舗や商品の宣伝をする日本の請負広告業の一類型である。力餅では創業者の時代から戦後も継続して、新規店舗開業のオープンセールの際には東西屋を雇って店頭で呼び込みをすることを慣例としてきた。

（3）活動内容および会費は二〇一七（平成二九）年の聞き取り時点。

（4）豊岡市は北但馬の中心都市であり、二〇〇五（平成一七）年に豊岡市、城崎町、竹野町、日高町、出石町、但東町が合併して県下最大面積の自治体となった。

（5）清水美知子《しみずみちこ》によれば、近世において女性が他家に住み込み勤めることは「人格をも含めて身ぐるみ抱え込む主従関係」であり、「見習い修業」でもあった。「武家の娘は大名へ、町人の娘は武家へ、田舎の農家の娘は都会の町家や武家へ」とそれぞれ階層的に上の主家に上がり、礼儀作法や家事などを教わるという「花嫁修業」としての性格から、奉公の経歴はその後の「良縁へのパスポート」となったという（清水 二〇〇四：一四〜一六）。

（6）一九二四（大正一三）の兵庫県下における五〇町歩以上の地主五四人のうち、一五人は但馬であった。本橋によると、当時の但馬の人口二四万超の七割にあたる約一七万人が自・小作農であり、その六割約一二万人が五~七反の小作農であったという（本橋 一九八七：一四~一五）。

（7）『千成餅』では坂口伊作の実兄は「白石貞造」と表記されているが、奈佐村芳名録、および複数名の聴き取りから総合的に「白石鉄造」と判断した。

（8）ある餅系食堂の女将さんによると、客から他の餅系食堂との関係を聞かれた際には「組合が違うんです」という答え方をするという。

（9）大力餅には九州出身者が参加しており、弁慶餅にも京都出身者や「出身地がよく分からない」人も参加していたという。力餅では創業者の孫弟子にあたる小林菊次郎《こばやしきくじろう》の配偶者の郷里である滋賀県出身者が複数名入っており、餅系食堂の組合は必ずしも同郷の但馬人に閉じた組織ではなかった。

（10）聞き取り調査では、これらの餅系食堂からさらに分派した食堂や、あるいは個人で独立した食堂の存在も確認している。力餅からはかどや食堂（約五店舗：大阪）、天狗餅（現天狗食堂：店舗数不明：京都）、力食堂（二店舗：京都）、千成餅からは千力食堂（四店舗：京都）が分派している。また個人で独立した食堂としては、力餅から「大力食堂」（兵庫県西宮市）、「一力」（大阪市）をはじめ、郷里に戻って異なる名前で開業しているというケースも複数あったとみられる。分派独立した理由は、規定年限を勤め上げず暖簾をもらえなかったケース、本人が人付き合いが不得手で組合に入りたがらなかったケースなど様々であったという。

（11）見田は、日本近代の立身出世主義の性格として、(1)プロセスにおける「心構え」の重視による倫理化、(2)超越的な価値の支点の不在による、体制批判の観点の原理的な欠落、(3)共同体の期待を背負うことによる、準拠集団の両極性、の三点を挙げている。

（12）一方、立身出世型移動者に該当する最終学歴が大学の四名は、町場に近い宮井、岩井集落の出身である。続柄は長男二名、次男一名、不明一名であり、三名は京阪都市部で専門・管理職ホワイトカラーとなり、一名は東京で逓信省に務めたのち豊岡の郵便局長としてUターンし、その後は銀行支店長におさまっている。

（13）筆者の調査では、餅系食堂関係者の郷里における過去の親方子方関係を具体的に把握することはできなかったが、実家が子方をしていたという話はインタビューのなかで明示的、非明示的に出てくるものであった。日高町出身のT1（一九二八年生）の実家は材木屋を営む農家であるが代々同集落の家の子方をしており、親方宅で結婚式や葬式があるたびに両親が一週間ほど手伝いに行っていたという。またS1の実家はもともと小作農家であり、実家の兄が村外の地主の家に「出入り」としてたびたび用事をしにいっていたという。

(14) T2自身は一九四四(昭和一九)年中学校三年生時に予科練に入り、翌四五年八月二十二日に特攻隊員として出動命令が出ていたが終戦となったため、運よく生き残って帰ってきたという。

(15) T2の兄は戦前にIの力餅で丁稚をしていたことがあるという。

(16) 金山最後の住人である富山利一は離村当時について、但馬学研究会例会の講義で以下のように述べている。「親戚が『力餅』をやっていて『出てこんか』と村の者は誘われました。みんなひっぱりで、最後は私の家一軒になりました。家内と子ども四人です。昭和三七年一二月二六日でした。(中略)『だれが悪くなっても冬が過ごせんぞ。もう今夜出ようや』。家内が用意していた夕飯を食べて、仏さんに灯明をあげ線香を立て、残った火に灰をかけ、家を出たら家内は涙をポロっとしていました。長男が小学校六年生の時でした。私が出たら何百年続いた金山はおしまいだなと、金山の村の下に架かっていた土橋で私も泣きました。」(「但馬学研究会HP」)。

(17) 第二次小学校令(一八九〇)において、児童数不足や遠隔地等通学困難な地域で児童を学校に就学させる義務が免除される場合があることが言及された。第三次小学校令(一九〇〇)第三四条は「尋常小学校ノ設置又ハ児童教育事務ノ委託ニ関スル義務ヲ免セラレタル区域」では「学齢児童保護者ハ其ノ義務ヲ免除スルコトヲ得」と明記されている。三方村の尋常小学校就学率は一九〇〇(明治三三)年に八三・四四%、一九一一年に九二・九五%と著しく上昇していたものの、この山村の「教育免除地」問題を解決しない限り九五以上に達することはないだろうと指摘されている(日高町史編さん研究会三方部会 一九七〇:九五〜九六)。

(18) ここでのOの事例は、Oの長男T15、および事例内で紹介したOの幼馴染Bの長男夫婦へのインタビュー調査をもとにしている。

(19) Oは一九四四(昭和一九)年に召集され、いったん店を畳んで軍隊に行っている。T15によると、若い時に苦労を重ねてきたOはのちに「軍隊はちゃんと飯食えるし楽やった」「いっこも辛いと思わなかった」とよく語っていたという。「百姓では食えんかった」というOの郷里での生活がいかに切実な状況であったかを示すエピソードといえよう。

(20) 石村眞一《いしむらしんいち》によれば、Oは一九五一(昭和二六)年六月から五四年三月まで千林商店会の二代目会長を務めているが、一九四六年八月十八日に謄写版で刷られた設立趣意書（設立時名称は千林、森小路商店街組合）の設立発起人一覧にはOの名前が記されている（石村 二〇〇四）。

（21） T21の父親は一九八四（昭和五九）年に厚生大臣表彰、一九八七年に勲六等単光旭日章を受章している（力餅連合会 一九八八：二七）。

第2章　餅系食堂の暖簾分けと親方子方

——まあ、俺はもう、下の方やしな、五男坊やし。…もう兄貴がおるんやから。まあ、修業っていえば、恰好もええけどな（笑）。まあ言うたら、丁稚奉公やな、昔でいうたらな。分かるかな？　住み込みで…。だけどそんなに、しんどいんやとか、そんなことは、思わんと働いたな。まあ田舎から出てきてだからなぁ。（一九三九年日高町生Ｓ３／京都）

1　暖簾分け制度

北但馬から京阪神の餅系食堂に出てきた裸一貫の労働力型移動者は、どのようなプロセスを経て「一国一城の主」として自ら店を構えるに至ったのだろうか。餅系食堂の特徴は、いわゆる飲食チェーン店とは異なり、住み込み従業員の暖簾分けによって店舗を拡大していった点にある。

暖簾分けとは、特定の奉公人に営業権を分与して別家を許す制度であり、近世においては商家をはじめ旅館、貸座敷業、職人など幅広い分野にみられたものである。丁稚制度、住み込み制度などを含むこのシステムにおいて、奉公人は丁稚《でっち》、手代《てだい》、番頭《ばんとう》、別家《べっけ》と、徒弟制度のもとで一定期間を勤め上げると暖簾分けを許され、独立の店主にしてもらうことが可能であった。暖簾分けによって商家同族団が形成されていくが、別家は本家に対して独立後も奉公しなければならない反面、危機に直面すると主家から庇護や援助を受けることができる。

暖簾分けされた別家同士は本家を中心に同族団を形成し、その関係は世代を越えた永続が希求された（中野一九六六）。近世における中小商家とその同族団である「暖簾内」の研究を行った中野卓《なかのたかし》は、農家同族団の末家創設と商家同族団の暖簾分けを比較し、商家の暖簾分けは不動産や資本の分与のみならず、「無形の暖簾の信用、顧客や仕入れ先への紹介、仲間への参加の保証などを合わせた創業条件の供与」であること、もっぱら土地に規定される農家と異なり、暖簾分けをした後は実力による活用いかんで「たちまちにも縮小も拡大もしうるもの」であることから、農家同族団よりも衰退、断絶、創設、興隆およびそれに伴う同族団内部の勢力変動、分裂といったダイナミズムが著しいことを指摘している（中野 一九六六：一五八～一五九）。

暖簾分け制度は近代化に伴って二つの変化を経験する。一つは、系譜と経営の分離、つまり「家」の系譜関係を超えて拡大する経営体の増加である。明治以降になると、系譜を一つにする限りにおいて非親族を取り込むことができる経営体であった「従来の家の原則」と、民法によって提示された親族・血縁関係によって結合する「新しい家の原則」が混在するようになり、後者の浸透に伴って、経営体が「家」の系譜から切り離されていくようになった（中野 一九七八）。従来、農家を研究対象として発展してきた一連の「家」研究は、「家」の系譜関係と合致しない暖簾の系譜を「家」とはみなしてこなかったが、実際には系譜を超えて拡大していく経営体もまた「家」として統合していこうとする志向性が存在しており、そのイデオロギー的な統合の要となるのが暖簾や株といった社会における営業や信用の単位である「継承材」であった（米村 一九九九）。

もう一つの変化は、実体としての暖簾分け制度そのものの衰退である。丸山侃堂《まるやまかんどう》・今村南史《いまむらなんし》著『丁稚制度の研究』は一九一二（明治四五）年一～二月に『大阪朝日新聞』に掲載された特集記事がまとめられたものである。ここでは、近代化に伴い資本労働関係が変化し取引量も著しく増大する中で、雇い入れる店員は増加するが暖簾分けを許される店員はごく一部となり、階級上昇のルートが著しく狭められてきていること、また別家をしてもかつてのような十分な報酬も親類並みの待遇もなくなり、「奴隷的境遇」となりつつあることが指摘され、俸給通勤制との折衷によって雇用関係の部分的近代化を図る必要性が説かれている（丸山・今村 一九一二）。

もっとも、中野によれば、近世の丁稚制度においても階級上昇は保障されていたわけではない。むしろ丁稚の選別淘汰は丁稚制度の本質に組み込まれたものであった。というのも、奉公人の働きは「少々の小遣い銭」や「仕着せ」や寝食のあてがいと引き換えに行われたのでもなければ、給与後払いの方法や退職金の代替として暖簾分けがあったわけでもなく、「主家の暖簾内における別家としての地位の獲得、暖簾につらなる象徴された社会経済的条件をもつ自分の家を、主家に系譜的なものとして創設すること、それにあたいする自分をつくりあげることにおいて動機づけられていた」のであり、その過程において容赦ない淘汰選抜が行われるのは必然であったからである（中野 一九六六：一五五～一五六）。とはいえ、前述『大阪朝日新聞』の記事が書かれた明治末期には、中小商家の存立が困難化して実質的な満足を伴うような暖簾分けが難しくなるなかで、その本来有していた意味合いが失われ、安価な労働力の使い捨てのための手段と化す傾向が顕著になってきていたという（中野 一九七八：一七七～一八九）。

戦後になると、こうした暖簾分け制度に基づく奉公人が、封建的主従関係に近い隷属的な立場にあると同時に家族の一員として待遇されている点が「封建遺制の残滓」とみなされ、労働基本法が制定されるなかで、雇用労働面の「民主化」と「合理化」が推し進められていく。実際には、戦後も多くの小規模商店では戦前の丁稚と変わらない労働状態が続いていたのであるが、一九五三（昭和二八）年大阪松屋町にて待遇に不満を募らせた住込み従業員が店主一家を殺害するという松屋町事件が発生し、これを契機に週休制度や寮の整備が進み近代的な雇用制度が取り入れられていくことになった（荒木 二〇〇八：二〇〇～二〇一）。

暖簾分け制度の衰退は、暖簾や家業の継承を「新しい家の原則」に基づいた「家」の系譜の内部に限局した問題、すなわち血縁関係のある親から子への事業承継をめぐる問題へと収斂させることになる。石井淳三《いしいじゅんぞう》ほかは、小売商業における家業継承概念の日韓比較を行い、日本の商人は暖簾や関係技能といった「市場取引困難な財」を重視するため、長男をはじめとする家族による家業継承を強く望む傾向があることを指摘している（石井ほか 二〇〇七）。長年勤め上げた奉公人による暖簾分けが衰退した現代において、「市場取引困難な財」の価値を伝承し事業を承継しうるのは、血縁関係のある家族に限定されるのである。

餅系食堂は、このように近世から続いてきた暖簾分け制度が衰退し始める近代に出現し、その消滅の局面とされる戦後高度成長期に住み込み従業員の暖簾分けによって店舗数を拡大させた点で、ユニークな歴史を持つ大衆食堂といえる。近代振興の拡大産業であった大衆食堂は、いかにして暖簾分けという伝統的なシステムのなかで発達していくことになったのだろうか。

2 住み込み修業時代

京都力餅組合『店員記録』より

はじめに、京都力餅組合所蔵の『店員記録』ノートから、記載されているなかで最も古い一九六六（昭和四一）年九月時点に京都力餅組合に所属した店舗の従業員の情報を見てみよう。各力餅組合では、戦前から各店舗従業員に対して勤続年数に応じた表彰を行ってきた。この『店員記録』ノートは、表彰を行うために京都組合幹部が各店舗に勤める従業員の勤続年数を整理した記録帳とみられ、経営主の配偶者や子どもといった家族従業員以外の従業員の情報をみることができる。年齢や出身地の記載がなく、情報量は限られているが、従業員に関する記録資料がほとんど残っていないなかでは貴重な資料である。

一九六六年における京都力餅組合は三五店舗、うち従業員を有するのが二五店舗と約七割を占めており、従業員総数は六四名である。従業員のいる店舗の従業員数の平均は二・五六人であるが、一店舗あたりの従業員数には幅があり、一名が八店舗、二名が四店舗、三、四、五名が各一店舗、六名が二店舗、七名が一店舗、一

○名が一店舗となっている。

図2－1は名前をもとに性別を判断したうえで、男女別に従業員の勤続年数をみたものである。男子二八名、女子三六名と女子の方が多い。勤続年数三年未満の者をみると、男子一六名、女子二六名とこれも女子の方が多く女子従業員全体の七割超に及んでおり、入ってくる人数も多いが入れ替わりも激しかったことが推察される。学卒後、親戚や同郷者の紹介で京阪神の力餅をはじめとした餅系食堂で一～三年程度働いたのち、見合い話が持ち上がるなどで郷里に帰っていくのは、北但馬の若年女性にとって、近代以前からの女中奉公に代わる新たな一時的移動の典型であった(1)。

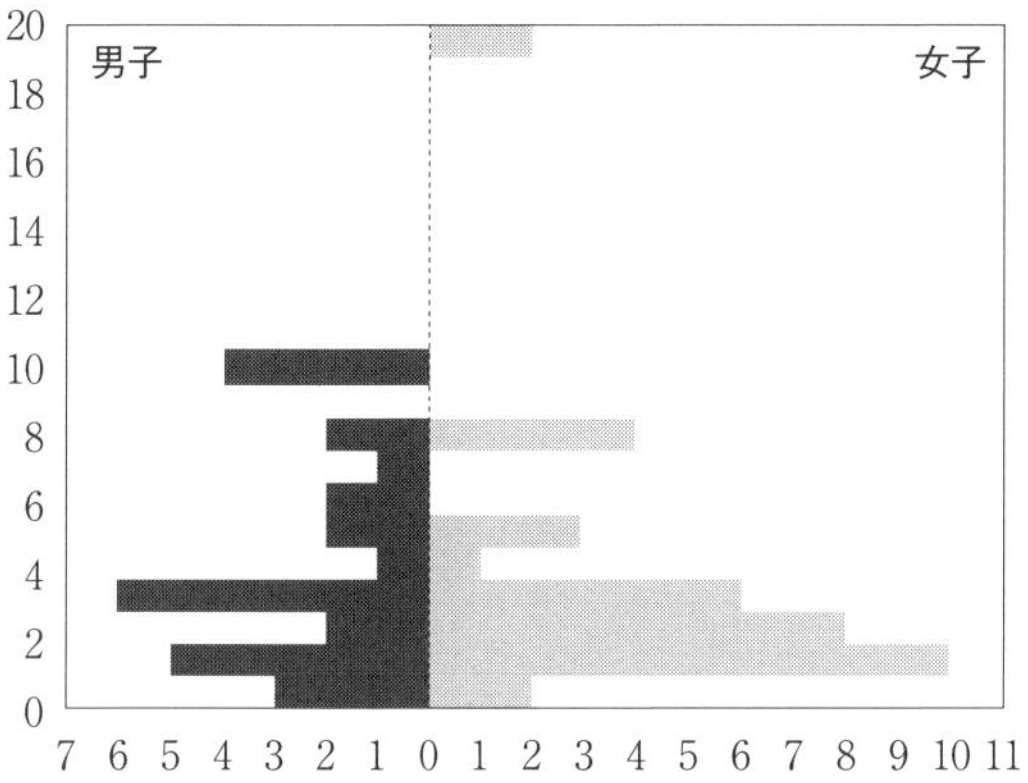

図2－1　男女別勤務年数（人）

注：1966年度の京都組合力餅全店舗に勤務する従業員構成をみたもの。
出所：京都組合所蔵『店員記録』より筆者作成。

なかには勤続八年目になる女子従業員も四名いるが、それより長いのは、敗戦直後の一九四六（昭和二一）年に入職した勤続二〇年目になる女性二名である。『昭和五十二年歴代記録』によると、このうち一名は、「不幸にして嫁入先より帰り」兄の店舗で二五年間働いたのちに、一九六九年に暖簾分けをしている。その八年後の一九七七年時点ではすでに息子に店を継承しており、「今は気楽な身分となり矢張り昔の言葉通り苦あれば楽有り其ままの現在」と記されている。ここから、詳しい事情は分からないものの、敗戦後の混乱期に嫁ぎ先から子連れで出てきて商売をしている兄を頼り、店で働いて息子を育て上げ、息子に継がせる前提で暖簾分けをしたと推察される。

一方、男子従業員は女子従業員より人数は少ないが、勤続年数四年目以降の従業員も九年目を除いて一～二名は残っており、暖簾分けに向けて選抜されつつ育成されている様子がうかがえる。一九六六年において勤続年数一〇年目と「ぼちぼち仕上がっている」番頭は四人であるが、『一〇〇年のあゆみ』で確認すると、うち二名が翌一九六七年に、残る二名は一九七〇年に無事暖簾分けを果たしていた（力餅連合会 一九八八）。

入職の契機

彼らはいかにして住み込みに入り、どのような修業時代を過ごしたのだろうか。力餅調査票調査によると、(2)初代経営主の二〇人（四三・五％）と半数弱が力餅に入職する前に他の仕事を経験しており、複数の職業を経験している者も少なくない。前職の内容は食堂や板前見習い、製菓会社といった飲食関係を中心に、酒屋、自動車整備、クリーニング、板金加工など幅広いが、前職期間が一〇年以上になるケースは例外的であり、二年以内が約三割、約七割は五年以内には前職をやめて力餅に入職している。ただし、高度成長期が本格化する一九六〇年以前に出てきた初代経営主の前職は、「百姓」「実家の農業手伝い」などが目立った。

入職時の年齢は一五歳が五人（一七・二％）、一六～一七歳が一〇人（三四・五％）と一八歳未満が過半数を占めており、一八歳が七名（二四・一％）、一九歳以降の入職は少数派である。修業した店の親方との関係をみると、自身の兄弟や姉妹の夫、いとこなど自分の直接の親戚が親方であったものが一〇名（四〇・〇％）、親の知合いが五名（二〇・〇％）、同郷の人の紹介が九名（三六・〇％）と、職業安定所を経由した例外的な一名を除いて全員が同郷ネットワークで入職している。なかには母親が結婚する前に働いていた店に修業に出てきたというケースもあり、同郷ネットワークは世代を越えて紡がれている。

初代経営主の修業時代は全員が住込みであった。同時期に働いていた兄弟弟子の人数は一名から八名と幅があるが平均三・九二人となっており、前述した京都組合『店員記録』と照らし合わせるとやや多い結果となっている。この違いは、京都の力餅は大阪、神戸と比較すると規模の大きい店舗が少なかったことによると考えられる。

住み込み修業の苦労　住込み従業員は店舗の二階や別棟で寝食を共にするが、「六畳一間に五人」など居住環境はなかなかに厳しいものであった。一九五一（昭和二六）年に入職したT3（一九三一年生）は、当時を「過酷なんてもんじゃなかった」と振り返る。

「八畳の部屋に八人。クーラーも扇風機もない。腹巻だけして、うちわだけ。体中汗疹だらけ。仕事の時も厨房はまあ熱い。ほんとにたまらん。」（T3）

序章で述べたように、自営業の中でも飲食業とりわけ麺類業は労働時間が長いことで知られている。店内飲食に加えておはぎ等の甘味や赤飯の店頭販売をする餅系食堂の住み込みは、その仕込みもあるためいっそう労働時間が長く、「労働基準法を守るなんてまず、無理」というのが「常識」であったという。調査票自由記入欄の「修業時代のエピソード」をみてみよう。

「朝八時起床、店の掃除をする人、おはぎを作る人、だしを作る人、一〇時三〇分より朝食、一一時開店〜夜一一時に閉店。閉店後の自分の服の洗濯、終わったら風呂。寝るのは二時〜三時。勿論洗濯機はなく全て手でやっていました。」（一九六〇年入職：大阪）

「炊飯器のない時代、焦げご飯ばかりたべていて大変つらかった。大福餅、おはぎのつまみ食い旨かった。」（一九五八年入職：大阪）

写真２－１　自転車での出前配達の姿

出所：長田繁光氏提供（本人）。

「出前が一番辛かった事。時間が長かったこと。一二月三一日は年越しそばとおもちの配達で忙しかった事。気づけば元旦の朝になっていた事。」（一九六二年入職：大阪）

住み込みに入ってまず担当するのは皿洗いと出前配達である。高度成長期の餅系食堂は出前配達が多く、店舗の前には出前配達用の自転車が置かれているのが通例であった。前述した住込み店員の人数の多さは当時の出前注文の多さの表れでもあるが、おかもちやバイクが普及する以前の、肩に重たい丼をいくつも載せて自転車の片手運転で配達するスタイルは相応の訓練を要した。

「出前を持って行く時、自転車でひっくり返った。」（一九五八年入職：大阪）

「仕事が終わってから出前の練習をした。鉢に水を入れてふたをしないで肩に担いで自転車で走る。」（一九六四年入職：大阪）

写真２－１は守口力餅（大阪）の初代経営主に、往時の出前配達姿を再現していただいたものである。彼の修業時代はまだラップがなかったため、陶器の丼を並べた上に板を置き、その上にさらにいくつも丼を重ねていた。この自転車片手運転のスタイルで京阪電車二駅程の距離を配達することもあったという。

下働き期間からある程度慣れてくると、徐々に店内飲食メニューやおはぎ作りなど任される仕事の内容が増えていった。修業の内容に関する聞き取りにおいて、飲食メニューに関しては取り立てて「技術」の話は出てこないが、おはぎ等の甘味に関してはあんこの炊き方や柔らかさ、おはぎの成形など店舗によって様々なこだわりがあり、一定の「技術」の習得が必要であった。T11（一九五四年生）は親方から、あんこをしゃもじで掬った際に「嫌そうに落ちる」くらいがいいと言われたことがあるというが、こうした職人技はたいてい口頭で体系的に教わるようなものではなく、「見て覚え」「盗む」ものであった。T8（一九四四年生）は親方のおはぎ作りの手さばきについて、「手の動きやら、速度やら…そらもう〜、たったたとほんま、神業みたいなもんや」と回顧している。

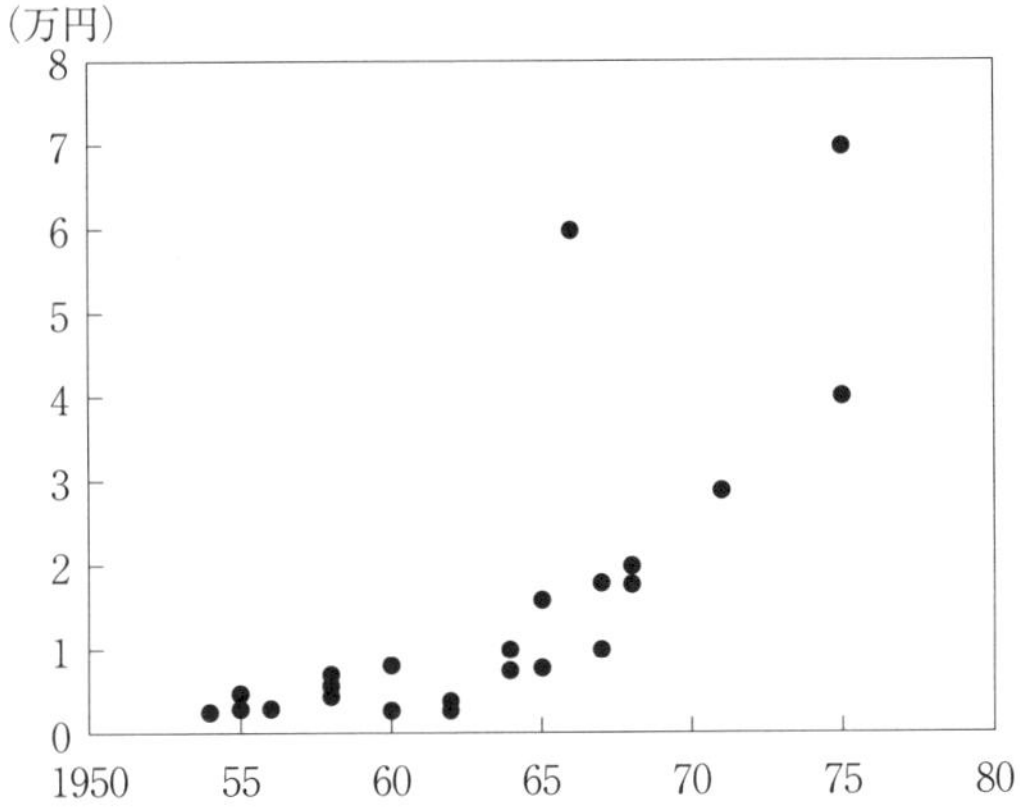

図2－2　入職年と月給の関係

注：実数N＝23。無回答（4）及び12万円以上の外れ値（2）を除く。
出所：筆者作成。

日常のなかの楽しみ　修業時代の給料についてみてみよう。戦前に修業に入った世代では月給らしい月給はなく、年に二回、盆暮の小遣いのみであったというが、戦後になると一応は毎月のお給料が出るようになった。図2－2は力餅入職時期と当時の給料の関係をみたものである。一九六〇（昭和三五）年代前半までは二五〇〇円から一万円以下で推移していた給料は、一九六〇年代後半になると一〜二万円台が中心になり、回答数は少ないが一九七〇年以降は三万円以上と順調に上昇していることが分かる。基本的に住居費、食費、生活上の雑費等は銭湯代から洗剤代まですべて親方持ちであり、勤め人の給料との差は大きかったもの[3]の、住み込み店員の相場としては必ずしも悪くなかったという。なにより、少ないながらも自身の自由になるお金を毎月手にするようになったことは、「個人の財布」がないことが当たり前であった但馬の農家から出てきた彼らにとっては画期的な出来事であった。次のA1（一九三三年生）の語りからは、お給料で自分の買いたいものを購入する新鮮な喜びをみてとることができる。

「〔修業時代─筆者注〕近所の商店街の中に、月賦で売る店ができましてな。（中略）一か月三〇〇〇円のなかの一〇〇〇円でね、コートを買うてね。一万なんぼで買ってね、一〇〇〇円ずつ…そらぁ楽しかったですよ。〔田舎では〕よう買わないんだからね、親が買うてくれるわけでもないし…。それは、楽しみでしたなぁ。」（A1／一九五三年入職）

一九五四（昭和二九）年に力餅に入職し、月二五〇〇円の給料をこつこつ貯めて一七歳で当時発売されたばかりのカメラを購入したというT5（一九三九年生）は、盆に日高町の実家に帰省した際、村の人たちに『『写真撮ったる』』っていって、自慢した（笑）」と当時の思い出を語っている。

修業時代の休日は月平均二・四回と少ないものの、月に一回は休みの日に映画を観てご飯を食べて帰った、お給料が上がってきたら冬にスキー旅行に行った、というような楽しみもあった。ある初代経営主は、住み込み修業時代、夜中に女の子との逢瀬を楽しむ兄弟子に頼まれて鍵をこっそり開けておいたことがあるという。こうしたエピソードからは、過酷な長時間労働の合間でも、彼らの日常のなかには青春の煌《きらめ》く一時があったことがみてとれる。調査票自由記述欄にも修業時代の「楽しさ」について以下のように言及されている。

「毎日朝七時頃から夜十一時頃まで働き厳しかったが、また楽しい事もたくさんありました」（一九五五年入職：大阪）

「景気がよくて楽しかった。親方がユーモアがあってとってもよかったです」（一九七五年入職：大阪）

独立の夢に向かって

彼らが過酷な住み込み修業期間を乗り越えることができた理由は、そうした日々の楽しみがあったからだけではない。頑張ればいずれは自分の店を持てる、「一国一城の主」になれるということは、郷里に居場所も未来も見出せなかった多くの住み込み従業員にとって力強い希望の種であった。

「入店来二年間は皿洗いの毎日、でも独立に向かって頑張りました！！」（一九七一年入職：大阪）

従来、但馬人は「但馬牛のように我慢強い」と言われており、長時間労働にもよく耐えるという評判があった。実際、聞き取りにおいても、郷里の農業労働と比較すれば、飲食店での労働程度は「たいしたことはなかった」という声は少なくない。機械化前夜の但馬における農作業、そして炭焼き等の山仕事の重労働は、相対的に飲食商売の労働を楽に感じさせたのである。それに加えて、人間関係が複層的に絡み合う同郷ネットワークで入職した彼らにとっては、就業先での日々のふるまいもまた郷里のまなざしのもとにあった。それは「ええ加減な働きぶり」はできないという緊張感を保たせると同時に、大いなる励みともなった。

T４（一九三九生）のついた親方は郷里の中学校の校長の弟であった。懸命に修業に励んだ当時のモチベーションをT４は以下のように説明している。

「〔親方や兄弟弟子と―筆者注〕同じところから出てきてますやんか。ええ加減な働きぶりやったらすぐに分かりますやんか。毎年ね、盆には三日四日帰りますやんか。…実家でね、〔親方が〕『あの子はこうだ、あの子はこうだ』って（笑）。それやから皆一生懸命にね、働いてね。（中略）おかしなことしてたらね、帰られへんわ、こっちもね。『よう頑張ってるで』と〔言われなければ〕。まそのうちに商売さすようになってきたら、親が聞いてね、楽しみにしてますやんか。『あ、うちの息子はもう二、三年たったら、あれ〔独立〕する』とかな。」（T4）

修業に入った者のうちどれくらいが独立開業までこぎつけたのかについては資料がなく、また店舗によっても違いはあるものの、聞き取りでは「およそ三割」もしくは「三割以下」との回答が多かった。丸山・今村（一九一二）は、大阪の心斎橋筋、本町筋、道修町、久寶寺町等の商店及び組合事務所の調査をもとに、「丁稚子飼にして兎にも角にも主家より別家の待遇を與えらるるは恐らく一割に過ぎざるべし。多くて百分中、三、四乃至五の範囲ならんといふは、組合事務所又は大商店について聞ける所なり」としている（丸山・今村 一九一二：八四）。明治末期のこの数字と比較するならば、「およそ三割」という餅系食堂の暖簾分けの見込みの高さは破格といえるだろう。とはいえ三人に二人は「けつをわる」、つまり仕事を変える、田舎に帰るなどして途中で離脱していったのである[4]。

3　暖簾分けへの道のり

独立前の他店舗視察　長時間労働の修業時代を脱落することなく乗り越えて、親方からそろそろ独立をということで許可が下りると、ようやく暖簾分けに向けて動き出すことになる。独立時の平均年齢は三一・四歳である。

彼らの胸中はどれほど希望に満ち溢れていただろうか。前述T4（一九三九年生）は一九六七（昭和四二）年に京都市伏見区で暖簾分けをしているが、独立する前には力餅連合会のなかでも繁盛していると評判の大阪の店舗を視察に行ったという。

「わし、これ商売する前に、休みになったら大阪見てきたわ。『あそこよう売るで、あそこよう売るで』ってとこ、ずっと見てきた。」「T15のところ、〔店舗の横に―筆者注〕路地があるやな、細い路地。ずっと入ってみたら、うどんのせいろ、〔高く積まれて〕八〇枚はあったな。…空《から》やで、それ。『ほ～っ！これ一日で出しとんや！』って。」（T4）

「せいろ」とは製麺所がうどん玉を配達する際に用いる入れ物であり、一枚二〇玉（一玉標準二〇〇グラム）である。「そば・うどん店実態調査」（一九七四）によれば、大阪地区のうどん店の一日平均のうどん玉の仕入れは九・二枚（一八二玉）であった（国民金融公庫調査部 一九八〇：三〇九）。T15の店舗の突出した売り上げと同時に、見上げたT4の抱いた大志のスケールがうかがわれる。

大阪の天神橋筋商店街で修業をしていたT9（一九四五年生）は、一九六二（昭和三七）年に入職して一九七五年に暖簾分けをしたが、独立間近になると休みのたびに大阪力餅組合の全店舗を一軒一軒たずねて写真を撮り、先輩経営主たちにサインをしてもらったという。

「先輩に挨拶代わりに、顔売るために（笑）。…いやまあ、写真

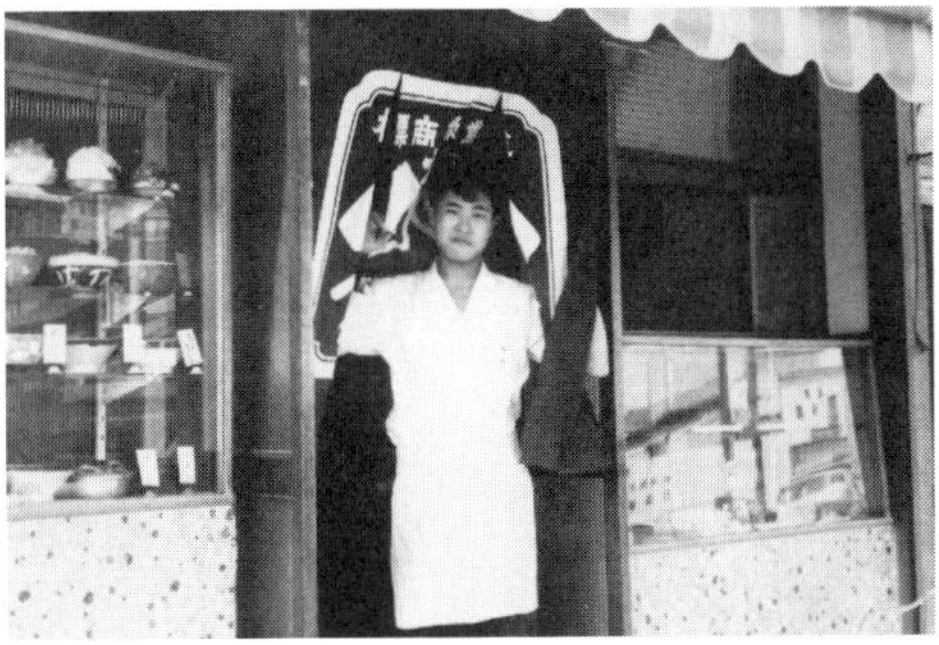

写真2－2　独立開業の夢を叶えて

暖簾分け間もないころの相川力餅小林正司氏（1970年代後半）。
出所：小林正司氏提供。

は趣味やったから。どんな店かなぁと思って、研究。」（T9）

こうしたエピソードからは、念願の暖簾分けを目前にした若者たちの武者震いにも似た意気込みが感じられる。だが、文字通り「裸一貫」であった彼らが店を出すのは、当然のことながら、そう簡単なことではなかった。

「店探し、嫁探し、資金調達」

独立開業にあたっての課題は、「店探し、嫁探し、資金調達」である。

まずどこに店を構えるかである。親方の独立許可が出ると、番頭は午前中の仕込みが忙しい時間帯が過ぎると店を出て、方々を回って物件探しを始めた。適当な候補物件を見つけて親方に報告すると、親方が系譜上近しい他店の親方や組合役員らと連れ立って視察に訪れ、「ここやったら、ま〜、食うていけるでっていう」程度の商売が成り立つ条件があるかどうか、他の力餅店舗との距離が規定の一キロ以上離れているかなどを慎重に確認した。若く経験の浅い本人に代わって、不動産屋との交渉も親方が行ったという。なかには親方の許可がなかなか下りず、店探しが難航したというケースもある。

「『ここどうですやろ』って言ったら、そんならおじさん〔親方―筆者注〕らが見に来てくれるんです。親方が、一人二人〔他の親方を〕連れてね。『ん〜ここは…ここはあかんな』って言われたらそれで終《しま》いですわ。…それからまた探して。」「〔今の場所で店を〕出すときに『お前、これ一間半で間口狭いから、まあ苦労するで』って親方に言われたんですけどね、自分は出したい一心ですからね。『いや、それでもよろしいやん』って言ってね。でまあ、許可もろて出したんです。」（T2）

このT2（一九二九年生）の語りから、親方が番頭の候補物件を視察するにあたっては、立地条件に加えて物件の間取りといったオペレーションの回しやすさにも注意を払って確認していたことがうかがえる。

　物件探しと並行して進めるのが「嫁探し」である。食堂は「夫婦商売」であり、一緒に働いてくれる配偶者を得ることは独立開業にあたっての必須条件であった。その背景には、多くの場合、開業当初から従業員を雇うほどの余裕がないという経済的な事情もある。経営主自身と家族従業員となる配偶者の労働力を極限まで自己搾取して投入することは、餅系食堂の商売を始めるうえでは考えるまでもないほど自明の事柄であった。初代経営主の結婚のタイミングを問うたところ、結婚と暖簾分けが同じ年だったのが一〇名（三七・〇％）、暖簾分けの一、二年前が六名（二二・二％）、暖簾分けの一、二年後が五名（一八・五％）と合わせて約八割を占めている。(5)

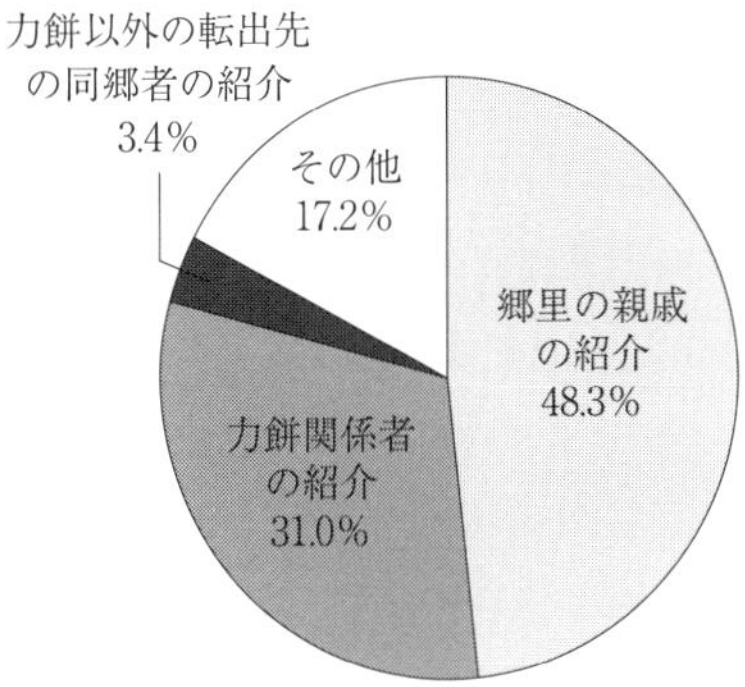

図２－３　配偶者と知り合ったきっかけ

注：実数 N=21. 無回答（2）を除く。
出所：筆者作成。

　図２－３は初代経営主が配偶者と知り合ったきっかけを聞いたものである。これをみると、一四名（四八・三％）が「郷里の親戚の紹介」であり、続く「力餅関係者の紹介」が九名（三一・〇％）と合わせて約八割が同郷ネットワークの紹介であり、そのため但馬出身の配偶者が二一名（七七・八％）と多数を占めていた。餅系食堂で修業している息子の独立開業が決まると、郷里の親は「息子が商売をすることになったから」と周囲の伝手《つて》を頼って嫁の来手を探したという。

　見合い話がうまくまとまると親方が仲人を引き受けた。結婚相手の女性に飲食商売の経験がない場合は、暖簾分けまでの一定期間、親方の店舗、もしくは親方に近い系統の他の店舗に預けて一通りの「仕込み」をさせてもらったという。

　但馬において、京阪神の餅系食堂に嫁ぐことはどのような意味づけをされていたのだろうか。一九六二（昭和三七）年に親戚の紹介

表2－1　開業資金の調達方法

調達方法		N	%	
親方	銀行保証人になる	13	44.8	75.8
	資金の直接貸付	7	24.1	
	取引先企業融資の保証人になる	2	6.9	
親族	親兄弟	12	41.4	48.3
	その他親戚	2	6.9	
力餅ローン（大阪組合のみ）		4	13.8	
自己資金		5	17.2	
その他		1	3.4	
合計		46	158.6	

注1：複数回答。初代経営主29名を100％とする。
注2：「その他」は配偶者の親族の援助。
出所：筆者作成。

で千成餅に嫁いだS1は、「飲食商売はええんよ、飢えるということがないからね」と述べている。飲食業は自営業のなかでも長時間労働になりがちな職種であることは序章で述べた通りであるが、店舗兼住宅で独立開業と同時に家を持ち、かつ餅系食堂のように「自分たちが日々食べている物を出す」飲食商売は、田舎から嫁いでくる女性にとっては一定の安心材料となった。京都に嫁ぐ日、S3は実家の母親から、千成餅組合の人たちを身内と思って郷里の親戚よりも大事にするようにと言い含められたという。娘を都会に嫁がせる親の立場からしても、少なくとも食べるには困らず、同郷の緊密な人間関係のネットワークに支えられた餅系食堂は、それなりに安心感のある嫁ぎ先であったのだろう。

親方の経済援助

「店探し、嫁探し、資金調達」のうち、一番の課題は資金調達である。聞き取りによれば、開業資金は数百万円から二〇〇〇～三〇〇〇万円程度と、開業した時期および貸店舗か買取りかなどの条件によって大きな幅がある。しかし、前述したような住み込み従業員の「小遣い程度」の給料の中から、一定のまとまった開業資金を貯めることは容易ではなかった。そして当然のことながら、都会に出た息子の開業資金としてまとまった金額を出せるような余裕がある実家を持つ者もほとんどいなかったのである。

表2－1は初代経営主に開業資金の調達方法を複数回答で聞いたものである。一三名（四四・八％）と初代

経営主の約半数が親方に銀行の保証人になってもらっており、親方から資金を直接貸し付けてもらった、という回答も七名（二四・一%）と四人に一人を占めている。その他親方の取引先企業からの融資の保証人になってもらうケースも二名（六・九%）、併せて七五・八%と四人に三人が親方からのサポートを受けており、親族からのサポート四八・三%を大きく引き離している。また、次章で取り上げるように、大阪力餅組合に関しては最盛期一〇〇店舗の規模を活かした「力餅ローン」のシステムがあり、これ利用した者も四名（一三・八%）みられた。複数回答の組み合わせ方は様々であるが、「親方銀行保証人＋親兄弟の資金援助」が最も多い。調査票で各々の選択肢の金額内訳までは聞くことができなかったが、「実の親とか、そういうのはそんなもん、せいぜいお祝いの三万円でも持ってきたら精一杯ですわ」という語りからもうかがえるように、親族からの援助の占める割合は概して高くなかったようである。

独立開業の日

京都市上京区にて暖簾分けをした千成餅の初代経営主は、独立開業当日のことを以下のように回顧している(6)。

「昭和三〇年忘れもしません一一月二三日独立開店させて戴きました。あまりの嬉しさに涙を流しながらめし炊き（マキで炊く―本文ママ）をしたのを今も思い出します。又喜びとともに絶対に失敗してはならないと自分自身に言い聞かせた事も。」（千成餅組合　一九九二：一二三）（傍点筆者）

力餅ではオープン初日にはチンドン屋を呼び、全品半額の大売り出しを大々的に行った（写真2-3）。親方と兄弟弟子はもちろんのこと、系譜の近い親方たち、組合長以下役員たちが多い時は五〇人近く駆け付け、朝から二階で大量のおはぎを拵えたという。午後三時から四時頃には商品を売り切らして店を閉め、その後は新経営主持ちで宴会の席を設けて皆から叱咤激励を受けるのが慣例であった。

写真2－3　チンドン屋の呼び込み

縦看板記載の電話番号より1961年6月に開業した天六力餅（大阪市北区）のオープン日に撮影されたものと考えられる（撮影者不明）。
出所：力餅連合会（1988）『一〇〇年のあゆみ』29頁より転載。

一九九八（平成一〇）年七月二〇日付『料飲観光新聞』には、一五年の修業を経て独立開業した力餅新店舗の記事が掲載されている。開店当日の晩の宴会では、大阪力餅組合長からの激励に続いて、親方、新店主、そして郷里但馬から出てきた新店主の父親の順でお礼の挨拶を述べる様子が記されている。

「開店当日には、力餅組合の小林元会長や各役員、森小路会（別名・若木会）の人々が祝いに駆けつけ、小売りのチンドン屋も出て、いつもながらのにぎやかな開店風景が繰り広げられた。夕刻からは近くの料理店「ともや」で祝宴が開かれ、約五十名が出席。小林会長が激励の言葉を送り、精一さん、一雄さん、父の眞作さんがお礼の言葉を述べた後、佐田副会長の音頭で乾杯。開店を祝い、一雄さんを励ましながら歓談した。」（『料飲観光新聞』「力餅組合版」堺・百舌鳥に新店舗田野一雄が独立開業」一九九八年七月二〇日）

そうして初日が終わると、翌日からは夫婦で二人三脚の商売が本格的にスタートする。華々しいオープン初日の「あくる日からは、毎月の返済が待って」いたのである。

4　餅系食堂の親方子方

親方の資金援助を可能にしたもの

千成餅のS3（一九三九年生）は、一九五五（昭和三〇）年に親方の独立開業と同時に住み込みに入り、八年後の一九六三年に親方が貯めた五〇〇万円の資金を借りて独立開業した。S3の場合は、親方が「ここで（店を）出せ」と探してきた物件で開業し、「この人と結婚せぇ」と連れてきた但馬出身の女性と結婚したという。人生の転機はいずれも「要は、親方」であったというS3の言葉は、親方が番頭の人生の舵を取る決定的な存在であったことを示している。

暖簾分けにあたって親方が経済的にサポートをするシステムは、餅系食堂の繁栄の核心である。暖簾分けに必要な修業期間は力餅では八年、相生餅では一〇年、その他の餅系食堂も一定の修業期間を定めていた(7)。この修業期間は商売を一通り覚えるための年月である以上に、北但馬の貧しい農家から出てきた「資金もなければ信用もない」「何の力もない丸裸の男」が、親方が都会で築き上げてきた「信用」を貸してもらうために必要な「奉公」の年月であったという。親方は「奉公」の期間を通じて番頭と寝食を共にし、信頼に足る人物であることをある程度見極めて、場合によっては自身の店を担保に銀行の保証人の判子をついたのである。銀行から十分な資金を全額借りられない場合は取引先企業である鰹節屋、醤油屋、うどんの玉屋などが開業後の取引を条件に資金融通をしたが、それもまた取引先企業との間で親方が築いてきた「信用」を担保としたものであった。

前述T4の親方Nは竹野町から力餅に丁稚に入り、一九三〇（昭和五）年に独立開業した人物である。尋常小学校卒業で郷里から出てきているが「字を書かしたら抜群で、頭はええ」と評されるNは、商売を繁盛させつつ株をうまく運用し、六人の番頭を次々と暖簾分けさせた。五番目の番頭であったT4が一九六六年に暖簾分けをする際、Nは保有する株を担保に銀行から一二〇〇万円を借りて必要な資金を直接貸し付けている。独立後のT４は先輩達よりも短期間で返すという目標のもと、二年半で親方に全額返済しているが、彼の熱心な働きぶりは親方Nに体の心配をされるほどであった。

「先輩が例えば何年で返したって、それに負けんようにするんですわ。そのかわり、朝五時から晩の一一時まで商売しましたんや。」「僕は二年半で返したんや。一二〇〇万円。ひと月五〇万持って行ったんや。（中略）毎月持って行きますやん、月末にね。そしたら、『何食べてる？』って、よう親方聞いたもん。…今はこんな肥えてるけど（笑）、その時分はもっともっとね、細かったんやな。で、ある時〔親方のところに返済に―筆者注〕行ったらね、『お前ちょっと、出来たら肥えてくれんか』って、そんなことを（笑）。」（T４）

Nの手腕は力餅組合や連合会のなかでも抜きんでて評価されており、「Nさんの出」であることでT４も連合会で一目を置かれてきたという。実際、Nほどの実力のある親方は珍しく、その他多くの一般的な――銀行の保証人をしてやれる程度の――親方にとって、番頭の暖簾分けは自身の店と生活をかけた一大事であった。にもかかわらず、往時は餅系食堂が一商店街に一店舗といわれるほどまで順調な暖簾分けが可能であった理由の一つには、戦後高度成長期を通じた餅系食堂の圧倒的な繁栄がある。外食産業が現在ほど多様化していなかった時代、餅系食堂は庶民の胃袋を満たす数少ない有力、かつ魅力的な選択肢であった。高度成長期の餅系食堂は非常に景気が良く、大抵の店では「作っても作っても売れ」て「目が回る」忙しさであったという。聞き取りの範囲ではあるが、T４に限らず、初代経営主者たちは調達した開業資金を「一〇〇〇万円を五年」などかなり短期間で返済しており、それだけ商売が好調であった様子がうかがえる。そして、順調な返済がある程度期待できるからこそ、親方としても資金を貸付したり保証人となったりすることが可能だったのであり、またそれができるだけの資金力を親方自身も持ちえたのである。

組合における第三者のまなざし

だが、返済の見込みが高いということだけが、多くの親方からの経済的なサポートを引き出しえた理由ではなかった。いずれの餅系食堂においても、暖簾分けまでに必要な就業年限の決まりはあるものの、暖簾分けに際する親方の援助については明文化された規定を持っていない。住込み従業員にとって独立の夢が叶うかどうかは「親方の胸一つ」にかかっていた。そのため、使われるだけ使われてなかなか独立させてもらえないということも当然あったのである(8)。

独立資金の援助の方法やその内容は親方と本人との関係によってまったく異なっており、「言うたら悪いけど、一切ルールなし」であったが、次章で詳述するように餅系食堂が組織していた組合の場における親方同士のヨコのつながりは、「親方の胸一つ」のなかに第三者のまなざしを介入させることを意味した(9)。往時の餅系食堂は活発に組合活動を行っており、相互にコミュニケーションが盛んであった。オープン初日の手伝いをはじめ日常的に店舗同士のやり取りがあったため、「親方連中」はどの店にどのような番頭がいるのかを熟知しており、働きぶりはどうか、次に店を出すのはどの店の番頭になるか、といった情報を常日頃の会話のなかで共有していた。

もっとも、これは逆に言えば、親方が番頭を独立させたくとも、当該番頭が他の親方連中から評判が悪ければスムーズに独立させてもらえない、ということにもなる。

「皆見てますもん。そら近所の力餅連中は皆、行ったり来たりしてますから。『あいつ、まだ修業が足らんで。おはぎ一つ作られへんのに、暖簾だけはやられへん』とか、そういう文句が出る」(T2)

こうした親方連中からの評価は、たんにその番頭がおはぎを真っ当に作ることが出来るか、そして独立開業できるだけの一通りの仕事が出来るかという面に限定されたものではなかった。前述『昭和五十二年歴代記録』には、一九六一（昭和三六）年から一九六四年にかけて京都力餅の組合長を務めた中村裕英氏による歴代会員個々人の人物評が加えられている。これをみると、多くの経営主に対して定型的に用いられているのは「温厚型」「真面目な人柄」「努力家」「商売熱心」「信頼」といった表現である。「頭が切れる」や「家庭円満」といったような少し異色の表現もある。(10) また、「人気者」「愛想が良い」「人間関係が良い」「交際上手」など、現在で言うところのコミュニケーション能力に関連する表現が頻繁に用いられていた。但馬から婿養子として出てきたある二代目経営主については、「郷里で青年会の幹部」であったことが好評価の根拠として記されている。「お酒は大変好きな方ですが仕事の方も頑張り屋で愛想の良い青年」「商売も上手遊び事総て上手組合に於いても協力的な青年」（傍点筆者）といった記述からは、組合における人物評価がいかに多面的で全人格的なものであったかがうかがわれよう。

こうした組合のヨコのつながりにおいて、第三者のまなざしの評価を受けるのは、親方もまた同様であった。Nのようにきちんと番頭の独立の面倒を見てやることのできる力量のある親方は一目置かれ、逆に、十分に成長し独立意欲もある番頭をいつまでも使い続けたり、資金援助を渋ったりする親方は、組合内での面子《めんつ》を失うことにもなった。

一九七五（昭和五〇）年に暖簾分けをしたT9（一九四五年生）は、親方がなかなか資金援助の話を持ち出さないなか、候補物件の購入を資金不足で決めかねていたところ、他店の親方連中が自分の親方に対して「もう〔資金を――筆者注〕出したりぃや」「お前買えへんのやったら俺が〔T9に〕買うたるわ」と口添えをしてくれたため、親方から五〇〇〇万円の資金を無利子で貸してもらうことができたという。

インタビューを実施した初代経営主のなかで最も若いT11（一九五四年生）は一九八五年に暖簾分けをして

いる。T11は独立開業にあたって、自己資金一〇〇〇万円と住友銀行の力餅ローン、親方を保証人とした地元の信用金庫からの借金に加えて、親方から直接数百万円を借りて約四〇〇〇万円をかき集めて開業している。T11によると、親方からの返済の督促が「えげつなかった」ため、他店の親方が「そんなん言うたりなや、まだ儲かってないから、もうちょっと待ったりぃや」と諫めてくれたという。

ところで、この二人の暖簾分けはオイルショック以降である。彼らの語りからは、餅系食堂の全盛期で新規出店が相次いだ高度成長期を過ぎると、給料も地価も上昇するなかで開業に必要な資金が高騰し、親方が番頭の独立のサポートをすることが難しくなりつつあったこと、また独立後も以前のようにスムーズには返済できなくなっていたことが見て取れる。

「あるべき親方」規範

親方自身は「親方である」ということをどのように捉えてきたのだろうか。A1（一九三三年生）は日高町の「貧乏人の百姓」の家に生まれ、相生餅創業者白石鉄造の店に入職し養子として店を継承して三人の番頭を独立させている。A1は「親子は一世、夫婦は二世、主従は三世」という言葉を好んで使い、「三世となったらもう、ずっと続いているという意味」であるというが、彼によれば親方による番頭のサポートは独立後も継続するものであった。

「そら色々とどうしたらいいかなって問題も発生しますし、『今月一〇万円足らんで大将頼みますわ』って言われたら、『よしよし』って、こっちが火の車でも。（中略）…それでもやっぱりね。何も、何も『そんな知らん知らん』って言ったって…言わへんわね。だから良い関係をずっと続けていかないといかんわけだ。親方も大変だ。」（A1）

二〇一七（平成二九）年のインタビュー当時、A1は商売に失敗して店を手放した高齢の元番頭を再び店で雇用していた。[11]これについてA1は、「最後まで面倒見るのが親方です。『主従は三世』って言いましたやろ（笑）。もうこれはね、しゃあないんですわ」という。「主従は三世」とは、A1にとって、親方の責任を噛みしめる言葉でもあるのだろう。

とはいえ、先述の事例でみたように、親方と番頭の関係は必ずしも固定的かつ温情的なものばかりではない。なかには実力があり適当な年齢になっているのになかなか独立させてもらえず、違う親方に面倒をみてもらう「親方替え」のケースもあった。こうした「親方替え」は親方同士のトラブルにならなかったのだろうか。

「それは実力の差というか、人間性の差といいましょうかねえ、トラブルに…トラブルが成立しませんわな。要するに、新しい親方は、『あんたえらそうに言ってるけど、何もできひんやないか』って、いずれ、気持ちの中では見下げてますわなぁ。〔中略〕よう七年も八年も〔番頭を―筆者注〕使っといてやで、『あの人は、ま～、あかんな～』と。こっちはそう思いますわね。で、そう思われた人もね…まあでも、〔店を持たせることが〕出来ひんねから（笑）。〔見下されてると〕分かってても、出来やしませんやろ?まあ『頼みまっさ』って。『そんなんほっといてくれや』って言ったら、自分が〔独立の面倒を〕せんなんからね。」（A1）

A1の語りからは、「裸一貫」で出てきた番頭たちの独立の面倒をきちんとみてこその親方であり、面倒をみられない親方は組合内で面子を潰すという「あるべき親方」規範の存在を看取できる。この規範は、北但馬出身の労働力型移動者の生活基盤構築を支えるタテの人間関係の「論理」として、餅系食堂の飛躍的な店舗数拡大に寄与することになった。

餅系食堂に出てきた人々の多くは、出身地においては経済的に余裕のない子方階層であった。だからこそ、彼らが都会で親方になった際には、「人間性」に関わる問題としてこの「あるべき親方」規範が有効性を持ち

えたのである。(12)

5　系譜関係の構築と系統の結びつき

系統による商売の相互扶助　力餅調査票調査を実施した二〇一七（平成二九）年時点において、力餅初代経営主の約六割（六〇・七％）は七〇代以上と高齢であった。だが、「現在の自分があるのは親方のおかげだ」という意見への賛否を問うたところ、「そう思う」二二名（七八・六％）、「ややそう思う」六名（二一・四％）と全員が首肯しており（無回答一名除く）、親方への恩義の念は歳を重ねても強く持ち続けていることが分かる。初代経営主への聞き取りにおいても、「親方というのは親みたいな感じか？」という筆者の問いかけに対し、「親より親や」「親以上ですやん」というように、実親を超える存在であることを強調する返答が目立った。

親方が転出先の都市において「親以上に親」であれば、「同じ釜の飯を食った」兄弟弟子とは、「親戚以上に濃い」付き合いになることも珍しくない。暖簾分けの系譜に基づく親方を中心とした兄弟弟子との関係性は、経営主にとって最も基本的なタテのネットワークであった。

力餅『一〇〇年のあゆみ』巻末には、初代創業者池口力造から現代に至るまでの暖簾分けの本末が「力餅系図」として納められているが、この系譜関係の相互認知は力餅の特徴の一つであった（図2-4）。店舗数の多い力餅、なかでも大阪力餅では、複数の番頭を独立させた有力な親方の筋は、親方の店舗所在地の地名を取って「△△系統」あるいは「〇〇組（会）」と呼ばれており、組合の中でもその存在を認識されていた。筆者の調査時点ではいずれの系統も店舗数が減って活動休止状態になっていたものの、最も規模が大きかったのは和歌山系統の組織する「廿日会」である。創業者池口力造の孫弟子にあたる小林菊次郎が一九二一（大正一〇）

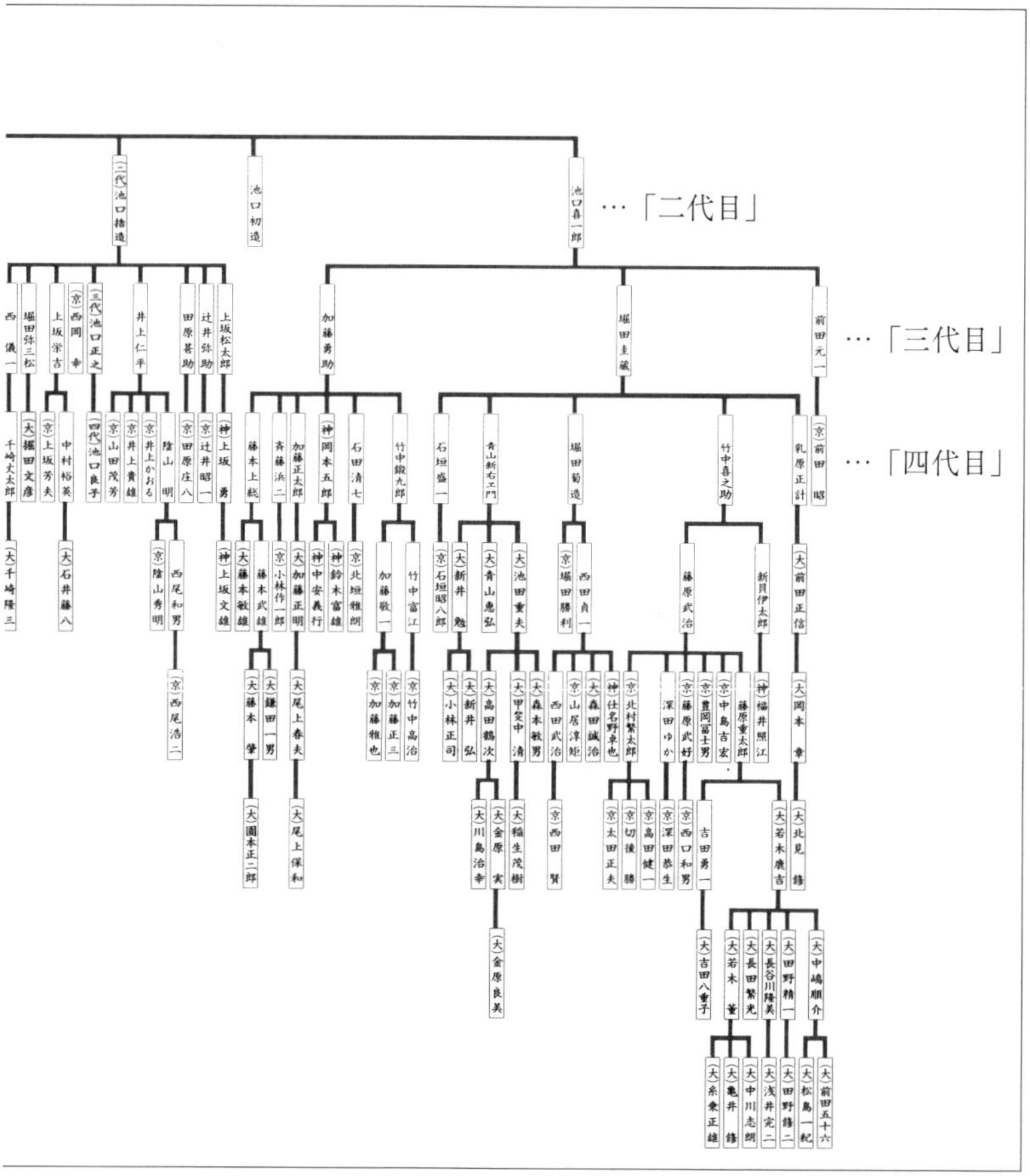

系図

（昭和63）年９月現在営業中の店。

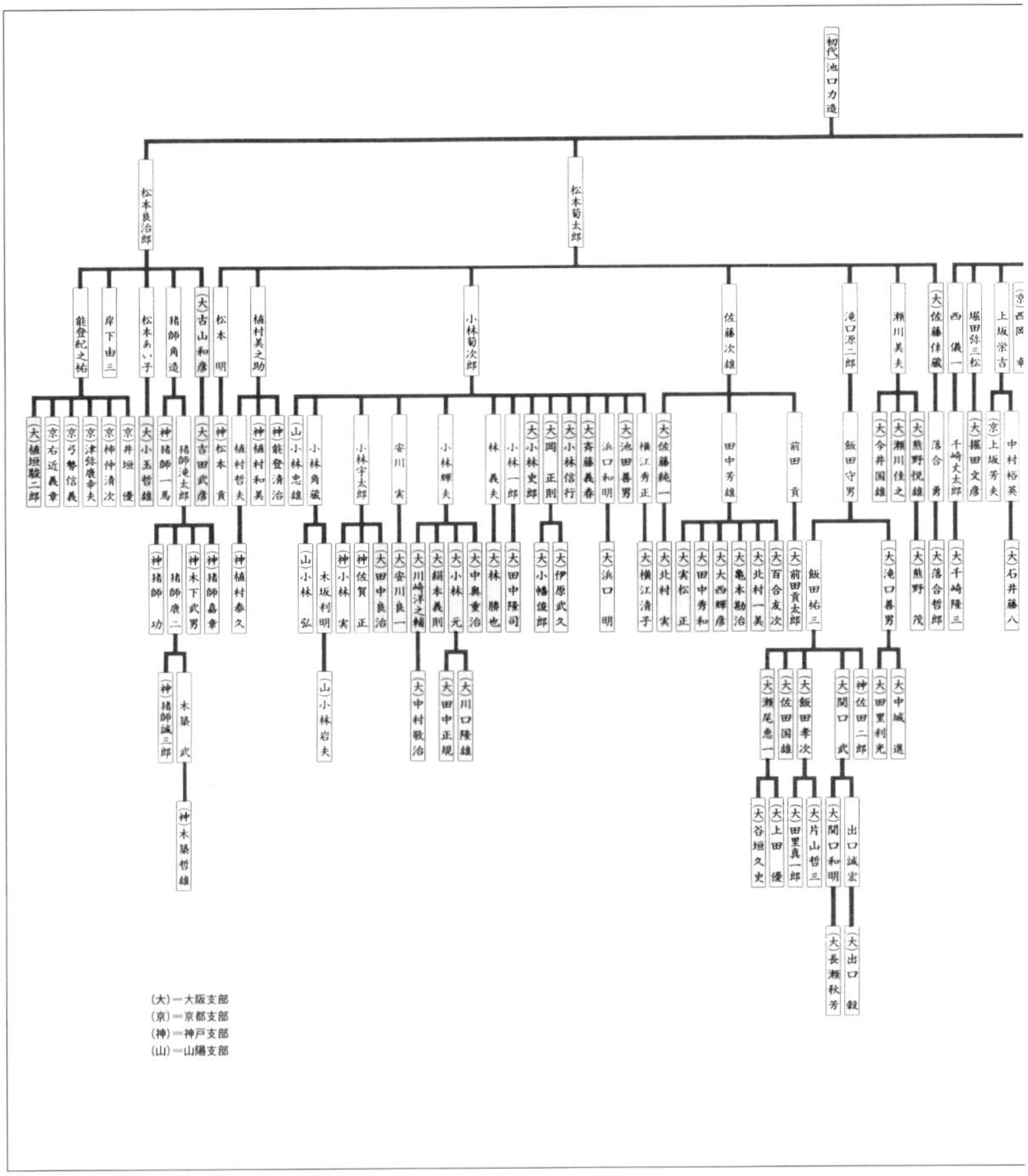

図2-4　力餅

注：(大）は大阪支部、(京）は京都支部、(神）は神戸支部、(山）は山陽支部で1988

出所：力餅連合会（1988)『一〇〇年のあゆみ』巻末系図より転載加筆。

写真2－4　新装開店セールのおはぎ作り（大阪府堺市）

おそろいの法被は力餅100周年記念事業で製作したもの。
出所：小林正司氏提供。

年に和歌山市ぶらくり丁商店街で出店して頭角を現し、大阪を中心に次々と番頭を開業させて昭和末期には孫弟子も加えて二四店舗（大阪二〇店舗）の一大系統を形成した。和歌山系統と拮抗する勢力を有したのは、創業者の弟池口喜一郎の系譜上にあった若木鹿吉《わかぎしかきち》が率いる森小路組があった。その他にも、同じ池口喜一郎の系譜から分派した千林組、ほか守口系統、老松町系統などが主だった系統として挙げられる。これらの系統では、近年まで月に一度集まって情報交換や出汁の勉強会、系統によっては年に一回の旅行などを行っていたという[13]。

番頭の独立開業日や新装開店日恒例の半額大売出しには、系統の親方や兄弟弟子が早朝から手伝いに駆け付けるのが恒例であった。写真2－4は一九九一（平成三）年一〇月二〇日に森小路組の綾之町店（大阪力餅）が新装開店セールを行った際のものである。親方たちが店舗二階に所狭しと並んで座りおはぎを拵えている[14]。応援には組合役員や近隣店舗の経営主が駆け付けることもあった。しかし、基本的には系統の仲間がおはぎ作りをしていたのは、系統によっておはぎの作り方が異なっていたという事情もある。ある経営主は他の系統のおはぎ作りの応援に行った際、「あんこの炊き方なんか、『え〜っ！』ていうくらい変な炊き方しやるし、こんなんで大丈夫か」と心配になったことがあるという。

都市生活を支えるネットワーク

系統は商売に関する事柄に限らず「何かあればすぐに寄る」「電話一本で閉店後に駆け付ける」という関係性であった。千林組のT11は、自身が「ちょっと困りごと」があった場合は親方の「兄弟衆（兄弟弟子）」に相談して助言をもらうことが「結構ありました」と述べている。T2は、郷里から呼び寄せて同居していた母親が亡くなった際、親方Iに葬式の準備段階から全て取り仕切ってもらい、系統の兄弟弟子達が中心になって無事に葬式をあげることができた。戦後も土葬の風習が残る日高町の山奥から出てきたT2にとって、葬式といえば、「穴掘りからお供えの花の収集まで村の人たちの手で行う」ものしか知らず、都会での葬式の出し方は「見当もつかなかった」という。郷里を離れて生きる彼らにとって、親方と系統の存在がいざというときどれだけ頼りであったかがうかがわれる。

餅系食堂関係者が但馬に帰省するのは、一般にお正月ではなく夏場のお盆頃であった。北但馬の冬は雪が多いうえ、暮れは年越しそばや餅の大売り出しをするかき入れ時であり、逆に郷里から親戚に手伝いに出てきてもらうほど忙しかったからである[15]。系統によっては、帰省をしない代わりに親方の家、あるいは親方の親方の家に家族連れで集まって正月を祝った。こうした付き合いは、子どもの成長や代替わりなどで多少薄れていくものの、調査票では、「きょうだい弟子とは家族ぐるみの付き合いだ」という質問に対して「あてはまる」と回答した者は六名（二七・三％）、「ややあてはまる」三名（一三・六％）と現在も約四割があてはまると回答している。また、「親方の家族とは年賀状のやり取りをしている」という質問には、初代経営主の二三人（八八・四％）、二代目経営主の代になっても一四人（八二・三％）があてはまると回答しており、親方家族との儀礼的な付き合いは代替わりしてもほとんど変わらず続いてきたことがわかる。

兄弟弟子同士の関係性は、親方が亡くなった後も継続するケースが少なくない。T4の親方Nは、「伏見は俺の番頭で固める」「なんかあったらすぐ来てくれるように、みな伏見におらす」といって実際に五人の番頭に伏見区内で店を持たせていた。同じ地域で商売をしているNの系統は、親方夫婦が亡くなった後も家族ぐるみで旅行に行くなど緊密な付き合いを続けており、Nの店に住み込み従業員として出てきてNが仲人となって京都で縁付いた女性数名も加えて、毎年新年会を行っているという。

系統は親方と番頭の系譜関係を核として展開するタテの社会関係の結びつきであった。次章では、この系統を包摂するヨコの社会関係である組合組織とその近代化プロセスをみていこう。

注

（1）日高町のフィールドワークでも、世帯主の母親が結婚する前に京都や大阪の餅系食堂で働いていたことがある、という話を幾度か聞いている。

（2）力餅経営主への質問紙調査では初代経営主用と二代目以降経営主用で調査票を分けているが、二代目以降経営主の調査票でも初代経営主について問う項目を設けている。ここでは後者の結果も含めて初代の動向を紹介している。

（3）一九五八（昭和三三）に入職したT4の当初の給料は、高校の同級生の一〇分の一であったという。

（4）ただし、餅系食堂に入職する若者のなかには、ゆくゆくは郷里に戻って家を継ぐつもりの長男が、学卒後一定期間都会での生活を経験するために、親戚が京阪神で営む餅系食堂を手伝いに出てくるというパターンもある。そのため必ずしも入職者全員が独立開業を目指していたわけではなかった。だがその一方で、最初は独立開業の夢を抱いて入職したにもかかわらず、どうしても仕事が合わなかったり、いざ自分の店を持つとなると重圧に押しつぶされてしまったりというケースもあったという。

（5）前章で取り上げたOは独立開業日当日に結婚している。息子のT15によると、見合い結婚であったT15の母親は、Oの顔も知らないまま日高町から嫁入り当日に出てきたにもかかわらず、Oが開店当日で忙しく、花嫁姿のまま花婿不在で長いこと待たされたことを後々まで繰り返し語っていたという。

（6）彼は五人の番頭を暖簾分けさせているが、その動機は「坂口様〔親方―筆者注〕が私の様な赤の他人に此の様にして下さったのが嬉しかったのと、坂口様への恩返しの意と共に皆んなが喜んでくれる事と信じていた」ためであるという（千成餅組合 一九九二：二四）。

（7）聞き取りによると、実際にはいずれの餅系食堂においても様々な例外事例があったという。特に親方が高齢で後継ぎがおらず、自身の店を番頭に譲るケース、自身や配偶者のきょうだいを暖簾分けさせるケース、また第1章で述べたようにすでに田舎で所帯を構えてから一家で餅系食堂を頼って出てくるケースなどでは、修業期間が短くなる傾向があったようである。
(8) T21によれば、親方が番頭の暖簾分けをしぶる背景には、独立の面倒をみる経済力の有無のみならず、慢性的な人手不足のなかで、せっかく仕込んだ番頭を手放したくないという心理も働いたという。
(9) 前述した従業員表彰行事もまた、組合他店の従業員の状況を周知する役割を果たしている。
(10) 中村氏はこの『歴代記録』において、必ずしも全員を褒めていない。なかには「頭が切れすぎてかえって信頼がない」（傍点筆者）というように辛辣な評価をつけられているケースもあり、ある程度率直な評価が記されているものとみられる。
(11) 往時の餅系食堂は概して景気が良かったこともあり、商売自体がうまくいかずに失敗したというケースはほとんど聞かれなかった。だがA1によれば、独立開業して商売に励み、子どもの手も離れた四二、三歳頃に「問題」が生じる場合があったという。
「経済的にも余裕ができ、酒飲んだら面白い、歌うたったら面白いって味を覚えた人。そういう人を楽しませる所がなんぼでもありますやろ。…またねえ、ネオンがきれいですねんわ、鴨川を渡るとね（笑）。」「だんだんなじみができたりしましてね、そうするとそれに溺れ気味な人が出てきましてな、原料代が滞りだしたりね、夫婦仲がおかしくなったりね…。」（A1）
(12) インタビューでは、郷里の親方子方について話が及んだ際、「昔は、やで」「今は全く関係ない」「封建的な、昔の貧しい村の話」という表現が出てきた。
(13) 和歌山系統のT19によると、月に一度の会合を行う際、各店舗が順に会場となることで、店舗を改装するなどの動機づけとなった。こうした系統の会合は、系統外から系統の存在を意識してもらうという組合内における一種の威信効果もあったという。
(14) おそろい法被を着ているのが経営主である。この日は森小路組の親方や番頭のほか組合役員も駆けつけ、応援は総勢四〇人ほどにのぼったという。
(15) 近年のようにスーパーで真空パックの餅が販売されていなかった当時の餅系食堂は、地域住民の正月用の餅を「一手に引き受けてきた」。大晦日のかき入れ時は疲れ果てて勘定をすることも伝票を書くこともままならず、一斗缶に売り上げのお金を放り込んでいくような店もあったという。

第3章　大阪都市圏の発展と力餅組合の近代化路線

前章では、北但馬から餅系食堂に出てきた労働力型移動者が、郷里の親方子方というタテの社会関係の論理を持ち込むことによって、都市において生活基盤を構築していったことを明らかにしてきた。

餅系食堂の隆盛を支えたのはタテの社会関係の論理だけではない。但馬出身者が展開した餅系食堂はいずれも組合組織を設立し、ヨコの社会関係のまなざしの機制をもってタテの社会関係の論理の有効性を担保してきた。餅系食堂の組合は、同じ暖簾を掲げる「暖簾内」であると同時に、郷里を同じくする者で結ばれた親睦と相互扶助を目的とした同郷団体でもあり、そして情報共有と共存共栄を目的とした同業団体でもあるというように多義的な意味合いを持つ組織であったが、いずれの側面が前面に出てくるかは組合によって、また時代によっても違いがあった。

大力餅、弁慶餅、相生餅はすでに組合を解散しており、二〇二四（令和六）年現在、組合組織として残っているのは千成餅と力餅各組合のみである。聞き取りによれば、力餅以外の組合は月に一度の会合と年に一度の川遊び、慰安旅行、総会などを行ってきたが、これらの組合は規模がさほど大きくないこともあり、どちらかといえば前章で紹介した力餅の系統に近い組織であったようである。一方、力餅の組合は最盛期一八〇店舗の規模をベースに、京都、大阪、神戸、山陽という四つの組合（支部）に連合会という上位組織を有する相対的にフォーマルな彩りを帯びた組織として発達していった[1]。

1　力餅における組合の活動と特徴

力餅では、創業家からの暖簾分けが進み、京阪神一帯に進出して複数の系統が分化してくるに従い、同じ但馬出身者が同じ暖簾を掲げていても、系統が異なるとまったく面識がないことも珍しくなくなっていった。力餅組合の組織化は、系統を横断するようなヨコのつながりを構築するための「相互の親睦」と同時に「共存共栄の実をあげる」ことを目的として進められた（力餅連合会 一九八八）。組合は各店舗経営主を会員として暖簾代に相当する会費（月五〇〇〇円、年間六万円）を徴収し、組合から連合会に対しては会員一人当たり月一〇〇〇円、年間一万二〇〇〇円を連合会に納めている。連合会は年に一度の総会を行っているが、力餅商標の与奪権を有しているのは連合会ではなく京都、大阪、神戸各組合（支部）であり、実質的な活動はこの地域別の組合単位で行われてきた。

また、力餅と取引のある企業が支部ごとに「共栄会」を組織し、組合旅行などの行事には「お祝い金」を持参して出席してきた(2)。力餅連合会『会員名簿』（平成三年三月現在版）には、酒屋、鰹節屋、米屋、醤油屋、製麺所、印刷会社、食品包装資材会社、銀行、保険会社など様々な業種の協賛商社が九六社掲載されており、同業他社も多数名を連ねている。力餅では系統、組合、連合会のいずれのレベルでも組織的な取引業者の指定や統一は行っておらず、協賛商社が折々の行事で緩やかにつながり個別に親交を深めながら営業活動を行っていたとみられる。

ハレの場としての慰安旅行

各組合の歴史を通じた活動の中心は親睦である。組合によって行事内容には多少違いがあるが、大阪力餅組合を例に挙げると、年中恒例行事としては四月に通常総会、六月に店主・共栄会研修会、一〇月に従業員慰安旅行、一一月に婦人慰労会、一二月に忘年会が行われていた。なかでも従業員慰安旅行は一九五〇年代から行われてきた組合の目玉行事である。往時の大阪力餅は店舗数が多く、住み込み従業員が複数いる店舗も少なくなかったため、バスを何台も連ねて白浜や熱海などの温泉地を中心に様々な観光地に繰り出した。この慰安旅行は、長時間労働で休みが少なく滅多に遠出をすることのない力餅関係者にとって、年に一度の貴重な娯楽であった。また独立開業を目指す従業員にとっては、他店の番頭と面識を持ち、組合の親方たちに顔を覚えてもらう貴重な機会でもあったという。

写真3-1は一九六五（昭和四〇）年一〇月の従業員慰安旅行の集合写真である。最前列には組合幹部が並び、その後ろには経営主、女将さんや従業員とみられる若者が所狭しと集まっている。参加者の服装をみてみると、男女とも大多数がスーツやツーピースであり、なかには着物姿の女性や学生服を着た若者の姿がみられる。慰安旅行は彼らにとってハレの場であった。写真3-2は、一九九〇年一〇月の従業員慰安旅行の写真である。特注のヘッドマーク「ちからもち号」を掲げた貸切列車の前に並んだ組合幹部のスーツ姿からは、彼らが毎年の慰安旅行にかけた意気込みが感じられる。

京都力餅組合の一年と役員の動き

京都力餅組合が保管している三冊の『会議記録帳』は、役員が記したとみられる組合活動の記録である。一九八一（昭和五六）年六月二六日～一九九五年三月一七日、一九九七年二月二一日～二〇〇七年六月一〇日の間の活動の日時、場所、参加者数、参加者名、協議内容などが記されている。時期により記録内容の詳しさには差が大きく、協議内容等がまったく記載されていない期間もあるが、当時の行事を企画する組合役員の活動の全体像をイメージすることができる。

最も古い一九八一（昭和五六）年の年間活動記録をみてみよう（表3-1）。当時の役員三役四名（組合長辻井昭一、副組合長竹中高治、副組合長弓勢信義、会計北村繁太郎）のうち誰が記載したのかは不明であるが、筆跡から同一人物が継続して記録していたとみられる。これによると、六月二六日に新旧三役の引継ぎを行ってからの一年間に役員が組合の用事で集まった回数は、役員のみで誰かの店舗に相談で寄った場合も含めると三〇回で

写真3－1　大阪力餅組合従業員慰安旅行（1965年10月）

出所：小林正司氏提供。

写真3－2　大阪力餅組合「ちからもち号」
紀州路の旅（1990年10月）

出所：小林正司氏提供。

表３－１　昭和56（1981）年度　京都力餅組合役員の１年間の動き

日付	活動内容
昭和56年６月26日	新旧三役の事務引継ぎ会／新組合長就任
７月１日	神戸前組合長妻の告別式（京都組合より６名）
７月７日	前組合長Ｎ氏法事（三十日祭り）（17名）
７月14日	三役会
７月23日	役員会
８月28日	旅行の件（京福観光に見積依頼）
９月２日	旅行の件（貸切バスの検討）
９月５日	旅行の件（日程交渉・バス依頼）
９月８日	旅行の件（見積書受取・旅行案内書印刷）
９月17日	旅行の件／協賛会員への新三役案内挨拶
９月24日	旅行の件／出席者の確認
10月５日	神戸組合長妻の告別式（京都組合より６名）
10月15～16日	親睦旅行（組合員16人・協賛会６人）
11月12日	新店舗開店挨拶回り／誓約書・登録許可書届け出用紙を渡す
11月25日	新店舗確認・組合旗を持参
11月26日	Ｎ氏店舗開店／祝賀会（14名／大阪組合から２名出席）
12月４日	連合会役員会
12月＊日	忘年会（14名）
昭和57年１月７日	役員会提出決算予算書作成
１月14日	決算役員会
１月26日	力餅連合会総会@須磨
２月12日	京都力餅組合総会（32名）
２月27日	Ｋ氏新装開店大売出し（20名）
３月６日	Ｔ氏新装開店大売出し（31名）
４月５日	役員会開催等の相談
４月８日	役員会
６月11日	婦人会（南座観劇）組合員21名、手伝い（男）３名）
６月14日	Ｎ氏通夜（21名）
６月15日	Ｎ氏告別式（23名）
６月20日	Ｉ氏自宅類焼見舞い（組合より3000円）
６月24日	川行き（組合員25名・協賛６名）

注：＊は判読不明。括弧内人数は集まった会員数。
出所：『会議記録帳』をもとに筆者作成。

あった。単純計算で月平均二・五回であるが、休日が少なく夜遅くまで営業する店舗が多かった当時の状況に鑑みると、役員が組合活動に割く時間は決して少ないものではなかったといえる。
一年間の活動内容をみると、最も多いのは「旅行の件」すなわち親睦旅行の準備に関する寄合である。この年の行先は石川県片山津温泉であった。八月二八日に京福観光に見積もりを依頼してから一〇月一五～一六日の旅行当日までに七回、とりわけ九月は貸切バスの検討、日程交渉、バス依頼、見積書の受け取りから会員向けの旅行案内書の印刷などで頻繁に寄っており、役員にとっても気合の入った行事であったことが分かる。[3]
法事への出席は五回である。そのうち京都組合での法事は三回、神戸組合の法事が二回であった。京都組合の法事は会員の通夜告別式（六月一四日、一五日）に加えて、前組合長の「三十日祭」（七月七日）にも多くの組合員が出席した。神戸組合の法事は前組合長の妻（七月一日）と組合長の妻（一〇月五日）の告別式であり、どちらも京都組合から六人が出席している。
この年の京都組合では、一店の新規開店（一一月二六日）と二店の新装開店（二月二七日／三月六日）があった。新規開店に際しては、二週間前（二月一二日）に新しい経営主が開店の挨拶回りを行い、役員から誓約書、登録許可書届け出用紙が渡されている。オープン前日には三役が新店舗を確認しに訪れ、京都組合の組合旗を届けた。開店当日は京都組合から一四名、大阪組合からも二名の応援があり、晩には木屋町で祝賀会が行われている。

組合規約
親睦行事はいずれの組合も熱心に行ってきたが、忘年会一つとっても「大阪は金遣いが荒い」「派手好み」といわれるように、組合ごとに性格が異なっていた。
表3－2は力餅連合会『会員名簿』（平成二七年三月現在）に記載された京都、大阪、神戸各組合の規約を抜粋したものである。
まず目的をみると、京都組合の目的は「組合員相互の親睦」と「共栄の実をあげる」こととしたうえで、諸

表3－2　各支部（組合）の構成と規約抜粋

	京都	大阪	神戸
構成地区	京都府下一円	大阪府及び和歌山県全域	兵庫県下一円
目　的	組合員相互の親睦を図ると共に共栄の実をあげることを目的とす。 1．営業に関する諸法令の遵守督励。 2．営業上必要なる原料、什器、包装紙、その他物件の共同購入。 3．会員および店員の教育向上、表彰に関する事業。（第5条）	本組合の輝かしい歴史と伝統を重んじ、組合の健全な発展と振興を図ると共に、組合員の共存共栄の実をあげることを目的とす（第4条）。	組合員相互の親睦を図ると共に、その共存共栄の実をあげることを目的とす（第4条）。
役員構成	組合長1名／副組合長2名／会計2名／庶務1名／監事（組合1名・連合会1名）／理事若干名／相談役若干名（第6条）	組合長1名／副組合長4名以内／会計2名／監事2名／理事若干名（第8条）	組合長1名／副組合長2名／会計1名／理事若干名（第8条）
入会条件／組合員たる資格	組合長に申達し、組合長は役員会を開き、登録商標・登記商号使用許可・隣接店舗の異議なき場合之を決する（第12条）。 加入者は同時に規約承諾の上保証人1名連著捺印し誓約書及び（　）円也を組合に提出すること（第13条）	組合員は次の資格を具備するものとする。 1．本組合員の従業員として8年以上勤務し、その組合員の推薦したる者 2．総会において、特別に承認を得たる者。（第5条） 組合員1名の保証人及び役員会の承認を必要とする。役員会は入会承認にあたって人格・信用・勤務態度等を重視する。保証人は入会申請者の本組合に対するすべての義務を保証する（第6条）。	組合員は下記の資格を具えるものとする。 1．昭和28年1月1日現在登録商標「力餅マーク」を使用し商号を「力餅」「ちから」と称し商売を営むもの。 2．8年以上の勤続者にして店主の承認したるもの（第5条）。 第5条第2項該当者は本組合の承認を要す（第6条）。本人の社会的人格、隣接店舗その他に支障なきときは承認するものとする（第7条）。
資格消失／除名規定	組合員にして廃業転業登録商標登記商号使用なき場合は、その時を以て組合の資格は消滅するものとする。但し、廃業の場合とはいえども本人の希望により役員協議の上、事情の許すかぎり条件を付し、組合に在籍を許すことあるべし（第14条）。	規約を遵守せず、道義に反し不信行為のあった組合員を総会に諮り、登録商標及び登記商号の使用を禁止し、除名することができる（第24条）。	規約を遵守せず、道義に反し不信行為のあった組合員を総会に諮り、登録商標及び登記商号の使用を禁止し、除名することができる（第18条）。

注：連合会のもとにおいて各組合はそれぞれ「支部」として組織されている。
出所：力餅連合会『会員名簿』（平成27年3月現在）掲載の各組合規約より筆者抜粋、作成。

法令の遵守督励、共同購入、会員及び店員の教育向上といった具体的な項目が挙げられているが、大阪、神戸は具体的な項目がなく、抽象度の高い文面になっている。神戸組合の目的は京都組合の冒頭とほぼ一致しているが、大阪は「派手」に行事を行っているものの「組合員相互の親睦」を目的に掲げておらず、代わりに「組合の輝かしい歴史と伝統」「組合の健全な発展と振興」という独自のフレーズが並んでいる。

役員構成をみると、会員数の少ない神戸組合は組合長一名、副組合長二名、会計一名、理事若干名とシンプルで少人数の構成である。大阪組合も副組合長の人数は多いものの神戸組合と比較すると監事が追加された程度であるが、京都組合については組合と連合会それぞれを担当する監事に加えて庶務一名、相談役若干名も設定されている。相談役は過去に組合長を務めたことのある者が務めることが通例であったという。

入会条件／組合員たる資格についても、三組合で記載内容に微妙な違いがみられる。大阪、神戸組合では明記されている「八年以上」の勤務経験の規定が京都組合の規約には記されていない。また京都、神戸組合においては隣接店舗の異議や支障がないかどうかの確認を得ていることが条件として記されているが、大阪組合に隣接店舗の許諾については言及がなく、人格・信用・勤務態度等が重視される旨記載されている。また保証人規定については京都、大阪組合には記載があるが、神戸組合は記載されていない。資格消失・除名規定についてみると、京都組合は廃業及び登録商標登記記号を使用しなくなった時点で組合の資格を喪失すると同時に、廃業しても本人の希望や役員協議で条件を満たせば組合在籍が許されるとの記載があるが、除名の規定は記載されていない。一方、大阪、神戸組合には資格消失の規定がなく、除名規定だけが記載されている。

各組合の特色

こうした規約に映し出された微妙な相違を踏まえつつ各組合の特色を整理すると、まず京都力餅は最も歴史が古く、就業年限の不足しているケースや廃業しても在籍しているケースなど、様々な例外事例があったことが推察される。同時に、相談役を置くという役員構成からは、京都力餅の上下関係と伝統を重視する傾向が読み取れる。後述するように、力餅は本店が類焼したこともあり、『一〇〇年のあゆみ』を除いてまとまった歴史資料はほとんどないのであるが、京都力餅は創業時からの店主を記した『昭和五十二年歴代記録』、および『会議記録』といった過去の組合活動の様子が分かるドキュメント資料を、若干ではあるが組合長が代々引き継いで保管していた。また京都力餅は三つの組合の中で唯一、重厚な手刺し刺繍の組合旗を所有している。一九六八（昭和四三）年に入魂式が行われた組合旗は代々組合長が保管しており、先述のように新規店舗オープンの際は店頭に掲げるのが通例であった（写真3－3）。

写真3－3　組合旗と京都力餅組合長北垣夫妻（2015年当時）

出所：筆者撮影。

大阪力餅は圧倒的な規模を誇り、大阪麺類組合などの業界団体の中でも際立った存在感を有していた[4]。大阪力餅の目的が個々の経営主同士の親睦ではなく組合自体の発展振興を掲げ、加入にあたって人物像を重視し除名規定を明文化することからは、組合員に対して組合そのものに対する一定の帰属意識を持つことを求めていたことがうかがえる。その一方で、大阪力餅の規約は「組合の輝かしい歴史と伝統」を謳っているが、組合として管理している戦前の様子が分かるような歴史的資料は入手できなかった。戦時中の疎開の影響もあるものの、「そんなん取っとくスペースあったら商売に使う」という組合幹部の軽口からは、あくまでも実利優先の大阪力餅の商売人気質が読み取れる。

神戸力餅は会員数が最も少ないが、構成地区は兵庫県下一円と広域である。出店地は郷里但馬を含み、兵庫県南部も尼崎から姫路までと東西に広く店舗が分布していることから、京都大阪の力餅と比較すると組合運営にはやりにくい側面もあったようである。神戸組合が戦後初の総会を開いたのは一九五二（昭和二七）年と京都より早いものの、親睦旅行が毎年恒例となったのは一九七一年と、京都の一九五五年、大阪の一九五九年よりも遅くなっている（力餅連合会 一九八八：三〇）。

神戸力餅のもう一つの特徴は、京都と大阪に比べて親族での暖簾分けと支店展開が多いことである。『一〇〇年のあゆみ』に掲載された神戸力餅の名簿によると、二八店舗のうち八店舗が支店であり、[5]また同姓で親戚関係とみられる会員が複数である。神戸で最も店舗数が多いのは、一九一八（大正七）年に小野柄通りに神戸一号店を開店した猪師角造《いのしかくぞう》（旧奈佐村出身）の一族であった。猪師姓の経営する店舗は支店を含むと二八店舗中八店舗にのぼっており、他には植村家四店舗、岡本家三店舗と合わせると、神戸力餅において親族経営の占める割合は大きい。[6]同時期の京都は三四店舗のうち支店は一店舗もなく、大阪も一〇〇店舗中支店は六店舗のみであったことから、神戸力餅の店舗展開は京都と大阪の暖簾分けとはやや異なる論理が働いていたことが推察される。

現在はすでに失われているが、戦前から昭和末期のピーク時までの店舗数の多かった時代は、こうした特徴の異なる組合間で序列意識が明確に存在していた。もともと組合は組合員相互の親睦と共存共栄というフラットなヨコの結びつきを建前としていながらも、親方子方を核とした系統のタテの序列意識が拭い難く刻印された組織であった。聞き取りによれば、往時は組合や連合会の総会において、新参の経営主が間違えてうっかり上座に近いところに座ろうものなら鋭い叱責を受けたという。[7]序列意識は組合間にも貫徹しており、本店を擁する京都が「本筋」「ランクをつけたら一段上」でそれに大阪、神戸が続くという認識は、特に高齢の京都大阪の経営主の語りのなかでよく出てきたものである。

こうした根強い序列意識の一方で、戦後の大阪力餅は店舗数の飛躍的な増加によって勢力を拡大し、独自の近代化路線を拓いていった。

2　大阪力餅組合の隆盛

本節では大阪力餅の発展を近代以降の大阪の歴史に沿ってみていこう。

「大大阪」の発展と人口流入

大阪市が日本を代表する工業都市としての頭角を現しはじめたのは明治中頃に遡る。大阪市域とその周辺部は急速に工業地化が進み、職工をはじめ様々な労働に従事する人々が流入した。一八九二（明治二五）年一一月二五日『大阪朝日新聞』の論説「大阪の工業」は、工業化が進む大阪の街の変化について記したものであるが、紡績業などの繊維産業が発達した大阪が「東洋のマンチェスター」として「前途望みや大と謂ふべし」と記されている（大谷 二〇一三：四八）。一九二五年には大阪市第二次市域拡張により、市制施行当時は四区であった大阪市は一三区にまで拡大した。一八九七年には七六万人であった大阪の人口は一挙に二一一万人にまで増加し、人口、面積、商工業は東京を抜いて日本一となる。当時の人口規模はニューヨーク、ロンドン、ベルリン、シカゴ、パリに継ぐ世界第六位であり、「大大阪《だいおおさか》」と呼ばれるまでに至った。当時二〇年間にわたって大阪市助役および第七代大阪市長を務め「大阪の父」と呼ばれた関一《せきはじめ》は、編入によって拡大した面積の広さや人口の多さではなく、近世来の「自由な進取的起業精神」の活動をする根拠地として「大大阪」の発展を企図していたという(8)。

アジア随一の商工業都市となった大阪には、内地のみならず朝鮮半島からも多くの労働者が流入した。一九二二（大正一一）年に大阪と済州島をつなぐ定期航路が開かれると、朝鮮半島出身者の人口は急増し、一九二八年の約三万五〇〇〇人から一九三五年に約一五万人、一九四二年には約三二万人まで膨れ上がる（杉原 一九九八：六〇～六一）。

大阪は内地の農村人口のみならず、植民地からも膨大な人口を吸収しながら発展し、その過程において、彼らが生きていく上での様々なニーズを生じさせていくことになった。当座の問題は住む場所と食べる物である。
大量の農村―都市移動者の流入は深刻な住宅問題を生じさせた。戦間期の大阪市域は、旧大阪城下町域にオフィス・商業施設が集中する中心市街地が形成され、その周辺に日雇い労働者が居住する「木賃宿《きちんやど》」街が散在し、この中心市街地を取り囲む形で大阪湾沿岸、淀川沿いに工業地域と「不良」住宅地域が混在する工場労働者居住長屋街（＝戦前長屋住宅地域）が拡がっていった（西村 二〇〇八：四）(9)。

賃労働者化した農村―都市移動者の流入は、大量の孤立した「胃袋」の都市流入でもあった（湯澤 二〇一八：二六六）。湯澤規子《ゆざわのりこ》は、近世的な共同体の「セーフティネット」を失って食が自己責任化する社会として近代を位置づけ、公の介入と各種社会事業家の活動がこの都市空間における食に新たなつながりを生み出していったことを描き出している。大阪市においても、彼ら庶民の「食」は喫緊の都市問題として扱われ、市営の簡易食堂が一九一八（大正七）年九月から翌年七月までに幸町、天満、九條、今宮、築港、西野田の六カ所に設置された（湯澤 二〇一八：五四）(10)。

戦前力餅の大阪進出と在日朝鮮人

農村―都市移動者の新たな生活ニーズに反応したのは行政や社会事業家だけではない。京都から始まった力餅の大阪進出は一九一四（大正三）年、創業者池口力造の直弟子である松本菊太郎が北区の天神橋筋三丁目に開業したところから始まった。力餅と同様に京都で浴場業を展開した石川県出身の加賀浴友会関係者が大阪に初めて進出したのは翌一五年である。急増する農村―都市移動者の生活ニーズのなかに新たな商機を見出していったのも、また農村―都市移動者であった。

『一〇〇年のあゆみ』には「大阪府甘味飲食店連合会名簿」をもとにした戦前の大阪における力餅の分布地図が掲載されている（力餅連合会 一九八八：二一）。これによると、一九四二（昭和一七）年当時の力餅は三二店舗あり、店舗所在地は以下のように分布している（市区名は当時のもの）。

一九四二年：32店舗

市内：北区2、西区2、南区1、都島区2、旭区3、東淀川区1、西淀川区1、此花区3、港区1、大正区1、浪速区2、天王寺区2、西成区3、東成区4

市外：吹田市1、布施市1、堺市2

戦前大阪における力餅は旧市街地（北区、西区、南区）とその周辺の臨海部（此花区、港区、大正区）から市中央東南部（浪速区、天王寺区、西成区、東成区）、市内北東部（都島区、旭区、東淀川区）と幅広く進出しており、またこの時点ですでに市外にも複数店舗展開している。

区別の出店店舗数をみると、旭区、此花区、西成区、東成区など、いずれも在日朝鮮人が多く、地価が安い区に複数出店されている。なかでも、在日朝鮮人の一大集住地であった東成区の出店は四店舗と最も多い。東成区はゴムを中心とする化学工場が多く、済州島から「君が代丸」で連鎖移住をしてきた朝鮮人が中小零細企業の職工として集住した。杉原達《すぎはらとおる》によれば、一九四一（昭和一六）年の東成区は四人に一人が朝鮮人であったという（杉原 一九八九）。聞き取りによれば、朝鮮人の家庭は頻繁に祭祀を行い、また正月の鏡餅は工場の機械の一つ一つにまで供える習慣があったため、彼らの集住する地区の力餅は餅の売り上げが格段に良かったという。戦前の力餅は、「大大阪」の発展に重要な役割を果たした植民地からの「胃袋」にも支えられて大阪に足掛かりを築いていったのである。

戦後インナーリングエリアへの進出

戦前に一定の展開をみた大阪力餅であるが、戦時中は店を畳んで疎開する者や徴兵される者が続出した。敗戦時の大阪力餅はわずか三店舗である。戦後もしばらくは食料の調達が難しかったため、郷里でしばらく農業をしたり、大阪に留まって衣料品店など他の商売を試みたりなど各々に試行錯誤をしていたが、落ち着いてくると徐々に戻ってきて営業を再開するようになった。当時は物

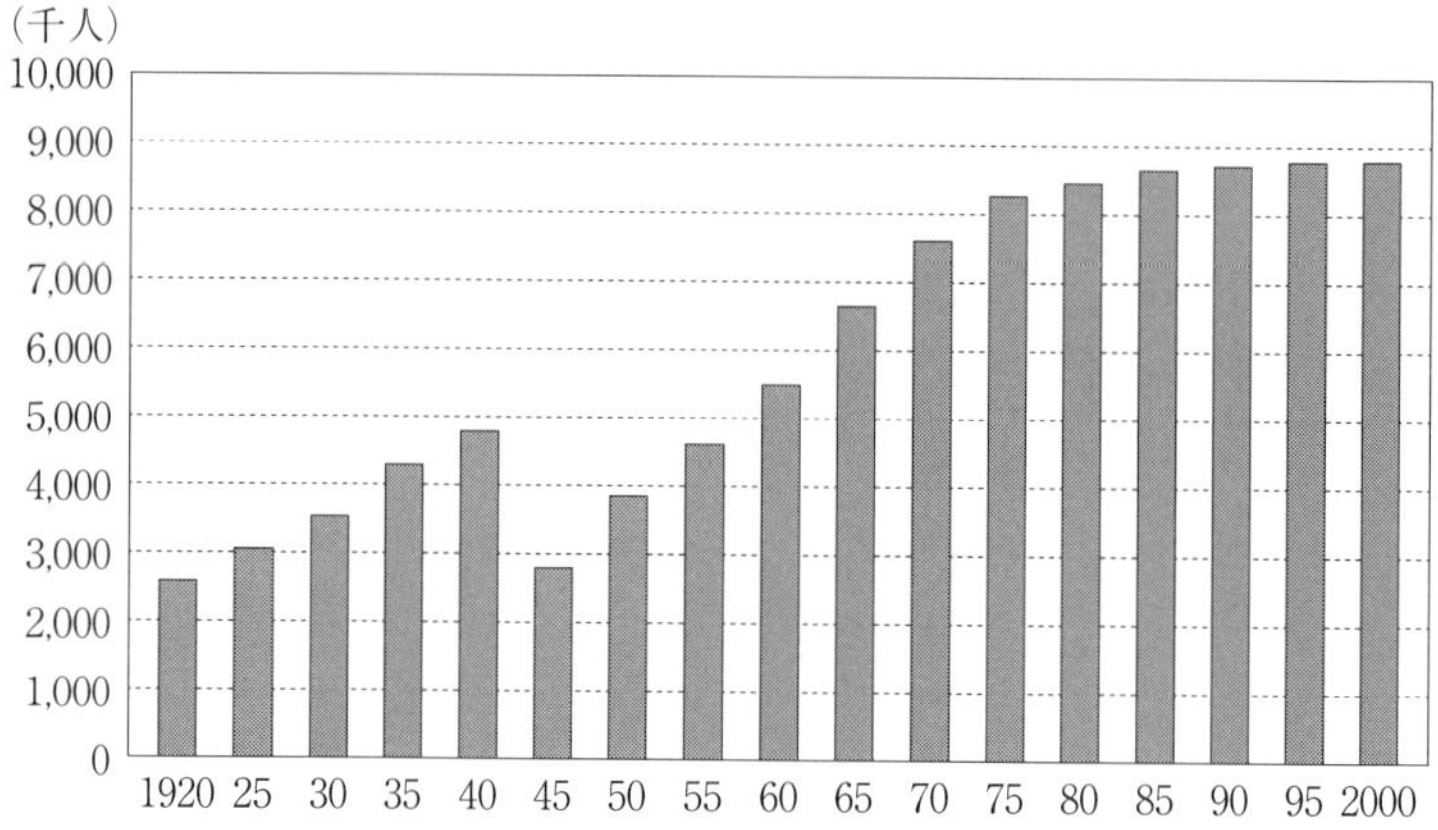

図３－１　大阪府の人口推移

出所：国勢調査（各年度）より筆者作成。

資不足であり、土間に椅子とテーブルを置いただけという質素な店舗も少なくなかったという（力餅連合会 一九八八：二二）。

高度成長期になると、大阪は重化学工業化に伴って再び大量の労働者を吸収し始めた。図３－１をみると、戦前のピーク時（一九四〇）には四七九万人であった大阪府の人口は、敗戦によっていったん約二八〇万人まで減少するが、その後の五年間で三七・七％もの増加率を示して約三八五万八〇〇〇人まで回復し、一九七〇年には約七六二万人と高度成長期の二〇年間を通じて約二倍にまで膨れ上がっている。

この時期の急激な人口増は、戦後の団塊世代を含む若年人口を吸収することによってもたらされた。一九六〇年から三回の国勢調査において、大阪府人口における一五～六四歳人口割合は七割台を維持しており、平均年齢は二〇代後半であった。二〇〇五年以降の大阪府の平均年齢が四〇代を駆け足で上昇していることに比べると、当時の大阪がいかに多くの若い「胃袋」を抱え込んだのかがうかがえる。オイルショック以降に外食産業が本格的に花開く前夜において、この若い「胃袋」のニーズを受け止めて急成長してきたのが力餅であった。

戦後の大阪力餅はどのような地域に店舗を展開してきたのだろうか。図3-2は『一〇〇年のあゆみ』が編纂された一九八八（昭和六三）年当時営業中であった大阪の力餅店舗所在地を地図上におとしたものである。これをみると、中央区や西区といった戦前からの中心市街地を除く周辺各区から郊外住宅地までの中間地域、なかでも寝屋川市、門真市、守口市といった京阪沿線、大阪市南部の東成区、生野区、東住吉区あたりから堺市などJR阪和線、南海本線などに沿って分布していることが分かる。これらの地域は「インナーリングエリア」と呼ばれ、戦後大阪の重化学工業化による都市労働者の急増を受けて「文化住宅」や木造アパートが立ち並ぶ木賃宿密集地域として発展してきた（西村 二〇〇八：一一四）[11]。

開業した時期別に戦後の出店地域の変遷をみてみよう。ただし途中移転があった場合は、出店時と一九八八年当時の店舗所在地は必ずしも一致しない可能性がある。

（1）一九五一～五九年（戦後～昭和三〇年代前半）　15店舗
市内10：北区1、淀川区3、東淀川区1、旭区1、生野区2、住之江区1、大正区1
市外5：守口市1、茨木市1、堺市3

（2）一九六〇～六四年（昭和三〇年代後半）　11店舗
市内9：北区1、福島区1、東成区1、西成区2、生野区2、天王寺区1、阿倍野区1
市外2：門真市1、東大阪市1

（3）一九六五～六九年（昭和四〇年代前半）　19店舗
市内15：福島区1、此花区1、旭区2、都島区1、城東区2、浪速区1、東成区1、西成区2、天王寺区1、阿倍野区2、東住吉区1
市外4：守口市1、門真市1、茨木市1、堺市1

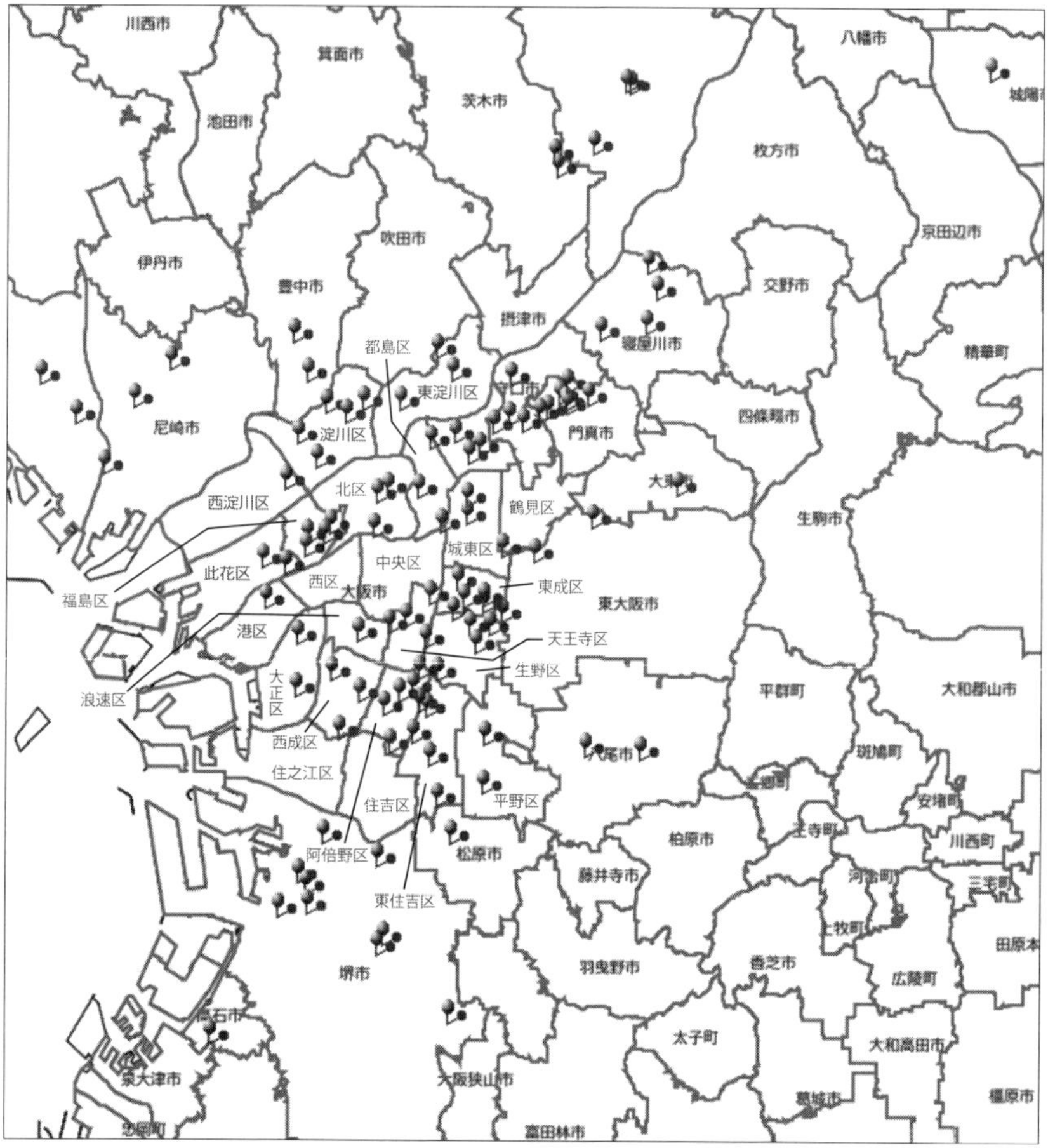

図３－２　大阪力餅分布図

出所：力餅連合会『一〇〇年のあゆみ』掲載「店舗の分布と会員名簿」より筆者作成。

（4）一九七〇～七四年（昭和四〇年代後半）　13店舗
市内7：此花区1、大正区1、阿倍野区1、生野区1、東住吉区3
市外6：守口市1、寝屋川市4、堺市1
（5）一九七五～一九八七年（昭和五〇年代～昭和末期）　12店舗
市内0：なし
市外12：門真市1、豊中市2、高槻市1、大東市1、八尾市2、堺市3、松原市1、高石市1

大阪市内と市外別に出店数をみると、戦後から一九六〇年代は大阪市内での出店が圧倒的に多かったが、一九七〇年代に入ると市内と市外の出店数はほぼ拮抗するようになった。この時期は寝屋川市への出店が集中するが、これは当時隣接する守口市、門真市に本社を置いた松下電器や三洋電機などの発展を受けて木賃住宅密集地域が形成されたことが影響している（西村 二〇〇八：九二）。オイルショックを経た一九七五年以降になると市内での出店はみられなくなるが、それに反比例して市外での出店数が増え、未開拓であった周辺市域に広域化していった。

写真3－4　大阪力餅　粉浜店新規オープン（1961年）
出所：中嶋彬人氏（玉出力餅）提供。

都市労働者の「胃袋」を摑む

大阪市内の出店を区別にみると、中央区、西区を除いてほとんどの区に分布しているが、一九六〇年代前半までは東成区から分離した生野区、後半は城東区と戦前に引き続き在日朝鮮人の多い地域にコンスタントに出店があり、また一九六〇年代は前半後半を通じて日雇い労働者の集住する西成区への出店も目立つ。

大阪力餅は急増する都市労働者層の若い「胃袋」をターゲットに、相対的に地価が安い地域、そして「ガラが良い」とは言い難い地域にも積極的に出店してきた。淀川区の力餅で修業したのち西成区の力餅（一九六六年開業）に婿養子として入った二代目のT19によると、先代は「ガラの悪いところでなかったら商売は流行らん」と周囲の心配をよそに西成で出店した。「暴力団の人にも平気で立ち向かうだけの腕力」を持った先代は「こんなところに出せるの、この人ぐらいやろうなっていうくらい、根性のあるおやっさん（親父さん―筆者注）」であったという。

地下鉄のターミナル周辺も出店先の有力な候補地となった（写真3-4）。西成区の玉出《たまで》力餅への聞き取りによると、一九六一（昭和三六）年開業当時の玉出は、大阪市営地下鉄四つ橋線のターミナルであり、地価の安さから一九七〇年の大阪万国博覧会の会場建設で流入してきた労働者のためのアパートが集中した。初代女将T1は、「皆ここで労働者が降りるんですよ。（夜中の―筆者注）一二時まで、わんさかわんさか降りるんですよ」と当時を回顧している。玉出駅周辺は万博建設作業から帰宅する労働者をターゲットとした飲食街が形成され、夜半まで賑わったという。

地方農村部や植民地からの膨大な労働者の流入によって形成された新興地域に出店を進めてきた大阪力餅にとって、力餅の暖簾の伝統は必ずしも顧客の獲得において重要な要素ではなかった。豊中市で開業したT24は雑誌対談で「地域の皆様に店名を覚えていただくために、空の岡持《おかもち》を持って白衣を着て近辺を走ったものです」と語っている（『にっぽんの顔』一九九七年一〇月号）。大阪力餅の顧客は暖簾の信用によって担保されるものというよりは、経営主個々人の汗と努力によって獲得していくものであった。

大阪力餅組合長Oの近代化路線

大阪力餅は急速に人口が膨れ上がっていく大阪のエネルギーを背景に著しく発展し、戦後高度成長期における力餅の「黄金時代」を牽引することになった。この大阪力餅の「黄金時代」の立役者ともいえるのが第1章で紹介したO（一九〇六年生）である。Oは旭区の地域社会で華々しい活躍をするが、力餅組合においても類まれな存在感を発揮して組合の近代化路線を推し進めていった。

疎開していた但馬から大阪に戻ると、Oは敗戦によって自然解散状態になっていた大阪力餅組合を復興させ、神戸、京都各組合と連携して力餅連合会の再発足に尽力した。O自身、一九五九（昭和三四）年から一九七八年までと約二〇年間の長期にわたって大阪力餅組合の組合長を務めている。在任期間中は、一九六三年に火災保険の一括加入、一九六八年に失業保険組合の設立、一九七七年に暖簾・包装紙等の統一といった形で、商売に関連する共同化を積極的に進めていった（力餅連合会 一九八八）。

Oが取り組んだなかでも、大阪力餅の隆盛に大きな役割を果たしたとされるのが前述の通称「力餅ローン」である。大阪力餅組合が高度成長期に設立した「力餅ローン」は、親方一人につき五〇万ずつ出資して、各店舗番頭の独立開業時や店舗改装時に銀行から融資を受けるための担保としたものであった。前章で述べたように、もともと番頭が店を出す際は親方個人が銀行や取引先企業と交渉し、借金の保証人になるなどしてきたが、高度成長期になると地代が上がり、また開業時に揃える什器《じゅうき》一式も本格化していくなかで、親方個人の力によって独立開業させることは徐々に難しくなっていった。住込み従業員を低賃金で長年働かせながらなかなか暖簾分けさせられない状況は、郷里において子の就職先としての力餅の評判を損うことにもつながる。T14は郷里日高町に帰省した際、近所の人から「力餅あまりええ噂聞かんで」と耳打ちされたことがあるという。「力餅ローン」はいわば番頭たちのために、親方の力量次第にならない独立開業の道すじを構築する意味合いを持つものであった。

だが、その設立プロセスは平坦なものではなかったようである。『一〇〇年のあゆみ』をみると、大阪力餅組合は一九五五（昭和三〇）年に組合積立預金を開始しているが、大阪信用金庫の集金不徹底のため翌年にはいったん中断し、一九六二年には近畿相互銀行千林支店で再開している。一九六八年にはさらに住友銀行関目《せきめ》

写真3－5　従業員慰安旅行集合写真で前列中央に立つO氏（1963年、白浜温泉千畳敷にて）

出所：小林正司氏提供。

支店に移しており、おおよそこの頃から「力餅ローン」が運用されるようになったとみられる（力餅連合会 一九八八：二四〜二五）。組合は住友銀行に対して、総額五〇〇〇万円の預金を担保に、新規開業一人につき上限五〇〇万円まで貸付すること、また店舗を購入してから開店するまでの改装期間は金利をゼロにすることを約束として取り決めたという。一九七〇年以降に開業した店舗は概して小規模化の傾向がみられるが、大阪力餅がオイルショック以降も一定の店舗数拡大をみて「関西地区で最大の規模と歴史を誇る『のれん会』」と称されるようになった背景には、このOが設立した「力餅ローン」の存在があったといわれる。[12]

当初、会員一人あたりの出資金は懐具合によってばらつきがあった。しかしOは全会員一律五〇万円の平等な出資にこだわり、組合長の剛腕によって実現させたという。Oの目指すところは、特定の実力ある親方連中に依存するという郷里から持ち込んだタテの社会関係の論理の延長ではなく、経営主個々人のヨコの連帯による共存共栄のシステムを作ることにあった。[13]

その一方で、筆者の力餅調査において、Oは大阪力餅のどの店でも必ずといっていいほど話題に上がる伝説的人物だったが、行政だけでなく警察にも顔が広く面倒見が良かった、腹巻に札束を入れて飲み歩いていた、という数々の豪儀なエピソードが示すのは、Oの親分気質とその「いかにも親方らしい感じ」（T6 妻）こそが彼のカリスマ的な求心力の要であったという事実である。

「あの方〔O─筆者注〕は恰幅があってね、こんなうどん屋さんには見えないような…。見た目もそうやし、実力もそうやし、考え方も大胆というかね。色々な事で、力餅に貢献してきはった人やわな。」（T19）

写真3－5で集合写真の中央に立つOの姿からもうかがえるように、Oは千林組だけではなく、大阪力餅全体にとってのまさしく親方的存在であった。[14] 大阪力餅組合の近代化路線は、タテの社会関係の論理の下支えのもとに進展していったのである。

戦後の大阪力餅は、近世来の大阪が育んできた「進取的雰囲気」と、近代以降の大阪の工業都市としての飛躍的発展の歴史のなかで、組合員相互のフラットなヨコの連帯を強化し、独自の近代化路線で規模を拡大してきた。一九八九（平成元）年三月に開催された力餅創業一〇〇周年事業の取り組みは、勢力を拡大した大阪組合と京都組合の旧来の序列の揺らぎを可視化することになった。昭和末期は店舗数規模において力餅の繁栄のピークであったが、同時に組合および連合会の性格が質的に変容していく時期とも一致していたのである。

3　創業一〇〇周年記念事業と組合組織の変容

先に述べたように、従来、京都組合は本店を擁していることで、三つの組合のなかで「ランクでいったら一段上」という位置づけをされてきた。一般に、本家と分家・別家からなる集団は、本家が卓越的な地位を有し分家・別家は本家を中心に盛り立てるものと考えられてきた。力餅において本店はどのように位置づけられてきたのだろうか。

本店の位置づけ

『一〇〇年のあゆみ』巻末に掲載された「力餅系図」(図2-4)をみると、本店から暖簾分けをしたのは池口力造の長男池口初造、弟池口喜一郎に松本菊太郎、松本良治郎の四人である。『昭和五二年歴代記録』によると、本店は奈佐村に隣接する日高町出身の婿養子池口捨造《すてぞう》が継承しているが、これは長男の初造が「一時は自分乃意志に依り商売違ひに進み後程親乃商売に進み」という事情によるものと考えられる。初造の店舗は移転を繰り返し、三度目に大阪で開業したのち戦時廃業をしている。弟の喜一郎は三人の番頭に暖簾分けさせたが、自身の店舗は継承されていないようである。彼らの次の「三代目」になると、池口姓の店舗は京都府職員から婿養子に入った池口正之《まさゆき》によって継承された本店のみとなっている。

『一〇〇年のあゆみ』掲載の歴代役員名簿によると、二代目の池口捨造は一九四九(昭和二四)年から一九五二年にかけて京都力餅組合の組合長を務め、力餅連合会が再発足した翌五三年からは連合会会長となった。一九六〇年には三代目の池口正之が会長職を継承している。ここから、力餅は各店舗独立経営であり本店との経済的な結びつきはないものの、創業の池口家は象徴的な重要性をもって位置づけられていたことがうかがえる。一九六四年に大阪で独立開業したT2(一九二九年生)によると、彼の開業した頃までは、所属組合による暖簾分けの承認ののち、親方に連れられて京都の「本店さん」に挨拶に行くのが慣例であったという。

本店の類焼と求心力の低下

一九八四（昭和五九）年、京都寺町六角の本店は近隣の火災により類焼した。京都組合所蔵『会議記録帳』によると、七月一一日夜九時頃に「本店近火に依り類焼」し、当時の三役に加えて組合員二名が駆け付けている。翌一二日には京都組合から五名が手伝いに出向いた。神戸、大阪組合からも「続々火事見舞い」があり、連合会から一〇万円、大阪組合から二〇万円、神戸組合から五万円、京都組合から三万円が見舞金として渡された。

この類焼を機に本店はそのまま休業するが、翌八五年四月には三代目の池口正之が入院し、五月一五日に逝去する。同日七時から行われた通夜には、京都は全員、大阪は約八割、神戸からは三役が出席した。翌日の告別式には京都は全員、大阪は約五割、神戸は全員が出席し、連合会から一〇〇万円、京都組合、大阪組合から一〇万円、神戸組合から五万円が香典として池口家に渡されている。同年一一月に行われた力餅連合会役員会では、会長死去に伴い妻で創業主池口力造の孫にあたる池口良子《よしこ》が連合会会長として就任挨拶を行った。

だが、一九八八（昭和六三）年三月一六日の連合会役員会では、商標登録保持者の池口良子が連合会会長から名誉会長になり、年度末に各支部二名が出席して新連合会長の選考会が行われることが決定した。その時点では暫定的に大阪組合長の岡正則《おかまさのり》が連合会長職を引き継いでいる。商売から離れ三代目を失った本店は、ここにきて急速に存在感を薄れさせていくことになった。本店が連合会長の座を譲ることを本店と各支部のどちらから提案したのかは定かではない。だが、連合会をどこに置くかについては、系譜上の上位を自認していた京都と、飛ぶ鳥を落とす勢いで規模を拡大していた大阪の間で葛藤があったようである。

「大阪がね、元気いいですやん人数も多いし。京都少ないわね。連合会の本部を全部大阪持ってこいってことがあったですよ。…京都は反対ですよ。京都の池口っていう人が、京都から発祥したのになんで大阪行かんならん。お前らはっきり言うたら、京都の分かれやないか、と。」（T４）

結局、連合会は二年ごとに各組合が持ち回りで担当することになり、連合会長は担当となった組合の組合長が務めることがルール化された。この規則は同年の「一〇月吉日」に発行された『一〇〇年のあゆみ』に明記されていることから、年度末の選考会を待たずに方針が制定されたと考えられる。

一〇〇周年記念事業の実施

本店の不幸と前後する形で進められたのが力餅創業一〇〇周年事業である。類焼によって池口正之連合会長が一〇〇周年記念のために収集していた資料のすべてが焼失してしまったものの（力餅連合会 一九八八：四八）、二カ月後の九月一四日には大阪、神戸、京都三組合支部長会が大阪で開催されて力餅一〇〇年記念祭に向けての話し合いが行われ、約二年半かけて準備を進めていくことになった。一九八六（昭和六二）年一月には京都五名、大阪一〇名、神戸四名、山陽一名の二〇名で組織された一〇〇周年事業委員会が立ち上げられ、大阪力餅組合長の岡正則が委員長として就任した。

表3－3は京都組合所蔵『会議記録帳』より、その後一〇〇周年記念パーティまでの準備の動きを抜粋したものである。当初、記念パーティは一九八九年一月二八日に開催されることになっていたが、昭和天皇崩御のため同年三月に延期されることになった。この間に行われた一二回の事業委員会は全て委員数の多い大阪で開催されており、パーティの企画と同時に進められた記念誌作成事業に関連する打ち合わせも大阪で行われている。

京都支部のなかでは、当初はこうした大阪主導の進め方に対する反発もあったようである。一九八七（昭和六二）年四月一〇日に行われた京都支部の役員会では、一〇〇周年記念事業のあり方について意見交換が行われたが、「大阪の積極性には勝てないのではないか」との結論に至ったことが記載されている。事業委員を務めていた京都力餅のT４は、当時の忸怩たる思いを以下のように振り返っている。

「ほんとは京都で一〇〇周年するはずやったんや。大阪に取られちゃって。…そやけどねぇ、大阪でやらな

表3－3　100周年記念準備の動き

年月日	場所	内　容
昭和61年5月28日	大阪	100周年記念誌の役割分担を決める
昭和61年9月11日	大阪	記念誌製作スケジュールについて説明
昭和61年11月12日	大阪	事業委員会（京都6名、大阪15名、神戸3名）
昭和61年11月28日	大阪	会計引継ぎ：京都より大阪へ。 記念パーティを昭和64年1月28日に開催することを決定。
昭和62年2月19日	京都	**【京都組合総会】** 事業委員会担当者を事業に専念させるため京都組合の会計担当を変更。
昭和62年4月10日	京都	**【京都組合役員会】** 100周年問題の意見交換。 「大勢は大阪の積極性に勝てないのではないか。京都の希望としては記念誌のやすあがり」
昭和62年5月28日	大阪	事業委員会（京都2名、大阪4名、神戸2名） スナップ写真の持ち寄り、知事からのメッセージをもらってくることなど決定。
昭和62年7月8日	大阪	事業委員会（京都から5名）。 記念式典パーティの金額1人当たり3万円／今後100年に向けての座談会開催を決定。
昭和62年7月24日	京都	**【京都組合三役会】** パーティ費用3万円について協議。
昭和62年9月4日	京都	**【京都組合役員会】** パーティ費用3万円割当の件協議。 来年度の旅行を中止してでも提出する案、来春京都総会にて説明する。ただし総意に基づいて決定する。
昭和63年1月29日	京都	**【京都組合通常総会】** 川行き、旅行の中止を決定。
昭和63年2月25日	大阪	事業委員会（京都8名、大阪8名、神戸5名） 本店より50万寄付、京都から発表。
昭和63年3月16日	京都	連合会役員会　連合会長池口良子が名誉会長に着任。 大阪力餅の岡正則組合長兼事業委員長が連合会長に就任。 事業委員長として大阪力餅中嶋順介が指名される。
昭和63年4月14日	大阪	事業委員会（京都5名、大阪9名、神戸4名） キャンペーンの決定 法被、ワッペン、帽子、ポスターを作製（実施半年間） イベント事業としてラジオCM放送（3か月間）／店頭慈善募金（6月10日から式典前日まで）
昭和63年4月22日	京都	**【京都組合臨時総会】** 東丸醤油からの100周年記念粗品に希望者多数あり東丸と交渉する。
昭和63年6月29日	大阪	事業委員会（京都5名、大阪8名、神戸4名、山陽1名）
昭和63年7月6日	大阪	十三ナショナル印刷にて記念誌について打ち合わせ （京都2名、大阪4名、神戸2名）。
昭和63年8月22日	大阪	記念誌の校正（京都2名、大阪4名、神戸2名） 記念誌式典の服装について 組合員負担額を9月一杯で決める 組合員の同伴の出欠9月中
昭和63年10月3日	大阪	事業委員会（京都4名、大阪7名、神戸3名） 記念式典天皇陛下重体のため自粛・2月8日まで延期決定。募金箱11月8日までに住友福島支店に送る
昭和64年1月7日	大阪	事業委員会（京都3名、大阪6名、神戸1名） 天皇崩御にともない記念式典延期、3月24日と決定。 案内状3月1日発送、3月10日着
平成元年3月15日	大阪	連合事業部合同役員会（京都より8名）。 記念式典当日のタイムスケジュール、挨拶担当等決定。
平成元年3月29日	大阪	新阪急ホテルにて力餅創業100周年記念式典及祝賀会開催

注：太字はすべて京都組合のみの動き。
出所：『会議記録帳』より筆者作成。

写真３－６　100周年記念大会の来賓祝辞
出所：小林正司氏提供。

出来なんだな、やっぱり。京都ではあんだけの舞台をよう作らないんだ。」（T４）

実際、「派手好み」な大阪組合主導の記念事業は、後々まで語り草になるほど華やかな大舞台となった。一方、京都組合からすると、膨れ上がる費用の捻出は頭の痛いものだったようである。当時の京都支部の懐事情は定かではないが、「記念誌のやすあがり」を希望し、また事業委員会で決定した記念式典の参加費一人三万円の件についても、京都三役会および役員会に持ち帰っていかに捻出するかが協議された。結局、一九八八（昭和六三）年一月二九日の京都通常総会にて、翌年の組合の恒例行事（川行き・慰安旅行）を中止して費用を捻出することが決定されている。

一〇〇周年記念に合わせたキャンペーンでは、はんてん（法被）、ワッペン、クリーンキャップ（帽子）、ポスター、募金企画・シールを作成し、六月から半年間全店舗でワッペン、クリーンキャップ、ポスターを使用した。イベント事業としては、ワンクール三ケ月間のラジオCM（予算二五〇万円）を放送し、また各店舗に募金箱を設置して記念慈善募金を行い、約三カ月間で店頭募金七四万四二四一円、連合会組合員より一五五万円、合計二二四万九二四一円を集め、財団法人毎日新聞大阪社会事業団に寄付している[15]。

大阪力餅主導の一〇〇周年記念大会

一九八九（平成元）年三月二九日に大阪梅田の新阪急ホテルで開催された一〇〇周年記念大会には、経営主夫婦およびその家族、協賛商社、来賓など総勢三二八名が出席し、第一部記念式典、第二部祝賀会の二部構成で行われた。式次第をみると、午後三時から「花の間」で行われた記念式典では、国歌斉唱、物故組合員への黙禱、連合会長挨拶、一〇〇週年記念事業の発表と本店池口良子への感謝状拝受、記念表彰授与、そして来賓挨拶、祝電披露と続いた。来賓挨拶には衆議院議員・前郵政大臣中山正暉、大阪府麺類食堂業環境衛生同業組合理事長の甚田《じんだ》長治郎《ちょうじろう》が壇上で祝辞を述べ、京都・大阪府知事からの祝辞が代理秘書によって読み上げられている（写真3-6）。四時一五分から「紫の間」で開催された祝賀会では、祝太鼓や鏡開き、バイキングによる食事のあとはアトラクションとして浪曲師京山《きょうやま》幸《こう》枝《し》若《わか》ショー、女性コーラスショーがあり、そのあとはお楽しみ抽選会、万歳三唱が行われた。

壇上に上る機会が多い百周年実行委員長や連合組合長をはじめ、第一部、第二部を通じた司会も大阪力餅から出ていたが、京都、神戸、山陽の組合長はそれぞれ第一部の閉会、第二部の開式、閉式の挨拶をするにとどまっていた。大阪の主導は、誰の目にも明らかであった(16)。

大阪力餅がこの記念事業にどれほどの情熱を注いでいたかは、一九八九（平成元）年五月二四日に開催された力餅連合会代議員会資料所収の「一〇〇周年記念事業収支報告」からも読み取れる。当初の準備金こそ大阪支部四五万円、京都・神戸支部二五万円と会員数の差からすると金額の差も妥当なところに落ち着いているものの、商社の協賛金については、京都支部八二万円、神戸支部四五万円のところ、大阪支部は四七五万円もの高額の協賛金を集めている。また事業終盤に再度募った寄付金は、神戸支部は〇円、京都支部一〇万円のところ、大阪支部は一〇〇万円であり、また大阪共栄会からもさらに五〇万円の寄付を集めていた。一〇〇周年記念事業の最終的な支出総額は二四一〇万三二五円にのぼっている(17)。

4　大阪力餅組合の共同化路線

組合行事でスーツを着るということ

創業一〇〇周年記念事業は、大阪力餅の権勢を可視化する場になったと同時に、近代以降の組合と連合会を貫いてきたタテの社会関係の論理の衰微を象徴的に示すことになった。当時の大阪力餅の隆盛が意味したのは、戦後大阪の飛躍的発展を背景とした最盛期一〇〇店舗という規模感や、ましてやんなる大阪らしい「派手好み」だけではなかった。ここでは一〇〇周年以降の大阪力餅が目指そうとした未来像――大阪力餅にとっての「坂の上の雲」――を一歩踏み込んでみてみよう。

写真3－7　大阪力餅組合総会（1993年）

出所：小林正司氏提供。

親睦旅行が組合員である経営主や各店舗従業員にとって年に一度の「ハレの場」であったことはすでに述べた通りである。なかでも大阪力餅は「派手」にお金をかけて組合行事を行ってきた。往時の組合行事の写真をみると、総会や忘年会、役員会なども大阪中心部の「ビジネスマン御用達」の近代的なホテルを好んで利用していた様子がうかがえる。写真3－7は一九九三年に大阪梅田の新阪急ホテルで行われた大阪力餅組合の総会風景である。スーツ着用の経営主が集まったホテル会場の写真は企業の総会さながらである。T6の妻はこうした「ええとこ」での組合行事に夫が出席することについて「服が大変や」「普段着ぃひんのになぁ〜、それ〔組合行事―筆者注〕だけに作らなあかん（笑）」と述べている。往時の組合行事は経営主にとって、スーツを新調して参加するべき「公」の場であった。

T19もまた、二〇一八（平成三〇）年春にホテルグランヴィア京都の宴会場で行われた一三〇周年記念の懇親会で同席した筆者に「我々がこんなふうに背広を着て良いものを食べる機会があるのは力餅だから」と述べている。力餅組合が提供するハレの場は、日頃は厨房で長靴を履き、白い調理着（割烹着）に身を包んで商売に励む経営主たちに日常とは異なる彩りと、「公」の緊張感をもたらしてきたのである。

「公共領域」の創出

次章で詳述するように、「一国一城の主」である力餅経営主の商売と家族の日常は、サラリーマンの形成する近代家族のそれとは大きく隔たっている。なかでも決定的に異なるのは、序章で挙げた近代家族の理念的特徴「(4)男は公共領域、女は家内領域という性別役割分業」であろう。職住一致かつ夫婦商売の餅系食堂の日常は、公私の分離とも性別役割分業とも縁の薄いものであった。

写真3-8　大阪力餅組合・共栄会役員会（1993年）
出所：小林正司氏提供。

だが、経営主同士のヨコの社会関係で構築された組合活動の場面をみると、サラリーマンの近代家族を包摂してきた日本型企業と通じる雰囲気が見出される。もっぱらスーツを着た男性による組合行事の様子は（写真3-8）、日本型企業の「男性中心」文化を彷彿とさせよう。大阪力餅が「組合員相互の親睦」ではなく組合自体の「発展と振興」をその目的として掲げたのは、組合が個々の経営主にとって「公共領域」を創出する装置であったこととも無関係ではないだろう。

組合が「公共領域」として現出することによって、経営主の「城」であり商売の場である店舗は「家内領域」に反転する。このアイロニカルな反転は、組合における「女将さん」の接遇のなかにも見出すことができる。

婦人慰労会は一九六二（昭和三七）年から毎年行われてきた大阪力餅の経営主の妻たちを対象とする行事である。女将さんたちは従業員

写真３－９　ホテルでの婦人慰労会（2003年）

出所：小林正司氏提供。

慰安旅行には参加するケースもあったが、その他の総会、忘年会や店主・共栄会の研修会などは基本的に経営主である夫個人が参加するものであったため、女将さんが店の外を出歩く機会は経営主に比較すると圧倒的に少なかった。また以前は力餅の定休日が水曜日で統一されていたため、ＰＴＡの役員などをしていても親睦行事に参加することは滅多にできなかったという。

こうした女将さんたちのいわば「ガス抜き」として実施されてきたのが婦人慰労会である。ここでは組合の厚生部役員が「女性好み」の企画をして女将さんたちの「おもてなし」をした。往時は若い世代の子連れもあり、行き先も京都太秦映画村や和歌山の南紀白浜ワールドサファリなど、子どもが楽しめる場所に日帰り旅行をしていたようであるが、近年は近場にある大阪市内の高級ホテルでのディナーなど、「ちょっとお洒落をして」出かけられるような場所が好まれるという。バブルで景気の良かった頃は抽選会の賞品でテレビを用意したり、漫才師や舞妓さんを呼んだりなど豪華な企画をしていた時期もあり、参加した女将さんたちからも「役員さんはいい世話をしてくれはる」「良いとこばっかり連れて行ってくれはる。奥さん大事にしてくれはる」と評判は上々であった。

組合厚生部が作成した婦人慰労会の案内状をみてみよう。以下は二〇〇三（平成一五）年の婦人慰労会の案内状の文面である（写真3－9）。

恒例となっております、ご婦人の慰労会を、今年度は一流の、リーガ・ロイヤルホテルでのお食事会と決定いたしました。（中略）日ごろは、一日中お仕事に追われる奥様方に、安らぎのひと時を、と考え企画しました。二次会も企画しておりますので、どうかお気軽に、お一人でも多くのご参加をお待ちしております。

自営業家族従業員である女将さんは家業経営に深く組み込まれているが、お給料がいらないという認識のため労働者としては不可視化されがちな存在である。婦人慰労会は、「一日中お仕事に追われ」てはいるものの、あくまでも「家内領域」を守る女将さんに対して組合が行う年に一度の「おもてなし」であった。その構図は、従業員の妻を「銃後の守り」として企業一家の準構成員に位置づけてきた日本型企業の一連の家族政策をも彷彿とさせる。

共同化路線とその挫折

一〇〇周年創業記念に際して開催された「力餅一〇〇周年座談会～これからの一〇〇年に向かって、力餅は、いま…」から、当時の力餅関係者が力餅の将来をどのように見通していたのかをみてみよう。

座談会は一九八七（昭和六二）年七月八日に力餅役員行き付けの大阪の料亭「いろは」で開催された。出席者は住友銀行千林支店支店長、近畿麺業新聞社社長をはじめ、福島鰹株式会社や関目東京屋（製麺業）、矢木醤油株式会社、丸天醤油株式会社といった協賛商社、および京都、大阪、神戸各支部から組合長と理事、副組合長など各二名の計一二名である（力餅連合会 一九八八）。

座談会冒頭では今後の方向性として、住友銀行から、クレジットカードの普及を受けて力餅でもキャッシュレスカードやギフト券を作ることが提案されている。また若者の味覚の変化に対応する必要性が挙げられたが、他の協賛商社からは「昔ながらの力餅食堂のスタイルが強い」とあくまでも「保守に徹する」ことが提案された。

その後、議論の流れは、従来の同郷同業の親睦会的な活動に終始するのではなく、結束を強化して一八〇店舗という規模をいかに活かしていくかという方向に進んでいき、メニュー開発、従業員教育や店主教育などにスケールメリットを取入れていくことの重要性が積極的に論じられた。「出資会社を作ってどんどん展開」「それぞれの店主が〝企業の人〟という考えで」「管理部門と現場をしっかり確立し、共同組合以上の経営体質で」「力餅株式会社」といった発言からは、当時の組合役員の念頭には、個々の店舗の横のつながりの強化のその先に、力餅の「企業化」という未来図がイメージされていたことがうかがえる（力餅連合会 一九八八：三九）。なかでも共同化路線の先鋒に立っていたのは店舗数の多い大阪力餅の役員であった。

座談会当時、大阪力餅副会長を務めていたT14は、インタビューで「私昭和五〇年でこの商売あかんと思った」と述べている。第5章で詳述するように、オイルショック後は大手企業が次々と外食産業に参入してくるなかで、従来の餅系食堂の「一人勝ち」状態は大きく揺らぎ始めていた。T14は、大企業に対抗するため、力餅においても共同で赤飯やおはぎを生産する作業場を設けて各店舗に配送するといったセントラルキッチン（中央調理場システム）方式を構想していた。大阪力餅のなかではこの共同化路線に一定の理解者もあり、またT14自身が実際に独自で機械化を進め、試験的に冷凍おはぎを販売してみたこともあったという。しかし、結果的にこの共同化路線は実現をみずに挫折していくことになった。

その要因として最も大きかったのは、すでに述べたように、力餅が暖簾分け後は完全独立経営で、仕入れやメニュー、価格も全て各店舗経営主の裁量次第であったことから、商品、なかでも味の画一化に対する拒否感が強かったことである。座談会においても、スケールメリットの議論が進むなか、甲子園の近くに店を構える神戸の役員は、自身が考案した「満塁ホームラン」（お揚げ、玉子、天ぷらが入りすべての「塁」が埋まった、の意）というメニューがマスコミに注目されたことを挙げ、「力餅共通のメニュー」の必要性に理解を示しつつも、「その店その店が地域に根差した、お客様に親しまれるような活動をしていくことも大切」と発言している（力餅連合会 一九八八：三五〜三七）。

聞き取りによれば、同一系統の経営主が集まって出汁やメニューの勉強会を開き、どこから何を仕入れているのか、何を使っているのかという情報はある程度共有しても、実際いくらで仕入れているのか、材料の配合をどうしているのかという具体的な数字については言及を避ける雰囲気があったという。とりわけ味を決める最も重要なポイントになるようなところは各店舗の「企業秘密」のため、お互いにそこまで詳細には話さないと語る経営主も少なくない。基本的には経営主それぞれが個別に出汁の配合や使う調味料などについて研究を重ねて改良しており、「うちの商品が一番や」という自負を多くの経営主が有していたのである[18]。

5　大阪力餅ともう一つの「坂の上の雲」

本章では、大阪都市圏の発達に伴って隆盛を誇るようになった大阪力餅組合に焦点を当て、親方子方という郷里から持ち込んだ伝統的なタテの社会関係の論理から、会員同士の近代的でフラットなヨコの社会関係の論理へと組合の性格が変容していったことを、一〇〇周年を象徴的契機とした京都力餅と大阪力餅との関係の変化からみてきた。

平成以降、餅系食堂を取り巻く社会状況が大きく変化していくなかで、経営主個々人のヨコの連帯の力を強化して「企業化」する、という大阪力餅が目指したもう一つの「坂の上の雲」は日の目を見ないまま立ち消えとなっていく。二〇一五（平成二七）年に共同化路線の中心人物であったT14の店舗にインタビュー調査で訪問した際、筆者を迎えてくれたT14の第一声は、「あんたのこと、もう待ってなかったんや。元気ない話せなあかんからな」であった。

大阪力餅の見上げたもう一つの「坂の上の雲」は、外食産業の競合が増加していくなかで模索された存続戦略の一環であったが、それは日本型企業社会と近代家族がいわば最盛期にあった昭和末期において、スーツを着て活動する「公共領域」を組合の活動を通じて創出しようとした「一国一城の主」の経営主たちの志向の延長線上にあるものでもあった。

実際には、彼らの生活のリアリティはあくまでも個々の店舗にあったのであり、店を構えた地域社会を含めてそこはたんなる「家内領域」ではなく、商売と生活の総体そのものであった。次章では、個別の店舗に目を転じて、餅系食堂の日常と地域社会の風景をみていこう。

注

（1）このうち山陽支部については会員一名が「ちから」の店名でチェーン展開（一九八八年当時一八店舗）をしている。二〇一五年現在の力餅連合会『会員名簿』には支部として記載されているが、組合規約等は有しておらず、代替わり以降は連合会との付き合いもほとんどなくなっているという。関西大衆食堂を対象とする本書では、山陽支部については言及しない。

（2）創業者の代からの付き合いである福島鰹株式会社は、近年まで大阪力餅組合の慰安旅行に毎年寄付金五〇万円を出して参加していた。

（3）ただし、この年の参加者は例年より少なく、組合員一六名、協賛企業からの参加が六名であった。

（4）大阪麺類組合の正式名称は大阪府麺類食堂業生活衛生同業組合であり、「生活衛生関係営業の運営の適正化に関する法律」に基づいて一九五七（昭和三二）年に設立、知事認可を受けた麺類食堂業者で組織された組合である。二〇二四年現在、大阪府下二四支部で加盟店三六九店であり、力餅も複数店舗が加盟している（大阪府麺類食堂業生活衛生共同組合ホームページより）。

（5）支店はきょうだいや親戚などが店長を務める場合が多いが、暖簾分けとの線引きは曖昧である。暖簾分けの場合は組合員として登録され会費を納めるが、支店の場合はそれがないため、支店を出すにあたっては所属組合と衝突するケースもあったようである。

（6）こうした親族を中心とした店舗展開は、大力餅組合や弁慶餅組合でも観察された。兄弟の一人が修業ののち暖簾分けをすると次々と郷里の兄弟親戚を呼び寄せ、元の店舗を譲って自身は新規店舗を出店するというパターンもあったようである。

（7）同様のエピソードは創業が一番新しい千成餅組合においてもみられた。S2によれば、かつての月に一度の会合の際には、創業主が上座、創業主に近い「七人衆」がその両サイドを固め、それから「商売をしたもん」順に座るのが鉄則であったという。

（8）「『大大阪』歩みと挫折　市制一三年三度の拡張」（『日本経済新聞』二〇一九年七月四日）より。

（9）一方、上町台地および我孫子台地には都市中・上層の住宅地域が形成され、さらに郊外私鉄沿線の発達に伴ってホワイトカラー層が居住する郊外型の住宅地が開発されていった。関西五大私鉄の設立年と路線敷設は、南海（一八八五年阪堺電鉄設立：一八八六年難波〜大和川）、阪神（一八九九年阪神電気鉄道設立：一九〇五年出入橋〜三宮）、阪急（一九〇七年箕面有馬電軌設立：一九一〇年宝塚・箕面線）、京阪（一九〇七年京阪電気鉄道設立：一九一〇年天神橋〜五条）、近鉄（一九一〇年大阪電軌道設立：一九一四年上本町〜奈良）である（山本・松田 二〇〇八：三六〜三七）。

（10）市営食堂を設置するにあたって大阪市が一九一八（大正七）年に行った調査によれば、当時労働者や通勤者の簡易食料供給の実際にあたっているのは通称「一膳飯屋」と呼ばれる店であり、当時市内に四五八戸存在した（湯澤二〇一八：三三）。また一九一二年には西成郡今宮村に私立の宿泊救護及び職業紹介部を併設した授産事業施設として民営食堂の「大阪自彊館」が創設されている（同上：四六）。

（11）大阪市外縁部五〜一五キロの地域に低賃金労働者を対象とする木造住宅密集地域（＝インナーリングエリア）が形成され、その外縁部に都市中間層の居住地域として千里ニュータウンをはじめとするニュータウンが造成されていった（西村 二〇〇八：五）。

（12）「大阪力餅組合　新会長に青山惠弘氏」（『料飲観光新聞』二〇〇一年四月二〇日）。

（13）こうした組合の近代化路線と並行する形で、Oは自身の店においても就業規則の作成や国民年金の加入などにいち早く取り組んでいる。

（14）二代目経営主T21の父親は、Oの組合長時代に会計および副組合長を務めていた人物である。T21によれば、父親はOと一度口論になったことがあるが、「あのOと口論をした」ということ自体が組合のなかでは一種の「勲章」のように語られていたという。往時のOがいかに卓越したカリスマ性を有していたかを示すエピソードといえよう。

（15）事業委員会では、この募金に関しても、大阪は各店一万円募金をするため他支部も協力してほしい旨が伝えられている。

（16）京都支部からは会員の出席は四七名（欠席八名）、協賛会からの出席が六名、そして来賓としては、京都府知事代理の秘書課長以外に大力餅組合長堀田周三、相生餅組合長白石準一が名を連ねている（会議記録帳より）。

（17）内訳は、記念誌代七五〇万円（五〇〇部）、キャンペーン事業費一八七万二〇〇〇円、ラジオCM料二三五万円、祝賀会五九五万五一四七円（三二八名）、祝賀会アトラクション七一万円、ビデオ・写真代一二万円、会場費八五万四七八五円、来賓車代二万五〇〇〇円、記念品代二五九万七〇〇〇円、会議費一二四万二〇一〇円、雑費一七万九六九四円であった（剰余金六九万四六八九円）（力餅連合会 一九八九：七）。

（18）座談会での大阪力餅副会長の次の発言からも、「自分の店の味」にこだわる経営主の自負心を垣間見ることができる。
「私の店では、〝ゆず出し〟というのに特許をとりまして、そばにその出汁をかけて〝長寿そば〟という名で売り出そうとしているんですが、ゆずの香りがあって、ほんとにサッパリしています。」（力餅連合会 一九八八：三五）

第4章　餅系食堂の日常と地域社会

1　地域社会に根を下ろして

地域密着型商売と地域社会への定着

昭和末期の大阪力餅は、スケールメリットを活かして一歩踏み込んだ共同化路線を志向していたが、その障壁となった個別店舗の自由裁量へのこだわりは、地域密着型という餅系食堂一般に共通する特徴に深く根差したものであった。

大衆食堂は「通り一本違えば客層も売れ筋も異なる」と言われるほど立地条件に左右される商売である。たとえば、同じ大阪でも伊勢志摩に伸びる近鉄沿線は「『赤福』文化圏」と言われており、沿線の力餅はおはぎがよく売れるという。また、力餅は一般にはうどんが主力商品であり、「うどん屋のオヤジ」を自称する経営主が多いが、客のおよそ四割が在日韓国朝鮮人であるという生野区のある店舗の売れ筋は「なんでか知らんけど、ラーメン」であった。こうした状況のなかで、全店舗が一律の味と原価率を定めて作業場で製造した商品に切り替えていくことは、実際には「全く非現実的」な話だったのである。

「裸一貫」からの暖簾分けで潤沢な資金力がない餅系食堂が店を出すのは、都心の一等地よりは周辺で地価が安く庶民的な下町商店街が多く、同じ暖簾のもとに店舗間で統一した味を提供すること以上に、各々の店舗が地元の人々の日常生活にどれだけ受け入れられるかが存続の要であった。鞍馬口力餅の経営主によると、同じ京都市内でも、体を使う職人が多い地域にある鞍馬口力餅（北区）の味はきりっとしたしっかり目の味が好まれるが、花街のある宮川町力餅（東山区）の味は薄味であり、「宮川町でうちのうどんなんか出したりしたら、『ひゃあ〜辛いなぁ〜』言われるわ」という[1]。よく出るメニューの違いだけでなく、同じうどんの出汁一つとっても、求められる味は地域によって微妙に異なっていた。餅系食堂は暖簾を共有しつつも、そうした微細なニーズの違いに応えられるだけの自由度の高さゆえに、地元の常連客に長く、そして確実に愛される存在となりえたのである。

職住一体の商売のなかで、餅系食堂経営主の多くは地域社会に着実に根を下ろしていった。聞き取りによると、自治会や商店街振興組合をはじめ、ＰＴＡや社会福祉協議会、消防団、保護司、納税協会など、地域の様々な役を引き受けてきた経営主は少なくない[2]。地域密着型の商売を営むうえで、自身もまた地域社会のメンバーとして受け入れてもらうことは必要不可欠であった。

京都千成餅Ｓ２（一九三七年生）は一九七〇（昭和四五）年に独立開業した際、当時の町内を仕切っていた長老から「わしが面倒みたるさかい」と後ろ盾を約束してもらい、早くから町会長をはじめ地域の様々な役を引き受けてきた。「民生委員もしたし、体育委員もしたし、〇〇委員はもう片っ端からしてる」というように、Ｓ２は「ほとんどずっと、〔なんらかの役を―筆者注〕してきた」が、「おじいちゃん〔長老〕の言う事聞いとったら、地《じ》の人が応援してくれはった」という。また、京都力餅の二代目経営主Ｔ16（一九四三年生）は、先代の父親から「地元で商売を続けていきたいなら貢献せなあかんで」と繰り返し言われてきたといい、一〇代の頃から地区の消防団で活躍してきた。自身を「消防団の骨董品」というＴ16の表現からは、餅系食堂がいかに戦後都市地域社会の実質的な担い手として根を下ろしてきたのかをうかがい知ることができる。

地域社会への定着の仕方もまた、京都と大阪では異なる傾向がみられる。既存の地域社会のなかに――時にはそこで新たなタテの関係を結びながら――足場を築いていった京都の餅系食堂と比較すると、戦後新興地域に進出していった大阪の力餅は、町会や商店街振興組合など各種地域組織の比較的初期の設立メンバーとして定着していくことになった。そのなかには前述の大阪力餅元組合長Oのように、地域の「顔役」として成長していく者もあったのである。

高度成長期の餅系食堂

外食産業が現在ほど多様化していなかった昭和末期頃まで、餅系食堂は長らく庶民の胃袋を満たす数少ない魅力的な選択肢であった。餅系食堂の主な客層は、商店街の買い物客や近隣のファミリー層、事業所社員や工場労働者、工事現場作業員と地域によって多様であるが、量の多いうどんと丼のセットやおはぎなどの炭水化物を中心とした腹持ちのよいメニューは、特に現業労働者に受けが良かった。高度成長期の餅系食堂はおしなべて繁昌しており、「作っても作っても売れる」「目が回るような」忙しさであった。

往時のエピソードからは、地域社会全体の「威勢の良さ」と同時にある種の「緩さ」とも「寛容さ」ともいうべき時代の空気感を垣間見ることができる。以下いくつか事例を挙げて当時の下町地域社会の雰囲気をみてみよう。

京都力餅の三代目経営主（一九六〇年生）は、調査票自由記入欄で子どもの頃の父親の商売する姿を以下のように回顧している。

「忙しい時にややこしい注文受けてられるか！」と客と喧嘩しながらやっていました。それでもお客さんが来たはりました。

八〇枚のせいろを積み上げる「伝説的」な売り上げを誇った大阪千林力餅の二代目経営主T15（一九四〇年生）の以下の語りからは、往時の千林商店街のすさまじいまでの活気が肌感覚で伝わってくる。

「大変という…大変という表現しかないです。もう、朝ぱっと開けたらね、もうワ〜って〔客が──筆者注〕入ってきたら、もうワ〜って一杯になったら…そしたらね、食べてたらこの辺〔客席のすぐ横〕でお客さんが待ってはんねん。考えられへんでしょ？もう、ワ〜っと来て。そしたらそれがもうず〜っと。…その頃遅うまで商売してましたから、晩九時一〇時頃までずっとそんなん。もうすごい。もう…なんべん御飯食べなかったか…。」（T15）

T15の店舗は複数の従業員がおり、営業時間中はほぼずっと満席という繁盛ぶりのなか、家族従業員であったT15の食事は後回しであった。コロナ禍を経た現在は、混雑時の相席すらお客さんに頼みにくくなったという経営主の声も聞かれるなかで、客が食べている席のすぐ横で立って待っている客がいるという当時の状況には隔世の感がある。この「威勢の良さ」は第3章でみたように、大阪の人口の平均年齢が現在と比べて格段に若かったこととも無関係ではないだろう。

前述千成餅のS2の店は開業当初、近所に日本レース株式会社の寮があり、三交代で働く女工さんたちが朝開店と同時に来て、夜一一時の閉店まで途切れることがなかった。彼女たちを目当てに近所のタクシー会社で働く運転手たちが来るようになり、店は近所の寮に住む未婚の男女が交流するたまり場のようになっていたという。

「あの頃は、お姉ちゃんがおるさかい京聯《きょうれん》〔タクシー──筆者注〕が来る。で、〔タクシーの〕おっちゃんらが来るさかいお姉ちゃんが来る。そんなんやったなぁ。」（S2）

S2によれば、女工さんたちは当たり前のように自分で茶わんを洗って帰るほど店に入り浸っており、S2

の店で知り合って結婚したカップルもいたという(3)。

出前配達にまつわるエピソードも多い。電子レンジやコンビニエンスストアが普及する以前の餅系食堂は出前配達の需要が大きく、かつては一般家庭から事業所、大学の研究室から暴力団の事務所まで、どこにでも配達に行ったという。

百万遍《ひゃくまんべん》大力餅は古くから京都大学関係者の御用達であり、先代は肩に沢山の丼を載せて自転車の片手運転で配達をしていた。当時の百万遍の交差点は警察官が交通整理をしていたが、警察の寮も近所にあり店の常連だったため、配達で通る際には一時停止しなくていいよう車を止めて渡らせてくれていた。一九六〇年代末の大学紛争の際は、立てこもり中の学生からおにぎり二〇〇〜三〇〇個もの電話注文が入り、大急ぎでご飯を炊いて皆で握って持って行き、大学の石垣越しに両側から目一杯両手を伸ばして受け渡しをしたという。

同じく京都大学近くにあった弁慶餅に住み込みで働いていたT6（一九三九年生）も、出前配達はもっぱら京都大学であった。様々な学部からの注文を受け、教授たちのことは「生徒よりよっぽどよう知っていた」ため、当時は出前が楽しかったと語る。毎日のように出前を注文していた農学部の教授は、T6が他所の配達帰りに通る時間帯を把握しており、その時間を見計らって研究室の窓から指を狐の形にして突き出すのが「きつねうどん」の注文の合図であったという(4)。

伏見の力餅で修業をしていたT4（一九三九年生）は近所の酒造会社に出前配達に行くことが多かった。伏見の酒蔵はほとんどが但馬杜氏《とうじ》で占められており、蔵人はみな顔なじみである。うどんを配達する時に親方Nから「持って行ったり」と言われておはぎやあんころ餅をつけて持って行くと、帰りの空鉢にこっそり搾りたての酒を入れてくれて、「門の、守衛のところは軽うに持って出てや」「重たそうに出たらあかん」と念を押されたという。

2　「夫婦商売」と地域のなかでの子育て

女将さんの働き――「大女将」T1の事例

これらのエピソードからは、往時のエネルギッシュな地域社会の雰囲気が感じられるが、この熱気の渦中にある餅系食堂を仕切っていたのが、経営主の妻である女将さんであった。

従来、小規模自営業主の妻の長時間労働や労働過重、報酬の低さは問題として指摘されてきたが、その一方で、彼女たちが経営の一翼を担う商売の重要な片腕であることも指摘されてきた（坂田 二〇〇六）。なかでも食堂商売は「夫婦商売」と言われており、ホールを仕切る女将さんの存在は必要不可欠であった。とりわけ、資金力がなく借金のある状態から商売を始める餅系食堂において、無報酬の妻の働きがいかに命綱であったかは想像に難くない。

商売が安定し住込み従業員が育ってくると、経営主によっては「公共領域」である組合の仕事や地域の役などで店を空ける用事が増えるが、妻は住込み従業員の世話はもちろんのこと「とにかく店にいる」ことが求められ、場合によっては「片腕」どころではない働きをするようになる。組合のなかでも、有能な女将さんのいる店は「あそこは奥さんがバリバリや」と評判が立ち、また女将さん一人が頑張って経営主が遊び歩いているような店の場合は、「あそこの旦那は『呑み』専門や」などと嘲笑交じりに噂されたという。

大阪力餅のなかでも「バリバリ」の「大女将」として評判であったT1（一九二八年生）のケースをみてみよう。

日高町出身のT1（一九二八年生）は大阪力餅の初代女将である。もともと同じ日高町の農家の長男であった夫と見合結婚をして百姓をしていたが、材木屋の娘で快活な商売人気質であったT1は、三人の子どもの教育資金のため、藁《わら》を買い集めて近所の女性を数名雇って縄ないをして売ったり、鱒《ます》の養殖業をするための資金繰りを考えたりなど、常に金儲けの方法を考えていたという。そして「こんなことしてたら大学も出さされへん」とＴ１が夫を説得し、一九六一年にＴ１のいとこが大阪で営んでいた力餅を頼って一家そろって出てきたという(5)。

Ｔ１の夫は、地域の麺類組合や納税協会において中心人物として活躍し、二〇〇〇（平成一二）年には叙勲を受けている。大阪力餅組合でも創業一〇〇周年記念の事業委員長に指名されるなど、常にスーツを着て出かけていたが、Ｔ１は忙しい店に張り付けであった。

「暖簾より外に出たら怒られる。自分〔夫―筆者注〕はシャッと朝、ちゃっとスーツ着て、人の世話に出るけど。私はもうずっと、『〔定休日である〕水曜日以外は外に出たらあかん』って。」（Ｔ１）

Ｔ１の店は配達も多く、六、七人にのぼった住み込み従業員の三食のまかないもＴ１一人の仕事であった。「長靴履いてね、関東炊《かんとだ》き〔おでん―筆者注〕も大きな窯で、卵二五個ゆがいて全部もう〔殻を剝いて〕してね、大根も三本ほどゆがいて、ジャガイモも二五個くらい皮剝いて…」という圧巻の働きぶりである。慢性的な人手不足のなかでも、面倒見の良いＴ１の店は住み込み従業員もパート従業員も際立って定着率が良く、麺類組合でも噂になるほどであった。

Ｔ１の店からは三名の番頭が暖簾分けをしている。番頭の暖簾分けに際してはＴ１が陰ひなたに面倒を見ており、彼らに「お嫁さんを世話」したのもやはりＴ１であった。番頭以外にも三〇組ほどの仲人を引き受け、新規開店があれば力餅の設計が得意な懇意の工務店を紹介するなど、様々な形で人の世話を焼いてきた。大阪力餅ではＴ１には頭が上がらないという人も多かったという(6)。

「育児よりも商売」

スーツを着て「公共領域」で活躍する経営主が、女将さんを店に張り付けにするという構図は、サラリーマンの夫が「家内領域」に妻を留めておこうとする姿と重なる。しかし、商売が忙しい餅系食堂の女将さんに求められるのは、圧倒的に「育児よりも商売」であった。

「〔子どもの─筆者注〕学校も行かせてもらえませんが。怒られるから。仕事せなんだら。そやから、ひいおばあちゃん〔姑〕に任せて。『子どもの事は構わんでええ！』って〔夫が〕言ってね、懇談会とかあんなんも、いっこも…。」（T1）

次のT6（一九三九年生）の妻も同様である。西但馬出身のT6の妻は、親同士が知り合いだった縁でT6と結婚し大阪に出てきた。郷里では農協に勤めていて飲食商売の経験がなく、嫁いでからは年子を含む三人の育児と商売の大変さに「一〇年泣き暮らしました（笑）」という。

「臨月までここで仕事してたしね。出来たら出来たで子ども背負ってねぇ、せなあかんし。もう大変でしたよ本当に。」「もうとにかく、おばあさん〔姑─筆者注〕もね、この人〔夫〕も仕事一本ですやん。子どもが泣いとろうがなんも関係がないからね。『ほんなもん泣かしとったらええ！』っちゅうようなもんだからね。」[7]（T6妻）

だが二人の女将さんがいうのは「それでもおばあさんがいたから、うちはまだよかった」である。一般に自営業家族は祖父母同居の直系家族世帯として想定されがちであるが、それは多分に農家など一つの土地に定着する第一次産業の自営業家族のものであり、つまりは郷里に居場所のある家の継承ライン上の跡継ぎが形成する家族の話であった。「過剰人口」として排出された次三男が都市で形成する家族には、「普通」はおばあさんはいなかったのであり、都市自営業家族の祖父母同居率がサラリーマンと大差なかったことは、序章でもみた通りである。餅系食堂経営主にとって郷里の但馬は日々の育児を頼るにはあまりに遠く、そして同郷ネットワークで結婚するケースが多い配偶者の実家もまた同様であった。T1やT6の妻のケースのように、挙家離村であったり、郷里から老親を引き取っていたりする場合を除いて、「新所帯」の餅系食堂にはとにかく育児の手がなかったのである。

S3（一九三九年生）は五男で実家は長兄が後を継いでいる。独立当初は母親が田舎から手伝いに出てきてくれていたというが、それでも商売を軌道に乗せ、借金を返しながら子どもを育てるのは並大抵の大変さではなかった。

写真4－1　店先におもちゃの車が無造作に置かれている（1960年頃：大阪）

出所：小林正司氏提供。

> 「どうして育てたかなって（笑）、分からへん。商売して、商売必死やし…ようまあなぁ、無事に、大きなったなって、思う時ある。」（S3）

「おんぶひもが三本切れた」など、育児期の苦労話は数多い。なかには、「店で（子どもを—筆者注）籠みたいなん入れといて、お客さんから物もらって食べていた」、あるいは、ちょろちょろする幼児期の子どもを「（店の前の）電信柱に括り付けていた」という当時ならではの「笑い話」もある。

写真4－2　湊川力餅の路地に立つ子ども達（昭和30年代）

左が力餅の子、右が近所の子。
出所：猪師三郎氏提供。

地域コミュニティの子育て　「育児も必死、商売も必死」であった餅系食堂の子育てを支えたのが、商店街の地域コミュニティである。

「小ちゃい頃は、地域に育てられたんやで。家内とよう言うけど。小さい時なんかは店忙しいし…〔近所の人達が―筆者注〕昼前になったら皆〔うちの子を〕連れて、〔ご飯を食べさせに〕帰りはる。」「タバコ屋のおばちゃんとかはもう『面倒みてあげなあかん』いうアタマなんや。」「ほとんど〔子どもが家に〕おらへん。あっちいったり、裏の家におったり…。」（T7）

T7（一九四〇年生）同様、子どもを乳母車に入れて店先に出しておくとタバコ屋のおばあさんが毎日のように連れて帰って守をしてくれた、店が忙しい時は常連さんが赤ん坊のおむつをよく替えてくれた、あるいは、仲良しの友達のお父さんが子どもたちを休日よく連れ出してくれた、など、地域の人々に子育てを助けてもらったエピソードは枚挙に暇がない。大力餅四代目経営主D4（一九六八年生）が幼少期の頃は、両親が店の仕込みで忙しかったため、毎朝「近所のおばちゃん」がD4を迎えに来て、幼稚園まで手を引いて連れて行ってくれていたという。

こうした商店街での子育ては、「近所の子ども（商店の子ども三～四人）と店の二階で、食事付きで遊んでいました」（六〇代後半：大阪）と調査票自由記入欄に記されるように、商売人同士の「お互い様」の日常風景であった（写真4－2）。

次の二代目経営主T22（一九八六年生）が振り返る小学生時代のエピソードからは、バブル期以降も商店街コミュニティにおける家族同士の垣根の低さがある程度維持されており、家族内部に「閉じていない」日常をみてとることができる。

「小二～小三には、もう好き勝手やってた気がします。行きたいところに行く。日が暮れたら生存確認してもらって、親に。それから隣の『○○君ち行ってくるわ～』とか言って。隣に酒屋さんがあって（中略）三兄弟とかおって、その人たちと〔テレビで―筆者注〕『とんねるず』とか観たり。」（T22）

3　餅系食堂の子どもたち

働く両親の背中をみる　餅系食堂の子どもたちは両親の商売をどのようにみていたのだろうか。表4－1は二代目以降経営主調査票「子どもの頃のご両親のご商売の様子について」の自由記入欄の記載をまとめたものである。「学校から帰ると、母が店番をして、父は厨房に入っていた」⑥という餅系食堂の日常は、職住分離し家事・育児に専念する専業主婦がいる近代家族とは大きくかけ離れていた（写真4－3）。

記述のなかで目につくのは、なによりまず毎日忙しく働く両親の姿である。なかでも「朝早くから夜遅くまで」という営業時間の長さ、長時間の労働については言及が多い（②、④、⑦、⑨、⑩）。当時の餅系食堂は概して夜遅くまで営業していたが、朝は朝でおはぎ、赤飯等の仕込みがあり早起きをしなければならなかった。T16（一九四三年生）は小学生の頃、まだ暗い朝方に店の二階の自分が寝ている枕元で両親がおはぎを拵えて

表４－１　子どもの頃の両親のお商売の様子（２代目以降経営主調査票より）

①	大阪	75－79歳	仕入れがなかなか大変だったと聞きました。材料が入らず休業もあったそうです。
②	大阪	75－79歳	・長時間毎日忙しく働いていた。 ・休日も月の内１～２日位。 ・子供の頃こんな商売はだめだと思っていた。 ・12月31日は朝まで働いていた。
③	京都	70－74歳	小・中学生の頃、年末になると父の兄弟４人（５人兄弟）がお正月用の餅作りを手伝いに来るのですが、その時、子供さんを連れて来る人も有り、僕にとってはいとこ。年も余り変わらず、楽しく遊んだ事。１年に１度の楽しみでした。もちろん、餅つきが終われば、お正月。いとこ達と京都案内するのも楽しみでした。
④	大阪	70－74歳	朝早くから夜遅くまでやっていた
⑤	京都	70－74歳	忙しい商売だと思っていました。日曜日は商売でどこにも親がつれていってくれませんでした。
⑥	大阪	65－69歳	学校から帰ると、母が店番をして、父は厨房に入っていた。年末には正月用の餅を夜遅くまで作っていた。子供の日の柚餅、ちまきや式にあわせた品を作って、たまには小学生の頃の私も手伝わされていた。
⑦	兵庫	60－64歳	閉店時間が夜10時～11時で、休業日が月に２回でしかなく、非常に大変だったと思う。その中で、年に１、２度の旅行を大変楽しみにしていたのが印象に残っている。
⑧	兵庫	60－64歳	高度成長期でとても忙しそうでした。
⑨	京都	60－64歳	毎日朝早くから夜遅くまで仕事をしていてご飯を両親と一緒に食べた記憶はないですねえ。もちろん遊びにいったこともあまりないです。
⑩	大阪	60～64歳	労働時間が長い
⑪	兵庫	59歳以下	とても忙しそうだったので早く手伝ってあげたかった。
⑫	大阪	59歳以下	別になし。これが普通だと思いました。
⑬	京都	59歳以下	「忙しい時にややこしい注文受けてられるか！！」…と客とけんかしながらやってました。それでも客が来たはりました。

注：年齢はアンケート調査（2017）当時。
出所：筆者作成。

いた姿を覚えているという。

力餅は水曜日を休業日とするところが多かったが、実際には月に一～二回しか休まない店もあった（②、⑦）。聞き取りでは、高度成長期までは盆正月以外は働きづめで「定休日」という概念がなかったというところもある。

こうした忙しい毎日から、「ご飯を両親と一緒に食べた記憶はない」（⑨）、「日曜日は商売でどこにも親が連れていってくれなかった」（⑤）など、いわゆる「家族団欒」らしいものがなかったことに関する言及も目につくが、「これが普通だと思いました」（⑫）という記述が示すように、家族団欒の不在は餅系食堂の子どもたちにとっては当たり前の日常でもあった。そしてそれは「こんな商売はだめだ」（②）という焦燥感ともなり、逆に「早く手伝ってあげたい」（⑪）という焦燥感にもなったのである。

写真4－3　湊川力餅店頭の女将さんと息子
出所：猪師三郎氏提供（男の子は猪師三郎氏本人）。

「年末の餅の忙しさ」も彼らにとって印象深いものであった（②、③、⑥）。前述D4（一九六八年生）の店もお正月の餅は店舗二階の端から端まで餅の入ったバケツが並ぶほどの膨大な注文を受けており、小学校に上がった頃にはD4も餅を丸めるのを「手伝わされて」いた。遊びたいさかりであったD4が作業を抜け出して外でバトミントンをしていると「むっちゃ怒られた。大きな声出して怒られました」という。一年で一番のかき入れ時がどれだけ家族総出の必死の作業であったかがうかがわれる。

第2章で述べたように、番頭を暖簾分けさせた店では、徹夜の餅の翌日に元番頭が家族そろって年賀の挨拶に訪れるところもあり、女将さんはよりいっそう多忙を極めた。T21の父親は二人の番頭を暖簾分けさせている。T21が子どもの頃は、毎年「にいちゃん（元番頭）ら」が家族連れで集まり、多い時は一二〜一三人ほどで正月のお祝いをした。当時の母親の大変さをT21は次のように振り返っている。

「お餅ってね、ものすごいしんどいんですよ。母親はもう、真っ白けになるんですよ。」「二階のところに餅をだ〜〜〜っと並べてね。部屋中真っ白けになるし。」「三一日にお餅が終わった後は、掃除するのに朝までかかる。で、朝までかかってその掃除するのと、あと、煮しめ。いわゆる、お正月のおせち料理を炊くんですよ、母親がね、夜通し。もう〜それまでへとへとになってんのに、毎年あれ、…今から思ったら可哀そうだったなって。」（T21）

一方で、この年末年始を楽しい思い出として記憶している二代目経営主もいる（③）。第1章では、年末に親戚の店の餅つきの手伝いに出てきていたことをきっかけに一家で力餅に出てくる事例を紹介したが、迎える側の親戚の店の子どもにとっては、田舎のおじさんたちがいとこを連れてきてくれて京都案内ができる、という年に一度の高揚感ある記憶として刻まれている。

夏休みの「疎開」と二代目の但馬弁

現代の共働き夫婦にとって、子どもの夏休みは育児のギアチェンジが迫られるシーズンである。女将さんがとりわけ忙しく、育児に時間を割き難かった餅系食堂では、子どもたちは夏休みをどう過ごしていたのだろうか。

餅系食堂の経営主夫婦にとって、郷里但馬は年末の繁忙期に餅つきの応援を頼む先であると同時に、夏休みの子どもの預け先でもあった。実家をきょうだいが継承している、あるいは妻側の実家を頼ることができるなど、ある程度気安い預け先がある場合に限られたであろうが、二代目経営主のなかには、夏休みのたび但馬の親の田舎に預けられていたというケースもある。

日高町出身の両親を持つ二代目経営主T16（一九四三年生）は、小学校の夏休みは「四〇日間まるっぽ、田舎に」預けられていたため、「全くの京都育ち」であるが、今でも帰省して親戚と話していると但馬弁が出るという。また同じく日高町出身の両親を持つ二代目経営主T21（一九五四年生）も、毎年夏休みになると母親の実家に預けられて魚とりや昆虫採集する日々を満喫していた。盆過ぎに両親が迎えにくると「もう、がっかり」するほどだったといい、現在でも「帰ったとたんに、もう完全に田舎の言葉。但馬の言葉」になるという。T21の父親の実家は母方実家の近所にあり、子どもがなかったため現在はすでに家屋敷を処分しているが、残された田畑や墓の管理はインタビューを行った二〇一八年現在も、T21が当時一緒に遊んでいた但馬の友達がしてくれているという。

「『わしもう墓こっち〔大阪─筆者注〕持ってくるわ』って、『こっち〔日高町〕もう帰れんわ』って言ったら、〔向こうの友達が〕『そんな寂しいこと言うなや』って。『わし全部管理しといたる』って。」（T21）

力餅調査票調査「自分を現住地の人間と思うか、但馬の人間と思うか」という設問に対して、二代目経営主はほぼ全員が「現住地の人間」と答えているのであるが、うち四人（二六・七％）は「どちらかといえば現住地の人間」と回答している。調査票では夏休みの過ごし方を問う項目は設けなかったため検証は難しいが、T16やT21の夏休み「疎開」のように但馬とそれなりに濃く関わった経験を持つ二代目が、現住地アイデンティティに一定の留保をつけると考えられよう。

餅系食堂の子どもたちは、商店街の地域コミュニティに包摂されて育ち、地域社会に盤石な根を下ろしていった。調査票調査では、二代目以降経営主はほぼ全員が町内の自治会長や商店街振興組合、PTA、社会福祉協議会等なんらかの地域の役を経験したことがある、と回答している。まさに地域の担い手として育った彼らが一方で但馬弁を話し、現住地の人間であることに「どちらかといえば」という留保をつけるところに、戦後の都市社会が農村によって形成されてきた歴史の刻印がみてとれよう。

継承を促すもの

餅系食堂の子どもたちは、「ほったらかしで、子どもは勝手に遊んで、親はほとんど仕事に追われる毎日」（六〇代後半：大阪）のなかで、小学生にもなると「自分のことは自分で」（六〇代前半：大阪）出来るようになり、店の手伝いもするようになっていった。[8]

「小さい頃よく、うどんだしの味見をしてくれました。」（六〇代前半：大阪）

「小学校の頃から年末、店頭で正月餅や年越しそばを机を店に出して売ってくれました。『お父さんがついた杵つきのやわらかい餅はいかがですか』と声を張り上げて一二月二九日三〇日三一日と三日間手伝って今も続けています。」（七〇代前半：大阪）

子どもの立場からは「よく手伝わされた」という表現になりがちではあるものの、幼少期からの商売に密着した生活は、それがそのまま餅系食堂にとっての後継者育成の営みであった。

二代目以降経営主に、子どもの頃から将来的に店を継ぐことを意識していたかを問うたところ、「あてはまる」四名（二一・一％）、「ややあてはまる」四名（二一・一％）と約四割が多少なりとも子どもの頃から意識していたことが分かるが、「どちらでもない」五名（二六・三％）であり、「あまりあてはまらない」一名（五・三％）、「まったくあてはまらない」五名（二六・三％）とあてはまらない方が多くなっている。毎日朝早くから晩遅くまで必死で働く両親の姿をみていた二代目以降経営主の継承意識は、必ずしも一枚岩ではなかった。

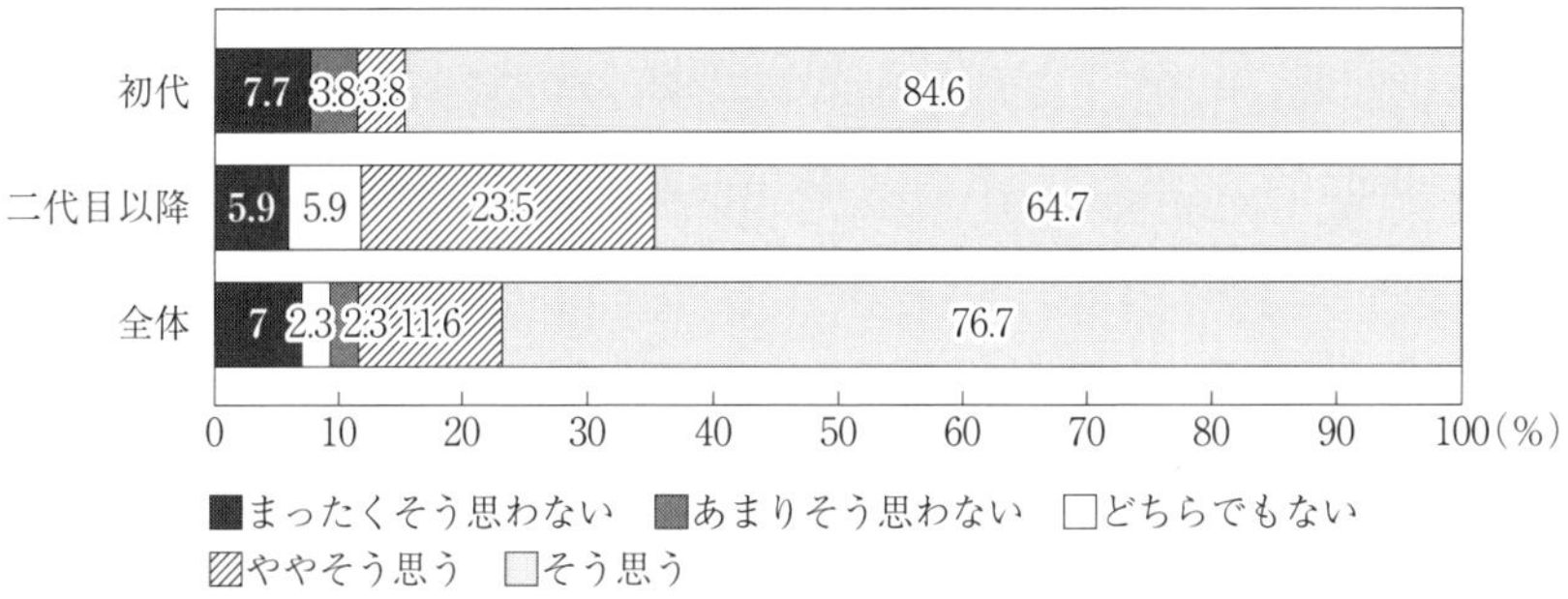

図４－１　子どもには自分で将来の道を選ばせたい

注：実数Ｎはそれぞれ初代（26）、二代目以降（17）。ただし無回答（５）を除く。
出所：筆者作成。

彼らはどのような経緯で両親の店を継承することになったのだろうか。[9] まず親の立場からの意向を確認してみよう。図４－１は「子どもは自分で将来の道を選ばせたい」に対する賛否をみたものである。全体では「そう思う」が七六・七％（三三名）、「ややそう思う」が一一・六％（五名）と肯定派が大多数となっている。実数は少なくなるが、初代と二代目以降経営主で分けてみると、初代経営主のほうが「そう思う」が八四・六％（二二名）と二代目以降経営主よりもはっきりと肯定をしていることが分かる。

初代経営主にとって、餅系食堂は裸一貫からの「もう一つの立身出世」ルートではあったが、第１章でみたように、そのルートに乗った経緯は、数ある選択肢の中から自分に合う道を選んだ、というような類のものではなかった。だからこそ、子どもには将来の道を自分で選ばせたい、というように、選択肢を与えること自体への熱意は大きかったのである。なかには「親父の後を継ぎたいと思えるような店をしたい、というのは、常に頭にありました」とはいう声もあるものの、実際に子どもが店を継いだ場合でも、あくまでも「直接継ぐように言ったことはない」ことを強調する経営主は少なくない。

二人息子を持つＴ14（一九三八年生）は、長男には「はなからやる気がなかった」ため次男に店を継がせたことについて「半分強制的に…悪い事したなと思っている」と呟いた。またＴ16（一九四三年生）

の妻は、「店はええから自分のやりたいことやったらいいし」と伝えた際に、当時大学生だった長男が見せた表情を回顧して、「嬉しそういうのかね、ほっとしたのかね。いつかは〔店を—筆者注〕せんなんかなぁと、思ってたんやろうねぇ…。」と店の継承が長いあいだ長男の心理的負担になっていたのではないかと慮った。こうした語りからは、子どもにとって多少なりとも意に沿わない選択であれば店を継がせるべきではない、という規範の存在をみてとることができる。

二代目経営主T20（一九五〇年生）によれば、先代の父親は「自由に好きなことやったらええわぁっていう育て方」であり、自分も同様の方針だったというが、もし店をするならば、性格的に客商売向きではない長男ではなく、器用な次男の方が「それなりに合うかな」とは考えていたという。飲食商売は誰にでもできるものではなく、そこで求められる能力は、客商売向きの性格、器用さ、真面目さ、体力その他多岐にわたり、なかには努力というより生まれ持った素質に依存するところも少なくない。経営主は、一方では我が子の性格や能力を冷静に評価しており、当然のように長男に継がせたいわけでもなければ、継いでくれるならどの子でもいいというわけでもなかったのである。

こうした先代の一歩引いた態度の一方で、実際に店を継いだ団塊世代ジュニアより上の経営主にその理由を問うと、「長男の務めと思って」、「三代目で跡継ぎ」、あるいは「必然的にっていう感じ」というように、父子継承を自明の前提とした回答が多くみられる。

前述D4は、親から直接店を継ぐようにとは一度も言われたことはないものの、小さい頃から店の常連客が両親に対して「跡取りできて良かったなあ」と言っているのを聞いており、また自身も直接「跡取りやなあ」と声をかけられて育つなかで、「なんか、そう、なるやろうな〜って小さい頃からずっと思ってた」という。

親が継承期待を直接子どもに対して口にしないのとは対照的に、彼らに積極的に継承を促すのは地域社会のまなざしであった。二代目経営主T21（一九五四年生）は大学卒業後しばらく店をするかどうか悩んでいた頃に、近所の散髪屋のおばさんから「お父ちゃんしんどそうにしてるの手伝ってあげたらどうなん?」「ブラブラして!」と、髪を切りながら叱られ続け、途中で逃げることも出来ず辟易したというエピソードを語っている。また、高校卒業後三〇過ぎまで自衛隊に入ったりしながら自由気ままにやっていたという二代目経営主T17（一九四四年生）は、父親が病気で倒れた際に俄然「店潰してなるかっていう気に」なった理由について、「この辺の土地で商売してたら、だいたいお客さん知ってますやんか。」「『あいつ（T17）何、してんねん』って、『ああ、あの息子じゃあ無理やろ』って思われるから」と述べている。

力餅の子どもたちを育んできた地域社会のまなざしは時に無遠慮なまでに、彼らを「店をする」の世界に囲い込んできたといえよう。

注

（1）筆者はどちらの力餅でもうどんを食べさせていただいたが、地元民ではない筆者には、少なくとも「ひゃあ〜」というほど味の濃さに違いがあるようには感じられなかった。

（2）力餅調査票調査によると、初代経営主のうち地域の役をしたことがある者は一三名（五〇％）であるが、二代目以降経営主になると一八名（九四・七％）となっている。初代経営主は営業時間が長く商売で手いっぱい、あるいは力餅組合関係の役のみ、というケースもあるが、二代目になるとその土地に育ち地域に根差した商売を営む者の責任として地域の役を引き受けてきた様子がうかがえる。

（3）日本レース株式会社はその後、滋賀県草津市に移転している。

（4）日高町山間部出身のT6は中学卒業後地元の高校の定時制に通い始めたが、昼に村で土木の仕事をした後に一〇キロほどの道を二時間かかって自転車通学しなければならず、二年で中退している。その後は遠い親戚であった京都の弁慶餅で二年程働いた後、同村出身者が大阪で営む力餅に移り、一九六九（昭和四四）年に暖簾分けで独立開業している。

（5）T1の夫はもともと戦前に広島の力餅に丁稚に出ており、海軍に召集されて戦後日高町に戻っていた。戦後はT

1のいとこの店に夫婦で数カ月修業に入り、その後住之江区粉浜に物件を購入し郷里から義母と子どもたちを呼び寄せる。粉浜の店舗は粉浜駅建設で立ち退きになり、玉出駅前に移転している。

(6) 力餅の店舗は入口両側にショーケースを置く独特の間取りであるが、大阪の力餅の五〇軒以上は彼女が紹介した工務店が一手に請け負ってきた。

(7) 商売が忙しくて泣く子をあやすことも叶わなかった、というエピソードは他の店舗の女将からも聞かれた。ある女将は店が忙しくて二階で赤ん坊を泣かせっぱなしにしていた時、後から上がってみると泣き疲れて寝入った子どもの涙が座布団に水溜まりのようになっており、「ここまでして商売せんとあかんのか」と涙が出たと語っている。

(8) 力餅調査票調査「お子さんが小学生頃の家庭生活とお商売の様子、印象深い思い出やエピソードについて」自由記入欄より。

(9) 二代目以降経営主が本格的に店の仕事を始めた時期をみると、一九六〇年代が七名(三八・九%)、一九七〇年代が五名(二七・八%)と合わせて六六・七%となっており、餅系食堂が最も景気が良かった高度成長期に親の下で働き始めた者が多い。

コラム1　阪神・淡路大震災と力餅

神戸市灘区水道筋商店街にある力餅の三代目経営主T24（一九五五年生）の祖父猪師角造は旧奈佐村奥三部落の出身である。郷里で所帯を構え農業をしていたが、同村の力餅創業者である池口力造の成功をみて自身も一旗揚げようと大阪の力餅に修業に入り、一九一八（大正七）年に力餅神戸一号店を中央区の小野柄通りに出店した。その後、祖父の兄弟も次々と田舎から呼び寄せ、神戸市灘区、兵庫区、垂水区などで出店させている。T24は父親と兵庫区にある神戸電鉄のターミナルであった湊川駅前で力餅を営んでいたが区画整理に遭い（写真1）、当時祖父が営んでいた一九二六年創業の水道筋商店街にある力餅を祖父の引退のタイミングで引き継いだ。

T24と父親が水道筋商店街の店に移って二年後の一九九五（平成七）年一月一七日、阪神・淡路大震災が発生し店舗兼自宅は全壊する。避難が遅れたT24一家は近所の小学校の廊下での避難所生活を余儀なくされたが、被災から一週間後には店の前にテーブルと椅子を出し、プロパンガスと井戸水、店に残っていたうどん粉やそば、鰹節などの食材をかき集めて営業を再開している。T24が避難所から毎日商店街に通って店を開けたのは、真冬に被災して食料も乏しい地元住民に温かい食事を提供できるならば人助けになると思ったからである。

同年二月二三日に撮影された写真をみると、全壊した店のシャッターに「焚きたて御飯」「あったかいおうどん」「さいがいメニュー」といった手書きの貼り紙がみられる（写真2）。震災後は被災した住民が避難して留守になった商店街を狙う空き巣が多く発生していたため、T24は夜もろうそくを持って見回りに来ていたという。

一九九五年の京都力餅組合『会議記録帳』によると、震災から約一カ月後の二月一五日に京都組合から二名、大阪組合から七名が震災の見舞いに、当時父親が神戸力餅組合長であったT24の店舗を訪問している。この当時は被災した鉄道網がまだ寸断されており、一行は阪急電車で西宮北口駅まで、その後はバスで阪急御影駅まで行き、御影駅から王子公園駅に向かった。現地は「想像以上の惨状」であり、訪問した九名は持参した組合からの見舞金一〇〇万円に加え、各自一万円ずつを集めて見舞金として渡した、と記されている。

写真2　被災した店舗のシャッター

「さいがいメニュー」が貼られている。
出所：猪師三郎氏提供。

写真1　往時の湊川ちから餅

出所：猪師三郎氏提供。

写真3　現在の水道筋商店街ちから餅

出所：猪師三郎氏提供。

第5章　繁栄の陰り

1　餅系食堂を取り巻く環境の変化

二〇世紀以降、日常の外食先として長らく「一人勝ち」を誇ってきた餅系食堂であるが、その隆盛に影を落とす変化の萌芽は、すでに高度成長期の只中から現れていた。

外食産業の成長

一九六三（昭和三八）年六月、不二家が東京、大阪、名古屋の各証券取引所第一部に一斉に上場を果たし、外食産業の上場第一号となった。これを端緒に外食産業は急激に活況を示すようになる。国内資本では、一九六八年に牛丼の「吉野家」が東京・新橋に一号店をオープン、一九七〇年にはスーパーのことぶき食品（現・すかいらーく）が飲食業界に進出して東京・国立に「ドライブイン・スカイラーク」一号店をオープンし、ファミリー・レストランの草分け的存在となった。「セントラルキッチン」のパイオニアとなった福岡のロイヤルがロイヤルホスト第一号店を出店したのは一九七一年である。外国資本によるファストフードの上陸も同時期に始まった。一九六九年の第二次資本自由化で飲食業が指定業種となり、合弁による海外企業の日本進出が許可されると、一九七〇年に三菱商事が日本ケンタッキーフライドチキンを設立して名古屋に一号店を開店、一九七一年日本マクドナルド社が東京・銀座三越一階に一号店を開店した。同年にダスキンが大阪・箕面にミスタードーナツ一号店、七四年にはイトーヨーカ堂が神奈川にデニーズ一号店を開店している（野沢 二〇〇二：二二四）。

外食産業にとって追い風となったのは、オイルショックを機とした高度経済成長の終焉である。既存の市場の多くが収縮するなかで行き場を失った資金、物品、労働力は、急成長を見せ始めていた外食産業に向かうことになった（茂木 二〇一九：八五）。外食チェーンの店舗展開スピードは著しく、人々は日常的な外食の選択肢を急速に増やしていくことになる。

餅系食堂の店頭甘味販売にも競合が出現した。店頭看板商品であるおはぎやあんころ餅などは、かつては人々が日常の折々に自宅に「お持ち帰り」する甘味の代表格であった。しかし、「食の洋風化」が進むなか、「お持ち帰り」の選択肢にもミスタードーナツや不二家のケーキ、ヒロタのシュークリームといった洋菓子類が台頭してくる[1]。

出前配達の減少

餅系食堂の売り上げは店内飲食、甘味の店頭販売に加えて出前配達の三本柱からなっていた。この三つのうちいずれが売り上げのメインになるかは店舗の立地によっても様々であるが、先述したようにかつては餅系食堂の配達に対するニーズは現在とは比較にならないほど高かった。この出前配達に影を落としたのが電気冷蔵庫とインスタントラーメンの登場である。高度成長期における「三種の神器」の一つであった電気冷蔵庫の普及率をみると、一九五七（昭和三二）年にはたった二・八％であったのが、東京オリンピックが開催された一九六四年には三八・二％、一九六五年には五一・二％と急速に拡大し、一九七三年には九四・七％とほぼ全世帯に普及した[2]。

高齢の餅系食堂経営主は、インスタントラーメンが発売された当時の衝撃を「怖かった」「ドキッとした」と語っている。一九五八（昭和三三）年に日清食品から発売された「即席チキンラーメン」は品不足に陥るほどの売れ行きとなり、多くのメーカーが市場に参入していくことになった。一九六二年にはスープ別添えタイプのインスタントラーメンが登場し、卵や野菜などの具材を加えることができるようになったことから、都市部の主婦層に好評を博したという[3]。

だが、T16（一九四三年生）は、インスタントラーメンを初めて食べた時の印象を次のように回顧している。

「あれ〔インスタントラーメン─筆者注〕が出た時もう、我々、ドキっとしたもんね。そやけど食べてみたら、やっぱりこれは違うって思ったけどね。」（T16）

餅系食堂の隆盛の陰りはすでに高度成長期から始まっていたが、力餅の出店が同時期にピークを迎えたことからもうかがえるように、それはまださほどの切迫感を伴って認識されてはいなかった。インスタントラーメンは餅系食堂にとって本格的な脅威にはならなかったし、洋食やファストフードは「あんなん、毎日食べれるもんと違う」と一蹴することができたからである。餅系食堂の「売り」はまさに文字通り「毎日食べれるもん」を提供するところにあった。(4)

コンビニエンスストアの登場　相生餅A1が「いかに平成という時代が我々にとって厳しい時代か」と嘆いたように、多くの餅系食堂が本気で先行きを懸念するようになるのは平成に入ってからである。経営主への聞き取りでは、一九九五（平成七）年の阪神・淡路大震災あたりから商売の風向きの変化をはっきり実感したという声が多い。

図5－1はファストフード、一般レストラン、コンビニエンスストアの店舗数の推移をみたものである（一般社団法人日本フランチャイズチェーン協会HPより）。一九八七年以降、コンビニの店舗数は飛躍的に増加していった。阪神・淡路大震災が起こった年は、ファストフードの店舗数をコンビニのそれが追い抜いた年にあたる。実際、聞き取りにおいても、経営主の心象として最も商売への影響が大きかったのはコンビニの進出であった。セブンイレブンが東京で一号店をオープンしたのは一九七四年であるが、コンビニはその後全国的に破竹の勢いで増加し、二〇〇八年には四万五〇〇〇店近くまで到達している。

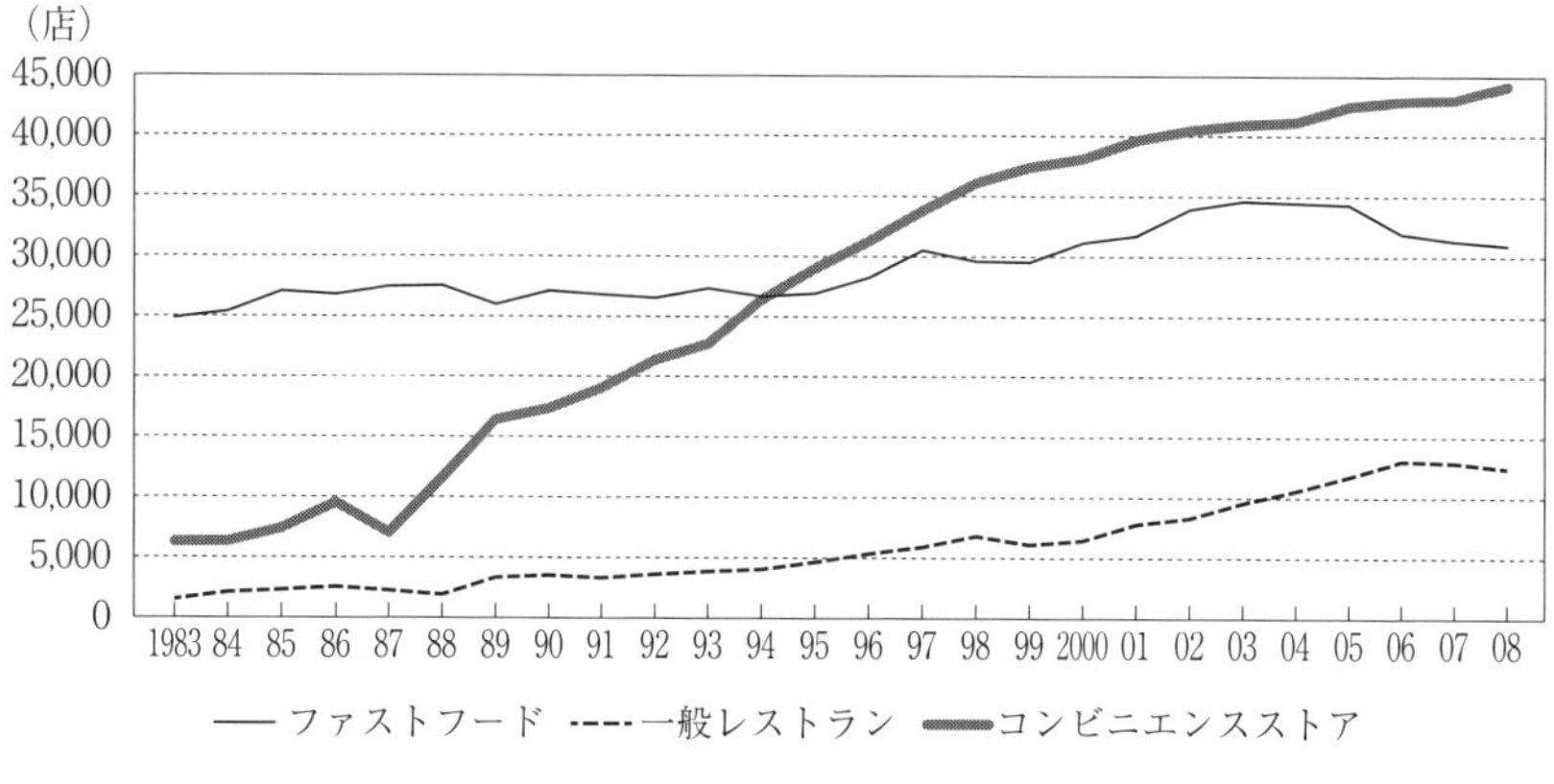

図5－1　ファストフード、一般レストラン、コンビニエンスストアの店舗数推移（店）
出所：一般社団法人日本フランチャイズチェーン協会HP「過去の統計調査」より筆者作成。

同時期に広まったのが電子レンジである。一九七五（昭和五〇）年に一五・八％であった電子レンジの普及率は、一九八七年に五二・二％と過半数を超え、一九九七年には九〇・八％に達している。[5] 電子レンジの普及は、家庭の食生活を変えるのみならず、コンビニの進出と相まって、それまでは弁当でなければもっぱら出前か外食であった職場の昼食スタイルにも大きな変化をもたらした。

餅系食堂にとって長らくの上客であった現場作業員は、トラックの運転席や現場周辺でコンビニ弁当を食べるようになった。前述の「大女将」T1によると、暖簾分けさせた元番頭が、近所に出来たコンビニで弁当が二五〇円で売られているのを見て三〇年間経営した食堂をやめることにした、とT1に電話をかけてきたという。一店で弁当から麺類、甘味まで様々なものが安価に揃うコンビニエンスストアの台頭は、「毎日食べれるもん」の独壇場であった餅系食堂の商売に直接的な打撃を与えることになった。

二〇〇〇年代になると、往時は飛ぶ鳥を落とす勢いであった餅系食堂の失速ははっきりと目に見えるようになっていった。二〇〇三（平成一五）年一〇月二〇日『料飲観光新聞』では、大阪力餅組合の慰安旅行についての記事が掲載されているが、当時組合長を務めていたT15は、「商社の方々には組合員が苦戦して仕入れが減っているにも関わらず支援を頂戴しており感謝したい」と組合を代表して共栄会の協賛商社に頭を下げている。

コンビニの与えた影響は直接的なものだけではない。零細小売業がコンビニへと業種転換していったことは、商店街の衰退をもたらした核心の一つであった。とりわけ多かったのは、酒食品店という規制業態からの参入である（新 二〇一二：一八二）。餅系食堂のある商店街の酒屋も次々とコンビニに変わっていき、彼らを包摂してきた地域コミュニティを内側から突き崩していくことになった。

2　暖簾分けの衰退と父子継承への収斂

暖簾分けシステムの衰退

繁栄の陰りをもたらしたもう一つは、餅系食堂の躍進を支えた暖簾分けシステムの衰退である。近代以降、郷里但馬からの安い若年労働力の供給に支えられてきた餅系食堂であったが、全国的な高校進学率の上昇はこの供給基盤を急速に縮小させていくこととなった。図序‐1でみたように、一九五四（昭和二九）年に五〇％を超えた高校進学率は、一九六〇に五七・七％、一九七〇年に八二・一％、一九七四年には九〇・八％まで上昇する。[6] 一九七五年以降には、三大都市圏への就職流入者の学歴は中卒に代わって高卒が主流を占めるようになった（谷 二〇〇〇：四）。図5‐2をみると、兵庫県の高校進学率は一九六〇年に六〇・九％、一九七〇年に八三・八％と全国平均をやや上回る数値であるが、都市部と地方、そして地方の中でも町場と周辺農山村部では大きな開きがあった。餅系食堂関係者を多数輩出した日高町山村部での聞き取りによると、一九五〇年代半ばまでは町場と周辺山村部との高校進学率の差は歴然としていたが、それ以降は山村部でも高校進学率が上昇し、急速に町場の進学率と肉迫するようになっていった。高校進学率の上昇は郷里の人々の意識を変え、厳しい修業期間を耐え抜いて「一国一城の主」の夢を見るという餅系食堂の

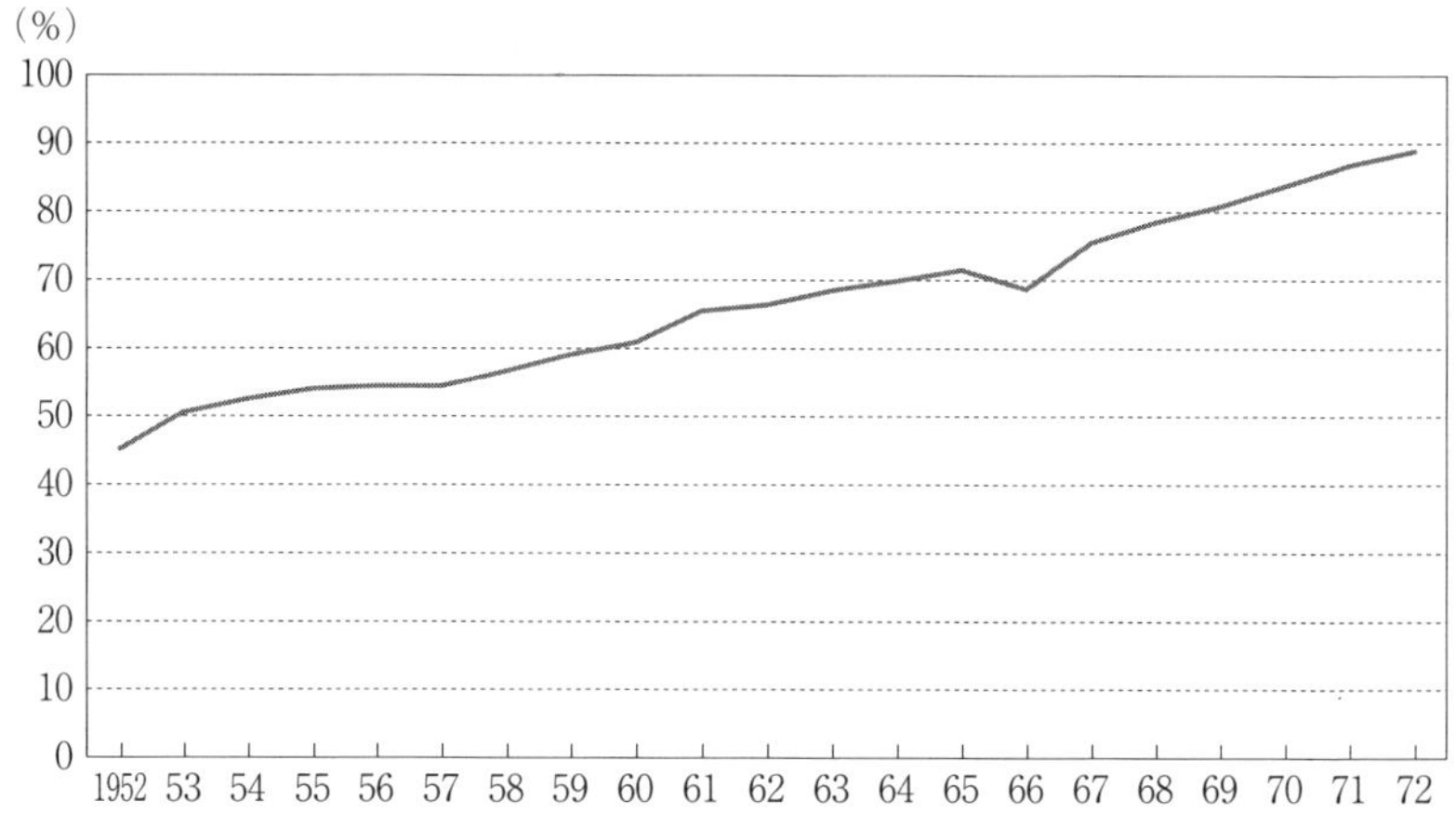

図5－2　兵庫県の高校進学率

出所：「学校基本調査」各年度より筆者作成。

「もう一つの立身出世」ルートの魅力は徐々に失われていった。

「新しい時代になってきて、ニュースでサラリーマンのボーナスがなんぼで、何がどうしてって言って、そういうことを平気でテレビで言うようになるとね、たんに主従関係とか徒弟関係ということでは持たんようになるねん。若い人が、手っ取り早くお金になるほうに行く。」（T15）

郷里からの労働力の供給が難しくなるなか、餅系食堂は職業安定所や募集の貼り紙を通した従業員の確保を図るようになった[7]。職業安定所が間に入ることは、親方子方のタテの社会関係の論理に基づいた雇用から、「従業員」としての地位を明確にする規約に基づく近代的な雇用関係に変化していくことを意味した。

だが、経営主たちにとって、「但馬牛のように我慢づよい」「くそがつくまじめ」な但馬の若者と比べて、他地域出身の若者は扱いづらかったようである。T2は沖縄の若者を数名雇用したが、「のんびりというか、いい加減というか」、急に友達のところに遊びにいって電話もせずに翌日休む、というようなことにたびたび悩まされたという。また地元の大阪の若者を雇用した店では、出前配達に行った従業員が、出前箱と自転車ごとつり銭を持ってそのまま逃げてしまうという出来事があり、「都会の子は怖うて、よう使わん」と組合の中でも噂になったという。

もっとも、これはたんに沖縄や大阪の若者は真面目ではない、というような話ではない。餅系食堂経営主たちも、但馬の同郷ネットワークから雇った若者に対しては「親から預かっている」という意識があり、また彼らは「あるべき親方」規範のもと、いずれ暖簾分けさせるべく育てていかなければならない存在であった[8]。実際、住み込み従業員を置かなくなった理由としては、但馬からの若年労働力の供給自体が細ってきたことも大きいものの、それ以上に、餅系食堂の売り上げが全体的に下がっていくなか「もう、商売させられへんなと思ったから」というように、番頭を暖簾分けまで面倒みるという親方の責任を全うできる見通しがたたなくなったことを挙げる経営主もいる。

餅系食堂を「もう一つの立身出世」ルートと見込み、「一国一城の主」の夢を抱いて出てきていた但馬出身者と比べると、職業安定所や貼り紙の募集を通して住み込み従業員となった者は「ただ暮らすところがないで、就職して住めたらいい、仕事があったらいい、給料がもらえたらいい。ただそれだけの若い人」であった[9]。使われる側だけでなく使う側もはなからマインドセットが以前とは違ったのである。

こうしたなかで、餅系食堂は、従来の住み込み従業員を複数抱える形式から、経営主夫婦のみ、あるいは経営主夫婦と若干名のパートという形式へと徐々に変化していった。前述したように、住み込み従業員がいたことのある力餅店舗二九店のうち七〇・四%は一九八〇年代半ば頃までにいなくなったと述べている。平成以降になると番頭の暖簾分けによる新規出店はほとんどみられなくなっていった。

組合活動の衰退

暖簾分けシステムの衰退は、力餅においては、連合会レベルの組合活動の衰退をもたらすことになった。

力餅の一店舗あたりの従業員数は店舗規模によって異なるが、先述の通り、かつては複数の住み込み従業員がいる店も少なくなかった。ほどほどに「仕上がってきた」番頭と女将さんが店をしっかり守っていれば、経営主が組合などの用事で店を空けることにはさほどの支障はなかった。この住み込み従業員がいなくなることは、各店舗経営主の働き方や組合活動のあり方にも少なからぬ影響をもたらしていく。

　昭和末期の創業一〇〇周年記念事業の頃には住込み従業員制度は衰退し、経営主夫婦に若干名のパートというスタイルが一般化しようとしていた。第3章でみたように、この記念事業は多額の予算と労力をかけた一大事業であり、事業委員会の中心メンバーであった大阪力餅のT3（一九三一年生）は、「もう商売ほっといて」「執念」で取り組んだ、と回顧している。だが、それは彼らの留守を任された女将さんや子どもの犠牲によって成り立っていた。T3の娘は当時を次のように振り返っている。

「〔父は店を──筆者注〕やってる時間なんか全然なかったです。（中略）父は対外的な事はすごく一生懸命したと思います。でも、支えてきたのは母です。もうほとんどは、九割母が働いてきた力ですね。私も小学校三年生から皿洗いでした。もう忙しくて忙しくて…私はお商売の嫌な面ばかり見てきましたから、『絶対このお商売は継がないからね』って断言して。」（T3娘）

　組合活動によって創出された「公共領域」での活躍は、その後ろで「家内領域」として放置された店を回さなければならなかった女将さんや子どもに、ともすれば深い葛藤と不満をもたらしたのである(10)。

　記念式典後の一九八九（平成元）年一一月一六日に開催された連合役員会では、冠婚葬祭の付き合いを原則として各組合内で完結させることが決議された。当時連合会長であったT3はその経緯を以下のように述べている。

「昔はね、僕ら〔冠婚葬祭は―筆者注〕全部京都も神戸も行ってました。それやでもう、自分とこの商売ほっといて行かなあきませんやん。」「人手がなくなったら、いかんせん店閉められない。その時分はまだね、従業員がおったりあれしとったで、皆なんとかやりくりしとったけど、だんだんこれから世知辛うなるんで、各支部単位にしようと。〔冠婚葬祭に〕行ったらね、もう家放っておいて、帰りに飲みにいったりと、そんなになってまうんで。」（T3）

第3章でみた一九八一（昭和五六）年における京都組合の一年間の活動では、神戸組合の組合長の妻の葬儀に京都から六名が出向いていたが、この取り決め以降は、組合間の垣根を越えた儀礼的な付き合いがめっきり減っていくことになった。こうした変化は役員クラスの組合を跨いだ関係性の薄まりをもたらした。そしてそれは、大阪力餅が目指した連合会レベルでの共同化路線の挫折にもつながっていったのである。

父子継承への収斂

暖簾分けの衰退は、餅系食堂の暖簾の父子継承への収斂ももたらすことになる。

創業以来拡大基調が続いた力餅ではあるが、創業時より父子間の暖簾の継承よりも番頭の独立開業による暖簾の継承が多数派であった。第2章の図2-4「力餅系図」をみると、創業者池口力造から直接暖簾分けした「二代目」四店舗の次の「三代目」二四店舗のうち、親方と同姓の店舗は三店にとどまっており、姓の異なる番頭による暖簾分けが圧倒的に多い。「四代目」は六〇店まで展開しているが、「三代目」二四店舗のうち、「四代目」に同姓店舗がないのが八店舗、そのうち系図編纂時点ですでに廃業していた店舗は五店舗であった。つまり、個々の店舗レベルでは父子間で継承されていないケースが戦前から一定数存在していたものの、番頭の不断の暖簾分け――あるいは、親方から番頭への店舗の譲渡――によって、力餅全体としては順調に発展してきたのである。(11)

昭和末期頃になると、子どもが店を継がないことはそのまま力餅の店舗数減少に直結するようになる。図

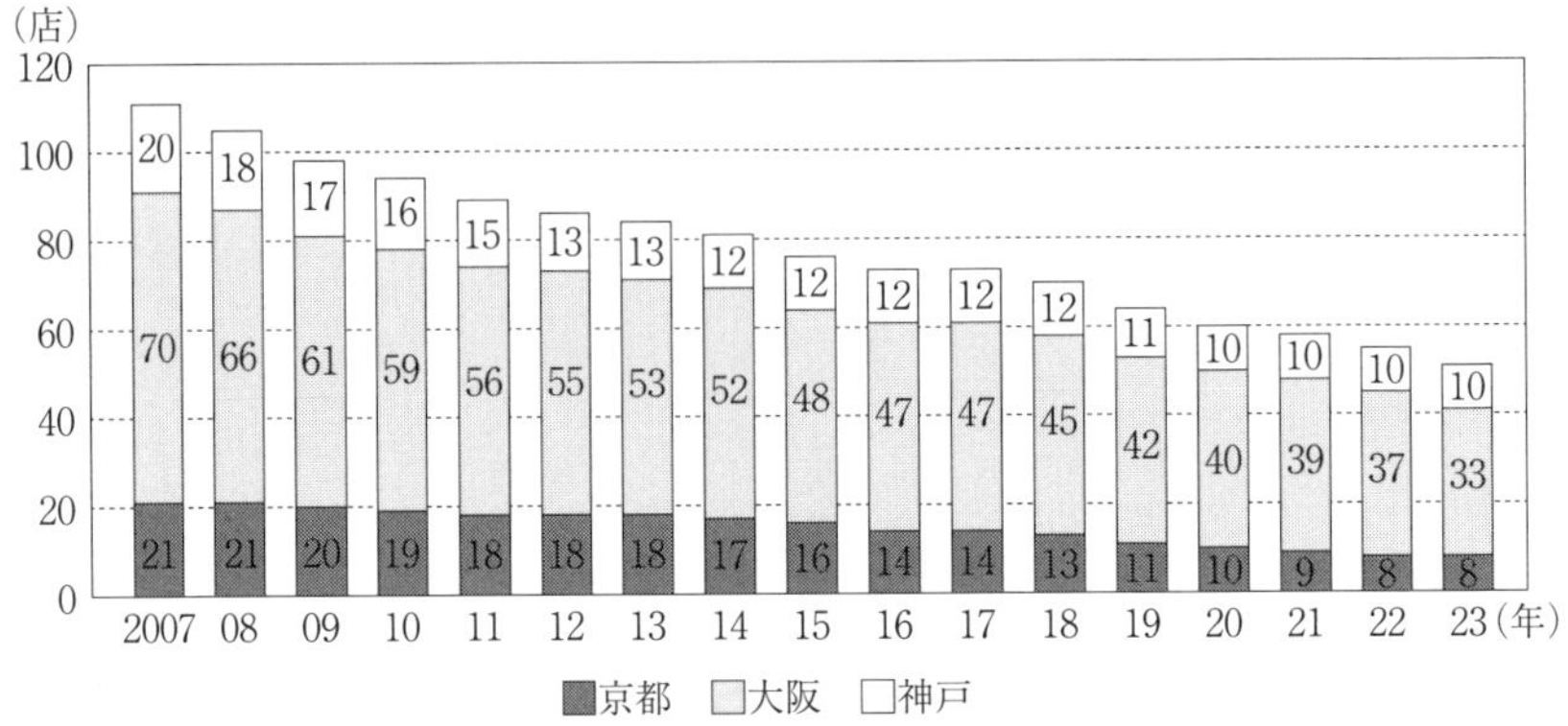

図5－3　力餅店舗数の推移

出所：「力餅連合会総会資料」各年度より筆者作成。

5－3をみると、二〇〇七（平成一九）年には一一一店舗だった力餅は二〇〇九年には九八店舗と一〇〇店舗を割り込み、以降も減少傾向が続いてコロナ禍を経た二〇二三年には五一店舗と一五年間で半数以下にまで急減している。

ひと頃は隆盛を誇った力餅の店舗数減少については経営主たちも憂慮しているが、子どもがいる場合でも自身の店舗を「是非とも継承させる（させたい）」という歯切れの良さはない。前章で述べたように、餅系食堂経営主は子どもに対して継承を期待する言葉を直接かけないようにしていたが、それだけではなく、筆者の「いずれ店を継いでほしいと思っている（思っていた）か」という質問に対しても、「全くそんな意識はない」「そんなん全然思わんかった」と即答することが多いのである。だがその一方で、実際子どもが店を継承することになった経営主にその際の気持ちを聞くと、「ほっとした」「嬉しかった」という感想も返ってきた。調査票自由記入欄には次のような記載もみられる。

「一番下の子が作文で、「大きくなったらうどん屋さんになる」…と言っていたのがうれしかった思い出があります。」（五〇代後半：京都）

この父子継承をめぐるアンビバレントな経営主の意識の襞を、次節ではもう少し詳しくみてみよう。

3　近代家族への憧憬

「店をする」と「会社におる」

子どもに店の継承を期待しない理由としてインタビューで頻繁に語られるのは、飲食商売の見通しの悪さと、長時間労働の大変さである。調査票調査で「今は外食産業にとって厳しい時代だ」についての意見を問うたところ、「そう思う」が三三名（七〇・二%）、「ややそう思う」一二名（二五・五%）とほぼ全員が肯定している。「〔商売の見通しが〕良かったら、子どもを継がそうとも思うかもしれないけれど…」というような意見もある。景気の良い時代は長時間労働が大変だったとはいえ、それでも振り返ってみれば「やりがいがあった」「楽しかった」と語る経営主は多い。だが高い労働負荷に見合うだけの収入が得られない現在、子どもに継承を期待することは「とてもできない」という。

だが、そうした実利的な理由と同時に――あるいは、人によってはそれ以上に――彼らが懸念するのは、飲食商売に携わることで我が子が手放すことになる生活スタイルそのものであった。

T4（一九二九年生）は、長男が「脱サラして店をする」と言った時のことを以下のように語る。

「僕もね、『おお、そうか！』とは絶対言わんかった。その代わり『後で後悔せんとってや』って。『ああやっぱり会社おったらよかったと、そういうこと言わんとってよ』って。」

「店をする」の対には「会社におる」があり、それを捨てて店を継ぐことは、たとえ本人からの申し出であっても、諸手をあげて歓迎するよりまずは覚悟を問う事柄であった。それは、近年の飲食商売の厳しさの実感からくるものであると同時に、「会社におる」ことで一定の実現が担保されるであろう「あるべき家族」像を手放すことに対する懸念でもあった。

第4章でみてきたように、往時の餅系食堂の「商売で忙しくて育児どころではなかった」なかで「地域の人々がよく面倒を見てくれた」というのは、経営主夫婦の子育てをめぐる一種のマスター・ナラティヴ（支配的な語り）であった。しかし他方で、インタビューではあまり進んでは語られなかったものの、調査票自由記入欄に頻出したのが、週末の子どもの学校行事に行けなかった事にまつわるエピソードである。以下のような表現からは、積極的に語られるマスター・ナラティブとは相の異なる経営主達の心の機微を垣間見ることができる（いずれも傍点筆者）。

「日曜日は営業していて子どもたちの行事に行ってやれなくて辛かった。子どもたちは商売を理解してくれて我慢してくれた。」（八〇代以上：大阪）

「どうしても休みが合わなくてこれが一番大変でした。」（七〇代後半：大阪）

「子どもの運動会、学芸会などに顔出し出来なかった。当時の事を今も、たまに子どもから言われる時がある。」（七〇代前半：京都）

なかには、運動会の日に合わせて但馬から自身の妹に出てきてもらい活躍する子どもの写真を撮ってもらった、というケースもある。調査票には、行事に行けない代わりにＰＴＡの役には積極的に携わるようにしていた、夏休みには必ず旅行に連れて行った、など、なんとかその埋め合わせをしようと苦心したエピソードが添えられている記述も少なくない。学校行事に顔を出せないことは、商店街の地域社会における商売人同士「お互い様」の日常とは異なり、「土日が休みのサラリーマンと土日が特に忙しい商売人の家とのギャップ」（七〇代後半：大阪）が可視化されることから、子どもに我慢させることに心苦しさを感じていたことが推察される。

餅系食堂の教育熱

　経営主の子どもの進学動向をみてみよう。子どもの年齢にはばらつきがあるが、全体の八二・四％（七五人）が一九七〇～八九年の二〇年間に出生している。四年制大学進学率は一九七〇年代生出生コーホートで二六人（六三・四％）、一九八〇年代出生コーホートで一五人（四四・一％）であるが、彼らが一八歳時点での大学進学率（過年度含む）の平均がそれぞれ二八・五％、四二・八％だったことに鑑みると、団塊ジュニアを含む一九七〇年代出生コーホートの大学進学率が際立って高いことが分かる(12)。

　調査票自由記入欄には、商売で忙しく子育てする余裕がなかった、という記述が数多くみられる一方で、二人の子どもを中高一貫の私立進学校、四年制大学へと進学させたと記す次のような記述もある。

「私は商売中心、妻は子どもの勉強中心と言う事で塾に行きながら勉強をして居りました。長男は〇〇学院中・高、△△大学□学部から＊＊に居ります。娘は〇〇より△△大学を卒業し普通のサラリーマンをしております。」（七〇代後半：大阪）

　この経営主の長男が働く会社は有名な大手企業である。娘の勤め先については明示されておらず「普通のサラリーマンをしている」と記されているが、長男については「＊＊に居る」という表現をされている。安定しているとされる大企業の勤め人になると、「会社におる（居る）」とそこに所属していること自体が強調されるのは、インタビューにおいてもたびたび出てくる表現であった。

　前章でみたように、餅系食堂の日常はいわゆる近代家族とは乖離していたのであるが、その彼らにとっても

「土日が休み」のサラリーマンの家庭こそ本来の「あるべき家族」であった。子どもの教育に関してもサラリーマン家族に匹敵する学歴志向を持っており、また実際に相応の教育投資が可能なぐらいに「商売も良かった」のである。

「あるべき家族」を実現する——T8のケース

「あるべき家族」像への拘《こだわ》りは経営主によって温度差があるが、次のT8はなかでもその指向が強いケースである。

T8(一九四四年生)は竹野町の農家の次男として生まれ、中学卒業後に京都の力餅に入職する。親方Nの息子は洋菓子職人を目指したため、親方は六〇歳を機に、番頭として育ってきていたT8に店を譲り自分は趣味の釣具屋を始めることにした。(13) 店を継いだ当時、T8はまだ独身であったため、大急ぎで結婚相手を紹介してもらい、二五歳の時に力餅としてはめずらしく東京で銀行員をしていた女性と結婚する。

「会って一、二カ月で決めたんちゃうかな。もう、焦ってるや、こっちは。もう店はしとるんやし。〔嫁に——筆者注〕来てもらわんなさ。店員さんのご飯やらなんやかや色々あるし…。」

この語りから、結婚当初のT8は、食堂商売に不可欠な無報酬労働の妻を一刻も早く獲得することしか考えていなかったことが分かる。しかし、言葉も風習も異なる京都でまったく縁のなかった飲食商売の女将をすることになったT8の妻にとって、その環境になじむことは難しかった。住み込み従業員と一緒の生活であることはもちろん、親方の妻や近所で暖簾分けをしている兄弟子たちの妻が頻繁に顔を出すことなど、何かと気を遣う状況で困惑する一方の妻を不憫に思ったT8は、思い切って親方の店を出て、別の地域で自分の店を持つことを決意する。(14)

「先輩の奥さん連中二人とも、〔妻に対して商売を──筆者注〕教えてあげるっていう…うちの家内は全然そんなんと違うで…全く違うでな。」「僕は家庭をあれ〔優先〕した。そやさかいここ〔現在の店〕をな、親方に言わんと、ぱっと買うてしまってん。」（T8）

経済的な面を考えると親方の店にいるほうが将来的なメリットが大きいにもかかわらず半ば衝動的に飛び出した理由を、T8は「のんきにしたいとか、新婚を味わいたいとか（笑）」と述べている。親方たちの視察を経ることなく決めてしまった店は、一九七二（昭和四七）年新規オープン恒例の全品半額大売り出しでもたくさん売れ残り、親方をいたく心配させることになった。

T8は、背景の異なる妻に対して店の女将としての務めを果たすようにとは「よう言わなかった」という。親方の店を出ることは、T8にとって、系統のタテの社会関係における擬制的な嫁姑関係や嫁小姑関係から妻を解放し、夫婦二人の世界で気兼ねなく生活することを意味した。T8は自身を「考え方が違うんやな、商売人やないんやな」と分析している。

開店当初は閑古鳥が鳴いていた店は近隣地域の開発に伴ってほどなく繁盛するようになるが、T8はコーヒー豆を仕入れて販売する事業やテナント賃貸業など様々な副業に挑戦しながら、二人の息子を中高一貫の私立進学校に進学させた。T8によれば、息子たちに店を継承させようとは「考えたこともなかった」という。

「〔子どもには店を──筆者注〕もうアタマからさせるつもりはなかった。（中略）やっぱりまじめに、固い…固いというか、サラリーマンのほうが、いいいん違うんかなぁって。」

T8は息子たちに「自然と〔勉強を〕するように仕向けた」。定休日になると、T8はサラリーマン家庭の父親が「背広を着て出はる」ように、日頃は着ない背広を着用してネクタイを締めて外出し――実際には遊びに出ているのであっても――、帰りには本や問題集をお土産に買って帰ったという。息子たちはいずれも大学を卒業して企業に就職し、二〇一七年の調査時点で店は休業中であった。

人口学的移行期世代であるT８にとって、息子を大学に行かせることは「会社におる」の人生を歩ませることとほぼ同義であった。だが、一世代前の初代経営主にとっては、子どもを大学に進学させるという行動は、必ずしも子どもをサラリーマンにすることに動機づけられていたわけではない。

大学に進学することと「会社におる」ことの距離

T18（一九四六年生）の父親（一九一〇年生）は竹野町の山奥の村から一九二一（大正一〇）年に京都の力餅に「丁稚」に入り暖簾分けをした。自身は尋常小学校を卒業してすぐに出てきたため、二人の息子には「とにかく大学出とけ」というのが教育方針であった。父親は早くに他界したが兄に店を継ぐ意思がなかったため、次男のT18が継承することになった。T18は地元の私立大学に進学したが、在学中は但馬から従姉妹にあたる父親の長兄の娘に手伝いに出てきてもらい、自身も朝は店の仕事をしてから大学に通っていたという。

T15（一九四〇年生）によると、父親O（一九〇六年生）は商売で成功を収めていたが、自身に学歴がないからこそ子どもは大学を出てほしい、という思いを強く持っていたという。だが一方で、直接は言わないまでも、大学に進学したT15が店を継いでくれるかどうかをずっと心配しており、T15が大学三回生の時に「商売するわ」と告げた際には、「お父さん、ごっつう嬉しそうにしてたで」「無茶苦茶喜んでたよ」と母親に後から教えられたという[15]。

この二人のケースからは、彼らの父親の世代にとって、子どもを大学に進学させるということは、たんに「会社におる」人生への切符ではなかったことが推察される。それは「もう一つの立身出世」ルートを歩んできた初代経営主の人生を色濃く反映したものではあったが、前述T８のように、子どもを「店をする」から

「会社におる」に移行させることを明確に意図したものではなかったのである。

この違いをもたらした背景として、一つはT18やT15が大学を卒業した一九六〇年代は餅系食堂が繁盛していた時期であり、商売の先行きが明るかったということもある。そしてもう一つは、人口学的移行期世代であるT8と比べて、明治生まれのT18、T15の父親世代には、大企業サラリーマンの家庭こそが「あるべき家族」であるという規範がまだそこまで浸透していなかったということもあるだろう。

人口学的移行期世代になると、大学に進学することと「会社におる」の距離は限りなく近づいていく。それは近代家族が「あるべき家族」としての地位を獲得し規範性を強化していくプロセスであり、同時に餅系食堂が後継者を失っていくプロセスでもあった。

注

(1)　一九二四（大正一三）年に大阪で創業した洋菓子のヒロタは、戦前から大阪市戎橋筋でシュークリームの実演販売ショップをオープンしており、一九六四年に開発したシューアイスはお持ち帰りの看板商品となった（ヒロタ創業一〇〇周年特設サイト参照）。
(2)　消費動向調査「主要耐久消費財等の普及率」より抜粋。
(3)　一九六三（昭和三八）年には「日清やきそば」や「エースコックのワンタンメン」「マルちゃんのたぬきそば」などのロングヒットとなる新商品が次々と登場し、家庭でも手軽に様々な麺類を食べることができるようになっていく（一般社団法人日本即席食品工業協会HP参照）。
(4)　餅系食堂は地元の「濃い」常連客によって支えられている。近年は地域社会の高齢化に伴い、日々の料理が億劫となった一人暮らしの高齢者がほぼ毎日訪れるというケースも珍しくない。筆者が訪問したある店舗では、病院帰りという高齢の常連客が手押し車を引いて来店し、店で昼食を取りながら女将さんとひとしきり晩御飯に何を食べるかの相談し、うどんをテイクアウトしていった。
(5)　消費者動向調査「主要耐久消費財等の普及率」より抜粋。

（6）文部科学省「学校基本調査」各年度。

（7）餅系食堂は常に人手不足であるため、郷里からの労働力供給が難しくなったのか、という質問への回答はばらつきがあるが、概して一九七〇年代中頃からは従業員の確保が難しいというのは共通認識としてあったようである。

（8）なかには但馬出身者でなくとも同様の責任を持って育てて暖簾分けさせるというケースもある。T2は商店街で自治会長をしていた際に、紳士服洋品店を経営する会計担当から、「あんたとこの商売は〔（老若男女を商売相手に出来て—筆者注）〕ええなぁ、うちの息子もその商売さすわ。T2さんなんとかしてぇな」と頼みこまれ、同系統の親方の店に彼の息子を預かってもらい、暖簾分けまで世話をしてもらったという。

（9）一方で、独立意志はないが環境的に恵まれない地元の若者を育てて、安定した番頭として定着させているケースもある。前述の西成区玉出の「大女将」T1の店舗では、一六歳で店頭の貼り紙を見てやってきた若者を住み込みで雇い入れて毎日三食のまかないを出してきた。近年は住み込みをやめ店の近所のマンションに住ませるようになったが、現在も朝昼は店で食べ、晩御飯は持ち帰っている。なかには四〇年以上勤めている番頭もいるという。

（10）T3の娘三人は母親の希望で中高一貫の私立学校に進学して大学卒業後は婚出しており、店舗は調査時点で廃業していた。T3のインタビュー調査はT3が入院していた病院の面会室で実施したものである。T3の店舗の近所に住む娘が筆者の送付した調査依頼状を受け取り、「生きてきたほとんどの時間を力餅に費やした」「力餅がすべて」であった父親が人生を振り返って話をする最後の機会と考えて、病院でのインタビューの場を設けてくださることになった。

（11）ただし、この系図をもとにした分析では、同じ姓の継承であっても父子継承ではないケース——たとえば、兄弟や親戚による継承——も父子継承として数えることになる一方で、婚出して姓の異なる娘夫婦が店を継承しているケースは父子継承としてカウントされない、という限界がある。

（12）文部科学省「学校基本調査」より。

（13）親方Nとしては、T8が店をいったん継いで後輩の住み込み従業員を暖簾分けさせた後に、T8に他所で店を出させ、洋菓子職人となった息子がいずれ店に戻って洋菓子店に業種転換するという算段をしていたようである。

（14）親方NはT8の決断に驚き、「このアホが!」と腹も立てていたそうだが、それでも、郷里の親や親戚、銀行の借り入れと総動員で資金調達に奔走するT8に対して、「どれだけ足らん?」と声をかけて不足分を出してくれたという。

(15) T15にとって卒業後に家の商売を継ぐことは、親から直接継ぐように言われないまでも「必然的にっていう感じ」であった。しかし、商売の外側の人間からすると、大学進学は「会社におる」人生ときわめて同義であった。T15が実家のうどん屋を継ぐと伝えた時の大学の教授たちの反応は次のようなものであったという。

「『そんなんやめときなさい。今からでも推薦状書きますよ』って。（中略）一人なんかもっとひどかった。『そんやったら何のために大学に来たんですか』って言うた奴おったもん。」

コラム2　鞍馬口力餅の出前配達

京都市上京区にある鞍馬口力餅の二代目経営主T13（一九三六年生）は、西但馬旧村岡町の農家に八人きょうだいの次男として生まれた。実家は農地が三反と少なく、T13は中学を卒業すると夏場は山で伐木搬出、冬場は伏見や三重などに酒造出稼ぎに出ていた。伐木運材は高度な技術を要し、当時の村岡町には富山県をはじめ、鳥取、岐阜その他多方面から技術を持った林業出稼ぎ者が入っていた（福田 二〇一六：一〇三）。青年団の中核として活躍していたT13は、新潟から来ていた親方についてワイヤーの接ぎ方を習い、二〇歳の頃には現金収入を必要とする村の若者たちを八人ほど使って請負作業をしていたという。

一九六一（昭和三六）年、T13は弟が修業していた力餅の親方の紹介で鞍馬口力餅の婿養子に入った。酒造出稼ぎ先の親方に付き添われて店に挨拶に来た際、厨房で働いていたお見合い相手の娘さんの姿に一目ぼれをしたT13は、郷里に戻ってからの束の間の文通で、一緒になった晩にはいかに一所懸命に働くつもりかをアピールしたという。

結婚した当時の鞍馬口力餅は定休日がなく正月三ケ日以外は働き詰めであった。朝四時から深夜までの超長時間労働だったが、郷里の山仕事で体を鍛えたT13は全くしんどくなかったという。往時は西陣の景気が良く、織屋が従業員に夜食を出すため夜一一時頃に出前配達が集中した。鞍馬口力餅は出前配達が売り上げに占める割合が多く、コロナ前まで一日五〇～六〇件の出前配達は普通であった。丼の回収もあり労働量は膨大であるが、たとえ素うどん一杯の注文でも快く届けるのがT13の矜持であり、二〇二一年に体調を崩すまで八〇歳を過ぎても現役で配達をこなしてきた（写真1）。

写真1　「出前」
近隣在住の画家黄野俊明氏が配達に行くT13を描いた作品。
出典：T13所蔵（筆者撮影）。

二〇二三年五月、店のクーラーの故障を機に、後継者がいなかったT13は廃業を決意する。廃業前の二週間は閉店を惜しむ昔なじみの常連客で毎日朝から行列が出来た。子どもの頃からよく店に通っていた女の子はすっかり大人になり、「おっちゃん、懐かしいなぁ」と孫を連れてきてくれたという（写真２）。

「そんなん聞いたらね、ほんまにもう、胸が痛い…涙が出てきます。『ほんまにそうやなあ、長いことあれ〔世話─筆者注〕なったなあ…沢山うどん食べてくれいたなあ』って（笑）。」（T13）

若い頃は同居の義父が力餅組合をはじめ地域の役もすべて出ていたが、五〇歳で学区の少年補導を担当し、地域の子どもたちの旅行を引率するようになって近隣との交友関係が出来た。店を畳んだ現在も、T13は自主防災会、消防団後援会などの学区の仕事をはじめ、神社総代など様々な地域の役を引き受けている。近所の人から勧められて始めたゴルフには今も毎週末出かけているという（写真３）。

写真２　鞍馬口力餅の厨房

T13はここで60年間うどんを作ってきた。
出所：筆者撮影。

写真３　廃業した鞍馬口力餅

趣味のゴルフバックが置かれている。
出所：筆者撮影。

終章　令和の餅系食堂

1　餅系食堂の社会史からみえてくるもの

本書では、京阪神都市圏を中心に展開してきた餅系食堂のモノグラフを通じて、但馬地方の労働力型都市移動者の移動と都市定着の歴史を紐解いてきた。

餅系食堂と但馬地方の「坂の上の雲」　餅系食堂に住み込みに出てきた人々の多くは、農家の家の継承ライン上にない次三男層であり、就業先を求めて都市に転出してきた。但馬地方奈佐村出身の池口力造が明治中期に京都で再起をかけた力餅は、近代以降の京阪神都市社会の成長に乗って成功を収め、さしたる学歴切符を与えられなかった裸一貫の労働力型都市移動者に、頑張って修業に励めば「一国一城の主」になれるという「もう一つの立身出世」ルートを拓くことになった。北但馬の農家の次三男たちがみた「坂の上の雲」は、貧しい農家の長男や生活条件の厳しい奥深い山村の家族をも巻き込んで、一部には廃村をも生じさせながら人々の都市移動を惹起させていくことになる。

一世紀近くの長きにわたってこの「もう一つの立身出世」ルートを機能させたのは、親方子方という但馬の伝統的なタテの社会関係の論理である。暖簾分けによって店を構えた餅系食堂の経営主は、親方として郷里の裸一貫の若者を店舗の二階や別棟に住まわせ、仕事を仕込み、自身と同様に暖簾分けによって店を持たせてきた。それは、厳しい長時間労働が当たり前であった餅系食堂が郷里の若年労働力を確保する手段ではあったが、かいかい力のある親方が子方の面倒をみるという郷里のタテの社会関係の論理が共有されていたからこそ、番頭の独立の面倒までみてこそ親方という「あるべき親方」規範が拘束力を持ちえたのである。第1章でみたように、但馬においてはこの親方子方が必ずしも固定的なものではなく一定の流動性を有していたことも、都会の力のある親方について暖簾分けを果たすという「坂の上の雲」がさしたる違和感なく選好された理由の一つであろう。

都市の商家では暖簾分けが消滅の局面にあった高度成長期において、「近代振興の拡大産業」であった餅系食堂が暖簾分けによって飛躍的に店舗数を拡大するというユニークな歴史的展開は、餅系食堂のルーツである北但馬においては、親方子方慣行が現実の生活を基底づける生きた社会通念として存続していたこととも無関係ではない。いわば餅系食堂は、郷里社会を貫徹していたタテの社会関係の論理を都市に持ち込み、暖簾分けのシステムとうまく接合することによって、「もう一つの立身出世」ルートを一定の実質を伴うものとして機能させることが可能となったのである。

創業主池口家をはじめ、餅系食堂で成功を収めた労働力型都市移動者は積極的に「故郷に錦」を飾った。「もう一つの立身出世」を体現し、力餅の「黄金時代」の立役者となった元大阪力餅組合長Oのライフストーリーからは、彼の郷里への愛憎相半ばする想いと同時に、郷里から持ち込んだタテの社会関係の論理を内面化しつつも、それを超克していこうとする志向性を見出すことができる。

大阪力餅がみたもう一つの「坂の上の雲」

餅系食堂はいずれも、暖簾分けを繰り返して店舗数を増やしていくなかで組合を設立し、親睦と相互扶助の活動を活発に行ってきた。

なかでも最も歴史の古い力餅が組織した組合と連合会は、総会や従業員慰安旅行などの親睦活動を積極的に企画し、組合員相互の共存共栄を目的に掲げてきたが、当初は創業家を中心とした序列関係が明確な、タテの社会関係の論理が優越した組織として存在してきた。

近代以降の大阪都市圏は、近世以来の大阪が有してきた「自由な進取的精神」に加えて、工業都市として植民地を含む周辺からの労働力型都市移動者を膨大に吸収することで著しい成長を遂げていく。その勢いを味方につけ、戦後高度成長期にかけて店舗数を拡大した大阪力餅は、〇の圧倒的なカリスマ性のもとで近代化路線を進め、「力餅ローン」に象徴されるように、組合員相互のフラットなヨコの結びつきが優越する組織へとその結合原理を質的に変容させてきた。昭和末期に行われた力餅創業一〇〇周年記念事業は、この大阪力餅の優勢を象徴的に示す舞台となった。

大阪力餅はスケールメリットを活かした共同化路線を推進していった。京都から展開した力餅にとっての「一朶の白い雲」は「一国一城の主」であったが、戦後の大阪力餅がその先に目指したのは、協同組合をさらに一歩進めた力餅の「企業」化である。全盛期の大阪力餅が仰ぎ見たのは、各経営主が「白い調理服（割烹着）」をきた「一国一城の主」から、組合が創出する「公共領域」において「スーツ」を着た「企業の人」になるという高くそびえたつ「雲」であった。その志向の一端は、新調したスーツを着て近代的なホテルで行っていた組合活動の写真からもうかがうことができる。だが、地域密着型商売の力餅において、画一化の方向性への賛同は一定以上に広がることはなかった。

大阪力餅の見上げた「雲」は、「家内領域」に反転させた各店舗に「バリバリ」の女将さんのみならず、留守を任せられる番頭の存在があってこそ手を伸ばしうるものである。だが、力餅に住み込み従業員を輩出してきた労働力型都市移動は、平均きょうだい数が四人という人口学的移行期世代、すなわち「過剰人口」のしんがりによって支えられてきたものであった。高度成長期の人口転換を通じて平均きょうだい数が二人まで半減するにしたがって、郷里但馬の山間部においても高校進学率は急激に上昇し、住み込み従業員制度は衰退していく。人口転換とそれに伴う教育の普及は、大阪力餅が見上げたもう一つの「坂の上の雲」を足もとから霧散させていくことになったのである。

一方、個々の餅系食堂に目を転じると、彼らは出店先で地域密着型の商売を営み、家族を形成し、地域社会の担い手として着実に根を下ろしていった。

餅系食堂の子育てと「あるべき家族」規範

「家族の戦後体制」を地域別・階層別に実証的に検討する研究は、これまで既婚女性の主婦化に対する反証を主たる論点とする傾向があった（田渕 二〇一八、木本 二〇二一ほか）。しかし、「夫婦商売」である往時の大衆食堂で、経営主の妻が女将さんとして家業に従事することは、ことさらに言及するまでもない。夫婦とも但馬出身のケースが多く育児の手に欠けるなか、餅系食堂の女将さんは、何をおいてもまずは目の前の商売に追われており、サラリーマン家族の専業主婦のように「育児に専念」できるはずもなければ「育児ノイローゼ」になる暇もなかった。

餅系食堂の家族における子育てと、戦後高度成長期に一般化したとされる近代家族のそれとの特筆すべき違いは、餅系食堂の子育てが家族内部に閉じていないという点である。職住一致の餅系食堂の子どもたちは、地元の常連客に見守られ、地域の人々に面倒をみてもらいながら成長していった。経営主夫婦が「子どもはほったらかし」にできたのは、そこにある程度は――乳母車に赤ん坊を乗せて店の前に置いておいても心配ではない程度には――頼ることのできる地域社会が存在したからである。地域社会に包摂され、地域ぐるみで子どもたちが育まれてきたというのは、餅系食堂の子育てをめぐるマスター・ナラティブであった。餅系食堂の子どもたちは、地域社会からのまなざしを受けながら成長していくが、そのまなざしは、経営主夫婦が子どもに店を継いでほしいという継承期待を表明しないなかで、彼らを「店をする」の世界に囲い込む役割も果たしてきたのである。

一方で、このマスター・ナラティブとは異なる相にあったのが週末の子どもの学校行事をめぐるエピソードである。経営主夫婦にとって、子どもの学校行事に顔を出せなかったことは、「商売が忙しくてほったらかしだった」という以上に今なお疼く古傷である。なぜならば、週末が休みの「スーツを着たサラリーマン」の家族との違いが可視化されるのが学校という「近代」的な舞台だったからである。

「店をする」の対である「会社におる」という表現からは、逆説的に「一国一城の主」である経営主たちの誇りをみてとることができる。それでも人口学的移行期世代の経営主の多くが子どもにより高い教育を与えて、「会社におる」という選択肢を与えようとしたのは、「あるべき家族」像を実現しうるサラリーマンという「立身出世」ルートを隣に意識しながら高度成長期に子育てをしてきたことも一因といえるだろう。

人口学的移行期世代の移動経験

前述したように、人口学的移行期世代とは、昭和一ケタ世代である一九二五年生まれから一九五〇年、つまり団塊世代までを含む世代を指している。「家族の戦後体制」を形成したこの人口学的移行期世代の多くを占める労働力型都市移動者は、近代を通じて農村社会が抱えてきた「過剰人口」のしんがりである。その点において、彼らの移動と都市定着のプロセスは、現代における農村―都市移動との連続性のもとには捉えられない近代に固有の経験であった。前近代の身分制社会から解き放たれ、誰もが近代的な能力主義によって身を立てうるという「坂の上の雲」を見上げる時代的雰囲気のなかで、人口学的移行期世代のマジョリティはきょうだい数も多く、学歴を介した「立身出世」ルートに乗ることは難しかった。

だが、北但馬においては、前近代から続く京阪神への移動ルートに、新たに拓かれた餅系食堂という「もう一つの立身出世」ルートが存在した。彼らはそのルートを介して都市に移動し、親方や組合、そして地域の人々に認められ受け入れられることで「一国一城の主」として身を立てていったのである。そのプロセスにおいて求められた能力は、学歴主義的なそれに比べてはるかに多面的で、かつ全人格的なものであった。

「家族の戦後体制」において平均子ども数は二人まで減少した。「過剰人口」であった人口学的移行期世代には滅多にチャンスが回ってこなかった教育の機会であるが、次の世代は子ども数が減り、相対的に容易に教育の機会が与えられるようになっていく。人口構造上からいっても、次の世代は普及した教育ルートに乗る確率が高くなったのである。

現代における農村—都市移動は「家族の戦後体制」よりさらに縮小した若年人口の移動である。「地方消滅」に直面する地方自治体は、かつてとは比較にならないほど「当たり前」に大学進学を機に都市に出ていく若者を、いかにして郷里に呼び戻すことができるのかを模索している。

2　令和の餅系食堂

商売の縮小と廃業の増加

序章でみたように、力餅調査票調査（二〇一七）の回答者の過半数は団塊世代以上の人口学的移行期世代である。住み込み従業員の消失に始まり、経営主が高齢化するにしたがって、甘味や赤飯等の店頭販売、配達、店内飲食の三本柱で営んできた商売構成は変化している。

調査票で甘味販売をしているかを問うたところ、四五店舗中一〇店舗が甘味販売をしていなかった。甘味販売をやめた時期をみると、出店の相次いだ高度成長期から販売をやめる店舗は断続的にあるものの、団塊の世代が高齢期を迎える二〇一〇（平成二二）年以降に販売をやめる店舗が増加する傾向がみられた。甘味販売は餅系食堂の最大の特色ではあるものの、朝早くから仕込みをする必要があるため、売れ行きによっては高齢化とともに最初に手放す「柱」となりがちである。また、かつては「力餅といえば」と言われた出前配達もしなくなった店舗が増えており、近年は「両隣のお店にだけ」配達するというような店舗も出てきている[1]。

高齢の経営主が多いなか、店の後継者が「いる」と回答したのは一三人（三〇・二％）と三割にとどまっている。調査票調査時点で「体力が続く限りお店で仕事を続けたい」には三〇名（六五・二％）が「そう思う」、一二名（二六・一％）が「ややそう思う」と合わせて九割以上がなるべく長く店を継続したいという意志を示していた。

調査票調査から五年を経た令和五（二〇二三）年現在、経営主の年齢層のボリュームゾーンが後期高齢者に入ってくるなかで、力餅の店舗数は急速に縮小している（図5－3）。筆者が京都力餅組合長の店を訪問中に、組合員から釜が壊れたのを機に廃業する旨の電話がかかってきたこともある。経営主の健康や体力面だけではなく、店の設備の故障を機に廃業を決意するケースは少なくない。力餅以外の餅系食堂では時系列での店舗数の推移は確認できなかったが、聞き取りの範囲では、力餅同様新型コロナ前後での廃業が目立つといい、人口学的移行期世代が後期高齢者に差し掛かったことが餅系食堂の急激な減少に直結している様子がうかがえる。

だが、その一方で、数は少ないものの、継承された餅系食堂のなかには、これまでとは異なった新しい動きも出てきている。最後に本章では、廃業が相次ぐなかでも、新型コロナで社会が大きく変化する前後から新たな展開をみせている四つの餅系食堂の事例を紹介し、令和の餅系食堂の現在地点を概観しておこう。なお、ここでは許可を得て地域名、店名や商品名はそのまま掲載することとする。

餅系食堂の新たな展開　（1）相川力餅（現・うどん製麺所～業～相川本店）

一九七五（昭和五〇）年創業の相川力餅の二代目T22（一九八六年生）は三人きょうだいの次男である。もともとはダンサーを目指しており、高校卒業後はダンスをしながら営業やSEなど様々な仕事をしてきたが、二〇代半ばに父親の体調不良と経営不振のため店を継ぐことを決めた。ちょうど結婚と第一子が生まれるタイミングだったため周囲からは反対の声も大きかったが、T22は入職前から週末にフリーマーケット、またクラブやフェスといった若者が集うイベントの場で力餅の冷やしうどんを出店するなど斬新な試みをしており、店では手作りおはぎとうどんのセット販売をヒットさせて早くに借金を完済している(2)。

二〇二〇（令和二）年にコロナ禍で一時休業をしたのを機におはぎ等の甘味販売をやめ、別事業として「暮らしfor more」を立ち上げて、国産無添加出汁パック「海と暮らしのダシ」のネット販売を始めた(3)。また、屋号を「力餅」から「うどん製麺所～業《ごう》～相川本店」と変更し店舗をリニューアルしている（写真終－1）。T22によれば、オリジナルメニューの一つである「冷やし肉ぶっかけ」を気に入った客がチェーン店と思って他

写真終－1　うどん製麺所〜業〜

出所：筆者撮影。

の力餅に行くとなかったと言われたり、あるいは他の力餅の古くからなじみの客がT22の店に来て「駄目だよ、こんなコシのある麺を出したら」と言われたり、というようなことがたびたびあったことが、屋号を力餅から変えることにした理由であった。[4]

新しい屋号である「業」には、「五〇年前からずっとこの土地で、親子でうどん屋をやってきた」ということを重視して生業《なりわい》や輪廻の意味合いを込めたという。元美容師の女将さんの感じの良い接客とこだわりの自家製麺の評判は高く、現在も客足が絶えない地元で愛されるお店である。

先代は朝早くから晩遅くまで仕事をしていて、休日は盆と正月各三日間のみという働き詰めであり、T22が子どもの頃は「親との思い出全然ない状態」だった。現在は「その反動」で土日、祝日を定休日としており、夜の営業も一九時半までである。GWやお盆には家族でキャンプに行き、子どもの卒業式などの行事日はその旨をインスタグラムで告知し臨時休業にしているという。

（2）百万遍大力餅

D4（一九六八年生）は京都大学近くにある百万遍大力餅の四代目である。[5] 創業七〇年になる当店は、二〇二二（令和四）年度に「京都市輝く地域企業表彰」を受賞している。[6]

かつては住み込み従業員が二人おり、D4の幼少期はお世話係として雇われた子守の女性もいたという。長男であるD4は大学卒業後そのまま店に入り、両親と妻、パート二人の六人体制働いてきたが、コロナ前の二〇一八（平成三〇）年に店舗改装を行っている。

元は店舗兼住宅で店のシャッターを開閉しないと家に出入りができなかった。帰宅した子どもが営業中の店内を自転車に乗ったまま店裏に抜けていくため、「なんか通ったで、今！」「ここ中国か?!」と常連客からツッコミを入れられていたという。改装後は店の間口を半分にして自宅用の玄関を作り、ホールも縮小して席数を減らした（写真終－2）。D4の両親は改装と前後して相次いで他界し、同時期に長年勤めてきたパートの女性も退職したため、現在は夫婦二人で店を回している。改装前の店内は古く薄暗い雰囲気で、常連客も高齢者が中心であったが、壁紙を変えて全体的に明るくリニューアルした後は、学生や若い世代、外国人など新しい客層が来るようになっている。コロナ期間中も店を開けて細々と営業を続けていたところ多くの客から感謝され、なかには職場で出前の注文を取ってきてくれるような常連客もおり、地域のお客さんに恵まれ応援されていることを改めて実感したという。

写真終－2　住居用玄関を作る（百万遍大力餅）

出所：筆者撮影。

二〇二三（令和五）年には京都市中央信用金庫の担当者の勧めで、京都市の小規模事業者持続化補助金を申請し、信金経由のビジネスマッチングで「あんバターサンド」を開発した（写真終－3）。百万遍大力餅のおはぎは全国菓子大博覧会で金賞を受賞したこともある看板商品であるため、そのおはぎのあんこを利用した洋菓子の持ち帰り及びネット販売用商品として考案したのである。現在は第二弾を考えるべく、夫婦で新商品開発の試行錯誤中である。

先代の頃は営業時間が朝一〇時から夜八時までと長く休日なども少なかったが、コロナ後は午後の休

写真終－3　あんバターサンド（百万遍大力餅）
出所：百万遍大力餅ショップカード撮影。

憩を取らずに夕方五時までの営業に変更し、日曜日を定休日としている。Ｄ4が子どもの頃は運動会に親が来ないことが「当たり前」であったが、自身の子どもの運動会などの学校行事の日は昼から営業や臨時休業するなどして観に行くようにしている。「お父さん〔二代目—筆者注〕がいた時は、そんなん絶対出来ひんかった」が、夫婦二人商売となった今は、都度話し合って臨機応変に営業時間を調整しているという。

（3）深草大力餅（現・古本＆読書カフェ　大力餅）

深草大力餅は、しばらくほぼ休業状態であった両親の店を息子の二代目経営主がクラウドファンディングで復活させたユニークな事例である。深草大力餅の初代経営主（一九三九年生）は餅系食堂としては珍しく但馬ではなく宮崎県都城市の出身である。農家の長男として生まれ、一五歳で京都に出てきて親戚の紹介でレストラン「ボン伍十《ごとう》」で働いていた。[7]一一年間勤めたのち、勤め先の社長から大力餅の組合を紹介してもらい、一九六六（昭和四一）年に大力餅として独立開業する。近隣に龍谷大学、京都教育大学などがあり、運動部系の学生が集まる「爆盛り」のお店として五〇年間地域で愛されてきた。

店舗兼住宅で、働く両親の姿を見て育った長男のＤ2（一九六八年生）は、「厨房の中を踊るように動く父と母の姿」を「かっこいい」と感じており、小学校の作文ではいつも「お店を継ぐ」と書いていた。それでも大学卒業後はいったん会社員となり、大手生命保険会社の営業所長として全国各地を転勤する生活をしていたが、赴任していた福島県で東日本大震災を経験したことを転機に、「やりたいことをやるべき」と二〇一二（平成二四）年に地元京都に戻って起業をする。両親が高齢になり店はしばらく休業していたが、コロナ禍以降、四条烏丸に構えていたオフィスを引き払ってほぼ在宅ワークとなったことから、小学校の頃の「両親の食堂を継ぐ」という夢も併せて叶えることを決心したという。

二〇二三（令和五）年、「京都伏見深草で地域貢献できるお店を作りたい」というプロジェクトを立ち上げてクラウドファンディングを開始し、六九名の支援を受けて早々に目標額を達成した。また京都市の小規模事業者持続化補助金の支援も受け、ＤＩＹで改装を進めて同年九月に古本&読書カフェとして再オープンを果たしている（写真終－4）。

新しいお店のコンセプトは「静かに本を読んだり、勉強したり、思索したり、何も考えずにぼーっとしたり、もちろん健康的な食事ができて、古書も買える読書カフェ」である。身体に優しい自家製ぬか漬けや出汁を使ったうどんを出しており、店頭販売用のショーケースは先代直伝のよもぎ餅をはじめ、近隣の野菜や米、珈琲豆など町の良いものを紹介するスペースとしてそのまま活用している。ワンオペレーションで回しているが、読書家のＤ２が厳選した壁一面の本棚の本を自由に読むことができ、ゆったりした時間が流れる店舗は様々なメディアに取り上げられて多くのファンを獲得し、週末夜一一時までの「夜カフェ」や「大力餅本棚ツアー」、オリジナルグッズの販売など様々な企画を発信している。

写真終－4　古本&読書カフェ 大力餅

「街の灯りになりたい」とのコンセプトから、夜9時まで営業し閉店後も灯りをつけたままにしている。
出所：D2提供。

（4）【姫路】市民会館ちから（**現・ちからCafe**）

一九五三（昭和二八）年創業の市民会館ちから（力餅）は、経営主の息子の同級生でパートとして手伝いにきていた女性による継承で「ちからCafe」

として生まれ変わった珍しいケースである。

先代の二代目経営主（一九四〇年生）は、後継者のいない親方の店を譲り受けて経営をしていた。店を継ぐつもりで一緒に働いていた一人息子が三〇代半ばに病気で急逝し、その後、妻にも先立たれて手がなくなっていた二〇一二（平成二四）年、姫路駅前で三〇年間喫茶店「代官山」のオーナーをしていたT23の母親が、地元の知り合いの紹介で「ちから」の手伝いをするようになった。T23は母親の経営する「代官山」のスタッフのほか、会社員として営業や事務、販売員など様々な仕事を経験してきたが、たまたましばらく専業主婦をしていた二〇一九（平成三一）年頃に母親に誘われて、一緒に手伝いをすることになったという。T23は亡くなった先代の息子と保育園から中学校まで一緒の幼馴染であり、「もう濃いい、きゅっきゅっ、て地元の感じ」のつながりであった。

自分の代で店をたたむのは忍びないという先代から、「一緒にしてくれへんか」と相談されたT23が店を継ぐことを決めたのは、もともとあんこ嫌いのT23が先代のおはぎだけは昔から美味しいと感じており、なくなってしまうのはもったいないと考えたからであった[8]。とはいえ、先代は修業を通して「体」で技術を習得しており、「レシピ」らしいものは一つもなかった。「だいたいこれくらいやねん」という先代の教え方に困ったT22は小豆を家に持ち帰り、先代のおはぎの味を再現するため二カ月間一グラムずつ配合を変えて試作を重ね、これという味を決めたという。先代は跡継ぎが決まって間もなく施設に入ったため、現在はT23とT23の母親の二人で店を回している。

二〇二三（令和五）年にボイラーが故障したのを機に店舗を大幅に改装し、「ちからCafe」として同年九月にリニューアルオープンした。大学生の息子と娘が時折手伝いに入ることはあるが、基本は母親と二人で従業員を雇用せず営業しているため、オペレーションの動線を考えて店舗の入口を奥に下げ、縮小した調理場の横にレジを置くことにした（写真終-5）[9]。おはぎの販売とランチタイムのうどん、先代こだわりの材料（鰹、昆

写真終－5　入口を奥に下げたちからCafe

店頭には昔使われていた古いおかもちが飾られている。
出所：D23所蔵。

写真終－6　ちからCafeロゴマーク

力餅の「杵のマーク」を亀（T23）がゆっくりと引っ張る。
出所：ちからCafeショップカード撮影。

布、小豆）の仕入れ先は以前のままで、リニューアル後は新たにモーニングとカフェタイムも営業している。小ぶりのおはぎ二つと本日のお手製スイーツを組み合わせた「ちからプレート」をはじめ、モーニングの手作りポテトサラダ、淡路島産の玉ねぎを使ったこだわりの自家製ドレッシングは評判がよく、昔なじみの客の応援に加えて新しく通う常連客も増えているという（写真終－6）。

変化の方向性

この四つの令和の餅系食堂は、昭和の餅系食堂をそのまま継承するのではなく、店や経営主の置かれた状況に応じてさまざまに、彼ら自身が選択したあり方で進化している。これらの店舗に象徴的にみられる令和の餅系食堂の特徴として、従業員雇用を前提としない経営スタイル、商売と家庭生活の両立、資金調達方法の変化の三点を取り上げよう。

百万遍大力餅、ちからCafe（市民会館）は、経営主夫婦と複数の住み込みあるいはパート従業員の存在を前提としていた店舗の規模を縮小している。また深草大力餅は、ワンオペレーションで提供に時間がかかっても不満が生じにくい、ゆっくり流れる時間そのものをコンセプトとした店舗に変更している。もともと店舗規模がさほど大きくなかった相川力餅を除いて、経営主もしくは経営主夫婦だけで店を回せるように、店舗改装を機にホール規模を小さくしたり工夫をしたりしていることが特徴である。

これには、従業員雇用で発生する固定的な人件費を抑えたい、という事情もあるが、そもそもが人手不足のなかパート募集をしても人が集まらない、たとえ来ても定着しないといった問題を挙げる経営主は少なくない。そのため、客足が絶えない人気の餅系食堂が店内飲食をやめて甘味の店頭販売一本に絞るようになったケースや、昼間の混雑時数時間のみスマホのアプリ「タイミー」を通じて単発で皿洗いに来てもらっているケースもある。(10) 昭和の餅系食堂は、裸一貫の同郷の若者たちの人生をある程度まで抱える腹積もりで安い若年労働力を確保してきたが、令和の餅系食堂においては、契約に基づく近代的な雇用関係をさらに通り越して、履歴書も面接もなしに細切れの労働力を売り買いする場面が出現しているのである。

もう一つの特徴は商売を家庭生活と両立させる動きである。かつての餅系食堂は、おはぎや赤飯等の店頭販売の仕込みもあるだけに、他の飲食店以上に朝早くから夜遅くまでの長時間労働であることが常であった。「作っても作っても売れる」という往時の景気の良さにも支えられて、経営主夫婦は自らの労働力を極限まで自己搾取することで商売を繁盛させ、子どもを育て学校に行かせてきたのである。子どもとの時間がなかなか取れない、学校行事に顔を出せないことは食堂商売を営む以上致し方のないことであり、借金を抱えて商売をスタートさせる経営主にとって、子どもの学校行事に行くために臨時休業することなど「考えられない」ことであった。

現在の餅系食堂では、サラリーマン同様に日曜日・祝日を定休日にする店舗も少なくない。前述の事例のなかでも、夫婦で店を営み就学中の子どもがいる相川力餅や百万遍大力餅のケースをみると、日曜日を休業日にしており、子どもの学校行事の際には店を休みにしている。(11) 令和の餅系食堂においても一日一日の商売が重要であることには変わりはないが、かつては圧倒的に優先度が低かった家族生活、なかでも子どもに関連することの重要性は、昭和期に比べると確実に増しているといえる。それと同時に、どちらの餅系食堂もそれぞれの店舗の売りを活かした持ち帰りやネット販売用の商品を開発し、店内飲食だけにとどまらない商売の展開を模索している。

資金調達方法の変化も注目に値する。京都市小規模事業者持続化補助金は、二〇二〇（令和二）年に中小企業庁が実施した全国的な「小規模事業者持続化補助金」と並行して京都市が独自に実施したものであり、コロナの影響で経営が困難な小規模事業者を支援するための補助金である。この補助金を活用して百万遍大力餅は新商品の開発を行い、深草大力餅は店舗改装を行っている。また、深草大力餅については、クラウドファンディングという新しい資金調達の手法を取り入れている。

人口学的移行期世代の裸一貫の初代経営主にとって、銀行からの借り入れは簡単なものではなかった。彼らには親方子方というタテの社会関係に身を置くことで得られる経済的サポートや頼母子講、あるいは大阪力餅組合の力餅ローンのように、同郷同業の濃いネットワークを基盤として資金調達をすることがほぼ唯一の手段であった。二〇一〇年代中頃からは、オンラインで事業の資金調達が出来るクラウドファンディングが成長し、一般の人々にとっても身近な手段として選択できるようになっている。魅力的なコンセプトに対して賛同を得ることができれば、対面的な関係性に限定されたり、あるいは縛られたりすることなく、資金調達ができるようになってきているのである。

3　継承されていくものは何か

令和の餅系食堂において、継承されていくものとは何なのだろうか。従来、商家における家業の継承は「継承財」である暖簾を守ること、具体的には屋号すなわち店の名前や看板が続くということをもって継承されているとみなされてきた。しかし、先に取り上げた四つの事例では、店の継承にあたって、力餅や大力餅といった屋号を守ることが最も重視されているわけではない。相川力餅は実際に屋号を変更しており、百万遍大力餅のＤ４は継承にあたって先代の父親から「店名どうする?」と聞かれたものの、自分が大力餅という名前を気に入っているからそのままにした、と述べている。また深草大力餅のＤ２の場合は、当初はお洒落な横文字の店名を色々と考えていたがいずれもしっくりこず、「考えるのに疲れて」大力餅のままにしたという。ちからCafe（市民会館）に至っては、リニューアルにあたって外壁の大きな屋号のディスプレイを取り外すのを「工務店に伝えるのを忘れていた」という。こうした各店舗の経緯を聞く限り、店を継承することと屋号を継承することは必ずしもイコールではないことは明白である。

後継者たちが先代から引き継いで守っていきたい「継承財」として挙げるのは、あんこの味であったり、秘伝のヨモギ餅であったり、こだわりの原材料であったりと店舗によって様々である。そして、何を継承していくべきものと考えるかは、実際のところ先代と後継者の間でも一致しているわけではない。ちからCafe（市民会館）のＴ23は、先代から「うどん屋じゃなくてもいい、喫茶店でも何でも、あんこも辞めたらいいから〔店を続けてほしい──筆者注〕」と言われ、「いや、あんこ辞めたらあかんやろ」「それがメインや!」と言い返したという。

餅系食堂において継承されていくものは、「力餅」や「大力餅」の屋号や暖簾を継承すること、あるいは先代の味を守り続けることというよりは、「この土地で店をする」ことそのものである(12)。令和の餅系食堂は、昭和の餅系食堂が強みとしてきた特有の雇用スタイルや資金調達のあり方といった面において大きく変化しているが、彼らが地域のなかにあって、その地域を足場に新たな展開をしようとしている点で四つの事例は共通している。

義務教育以上の教育を与えられることが「自明」になった人口学的移行期世代の次の世代からすると、店を継ぐことは彼らの人生における選択肢の一つである。そして、店を継ぐにあたって何を継承していくのか、ということに関しても選択肢がある。しかし、「この土地」は彼らにとっては故郷であり、その地域で育てられたということ、そこで先代が積み上げてきた「店をする」という営みの蓄積の上に立っているということを抜きに、彼らの継承を語ることはできないだろう。現在の餅系食堂の後継者たちは、かつての大阪力餅のようなもう一つの「坂の上の雲」を見上げることはしない。彼らは画一化された「スーツ」を着る「公共領域」に生きようとするのではなく、ネット社会をうまく活用しつつ、個人化されたライフスタイルを確たる足場のある地域において実現しようとしているのである。

「力餅」から屋号を変えたD22が「五〇年間、ずっとこの土地で、親子でうどん屋をやってきた」ことを新しい屋号「業」に込めたのは、地域密着型の餅系食堂がいまや共通の暖簾の歴史を必ずしも「継承財」とする必要がないほど、それぞれの地域に根を下ろして商売を営んできたことを示している。但馬から「もう一つの立身出世ルート」を歩んだ人々が紡いできた「店をする」という営みは、地域社会の記憶の中に深く刻まれているのである。

注

（1）聞き取りによれば、出前配達をやめた理由としては高齢になった以外にも、届けてすぐ食べてくれるかどうか分からない、夏場が暑くなりすぎて商品が傷みやすい、といったことが挙げられている。

（2）手作りおはぎとうどんのランチセット販売は学生や若者に受けがよく、市外からも客が集まったという。

（3）二〇二四年九月時点では、原料の入手難と価格高騰のためいったん販売を停止している。

（4）T22は、「同じ屋号だけど場所によって違うんですよっていうことを〔上手に―筆者注〕アピールしてこなかった」力餅組合のブランディング力不足を指摘している。地域密着型で商売を展開してきた力餅にとって、地域によってメニューや味が違うことは当たり前のことだったが、当たり前であるがゆえに、組合としてそれを魅力としてアピールするというアイディアは出てこなかったといえよう。だが、インターネットが発達し、様々なグルメサイトが全国各地のお店を紹介する現在、店は依然として地元密着であっても、消費者の側の行動範囲はかつてとは比較にならないほど広がっている。

（5）百万遍力餅の初代はD４の父親の長姉の夫、二代目は父親の長兄であり、長兄から譲られる形でD４の父親が三代目となった。初代、二代目は下のきょうだいに百万遍の店舗を譲って、それぞれ寺町御池、四ノ宮に店舗を構えている。父親は日高町の農家の八人きょうだいの四男であり、義兄の独立開業を皮切りに下のきょうだいが次々と呼ばれる形で京都に転出してきた。日高町の実家は一番下の五男が継いでいるという。

（6）「京都市輝く地域企業表彰」は、地域に長年親しまれている事業者をはじめ、安心安全への貢献、文化の継承、自然環境の保全、多様な担い手の活躍支援等、地域に根差して企業活動に取り組む事業者を表彰するものである（京都・地域企業応援プロジェクトHPより）。

（7）ボン伍十は現在業種転換をして笹寿し伍十（京都市下京区）となっている。

（8）T22は『神戸新聞』（但馬版）に連載された力餅の特集記事（二〇二三年一〇月一七日、二四日掲載）を夫が偶然見つけて教えてくれるまで、自身が継承した「ちから」が明治来の歴史を持つ力餅食堂の店舗の一つであることを知らなかったという。

（9）餅系食堂は店頭販売があるため、入口近くにレジが置かれているケースが多い。

（10）「タイミー」は二〇一八（平成三〇）年八月にサービスを開始したアルバイトマッチングサービスで、アプリを通じて短期間や単発のアルバイトを探す人と起業を結ぶプラットフォーム会社である。即時勤務、即日振込を売りに急成長をしており、二〇二四（令和六）年五月には累計ワーカー七〇〇万人を突破している（Timee HPより）。

（11）もっとも、それが可能であるのは、二代目以降経営主にはすでに店舗があり、先代が苦労して築き上げた基盤の上で商売をしているからである。T10の店を継承した息子は、初代経営主であるT10がこれまでに返済してきた借金の額を知って驚きを隠さなかったという。

（12）市民会館「ちから」から暖簾分けをしたT10は、親方の店舗が閉店しているという噂を聞いて驚いて様子を見に行き、T23がカフェスタイルにリニューアル工事中であることを確認して「ホッとして」帰ってきたと語っている。元番頭のT10にとっても大切なのは、どのような形であれ「そこで店が続けられていること」であった。

参考文献

【書籍・論文】

朝倉喬司　二〇〇三『ヤクザ・風俗・都市——日本近代の暗流』現代書館。

鯵坂学　二〇〇九『都市移住者の社会学的研究——『都市同郷団体の研究』増補改題』法律文化社。

天野正子　一九八六「小規模自営業で働く主婦の労働と生活過程——家族従事の「積極性」と「消極性」のメカニズム」『国民金融公庫調査月報』№二九七。

有賀喜左衛門　一九七〇（一九五九）「家と親分子分」『有賀喜左衛門著作集Ⅸ』未來社。

荒木康代　二〇〇八「商店『経営』と『家族』生活——一九五〇年代の大阪船場の「住み込み」の事例から」『関西学院大学社会学部紀要』一〇六号。

新雅史　二〇一二『商店街はなぜ滅びるのか——社会・政治・経済史から探る再生の道』光文社。

伊賀光屋　二〇〇二「自営業・中小企業の家族戦略」石原邦雄編『家族と職業——競合と調整』ミネルヴァ書房。

池岡義孝　二〇一七「戦後家族社会学の展開とその現代的位相」藤崎宏子・池岡義孝編著『現代日本の家族社会学を問う——多様化のなかの対話』ミネルヴァ書房。

石井淳三　一九九六『商人家族と市場社会——もうひとつの消費社会論』有斐閣。

石井淳三・高室裕史・柳到亨・横山斉理　二〇〇七「小売商業における家業継承概念の再検討——日韓比較研究を中心にして」『国民経済雑誌』一九五（三）。

石川周作　一九九三「京都市域におけるうどん屋台営業の地域的展開——「非常設店舗商業に関する序論的考察」『人文地理』第四五巻第二号。

石村眞一　二〇〇四『元気のある商店街の形成——千林商店街とその周辺』東方出版。

岩本由輝　一九九四「故郷・離郷・異郷」『岩波講座　日本通史』第一八巻、岩波書店。
氏原正治郎　一九五四「日本農村と労働市場」『農村問題講座』第三巻。
エコノミスト編集部編　一九八四『証言・高度成長期の日本（下）』毎日新聞社。
大門正克　二〇一〇「高度成長の時代」大門正克・大槻奈巳・岡田知弘・進藤兵・高岡裕之・柳澤遊変『シリーズ高度成長の時代一　復興と離陸』大月書店。
大河内一男　一九五〇（一九八三）「賃労働における封建的なもの」『経済学論集』第一九巻四号、東京大学経済学会（再録：中安定子編『昭和後期農業問題論集五　農村人口論・労働力論』農山漁村文化協会）。
大谷渡編　二〇一三『大阪の近代　大都市の息づかい』東方出版。
岡崎秀典　一九八七「瀬戸内海島嶼部における人口流出と都市の同郷団体」『内海文化研究紀要』一五、広島大学内海文化研究所。
奥井亜紗子　二〇一一『農村—都市移動と家族変動の歴史社会学——近現代日本における「近代家族の大衆化」再考』晃洋書房。
———　二〇一八「京阪神地域における大衆食堂経営主の生活史と同郷ネットワーク——「力餅食堂」を事例に」『現代社会研究科論集』第一二号。
———　二〇一八『力餅食堂経営主の生活史——平成二九年度力餅経営主アンケート調査結果報告』平成二八〜三〇年度科学研究費補助金（若手研究（B））研究成果報告書『戦後日本における労働力型都市移動と家族変動の実証的研究——親方子方関係に着目して』。
———　二〇一九「大衆食堂経営主の『暖簾分け』と同業ネットワーク——「力餅食堂」を事例として」『社会学雑誌』神戸大学社会学研究会、第三五・三六号。
———　二〇二〇「労働力型都市移動と同郷ネットワークの『論理』——但馬出身者による京阪神都市圏下大衆食堂の展開を事例として」日本村落研究学会企画、福田恵編『年報村落社会研究』五六、農山漁村文化協会。
———　二〇二二「大衆食堂の暖簾分けと継承の諸相」鈴木理恵編『家と子どもの社会史——日本における後継者育成の研究』吉川弘文館。
落合恵美子　一九八九『近代家族とフェミニズム』勁草書房。

―― 一九九四（二〇一九）『二十一世紀家族へ――家族の戦後体制の見かた・超えかた〔第四版〕』有斐閣選書。
―― 二〇一四「近代世界の転換と家族変動の論理――アジアとヨーロッパ」『社会学評論』六四（四）。
恩田守雄 二〇一九『支え合いの社会システム――東アジアの互助慣行から考える』ミネルヴァ書房。
加瀬和俊 一九九七『集団就職の時代――高度成長のにない手たち』青木書店。
加藤政洋・〈味覚地図〉研究会 二〇一三『京都食堂探求――「麺類・丼物」文化の美味なる世界』筑摩書房。
勝俣達也 二〇〇八「視点（第五三回）日本の就業構造における自営業層の歴史的位置――現代の雇用問題への問いかけ」『国際経済労働研究』一六三巻四号。
門脇厚司 一九六九「日本的『立身・出世』の意味変遷」『教育社会学研究』第二十四集。
金崎肇 一九六一「石川県人と大都市の浴場業」『地理』六―四。
鎌田哲弘 一九七三「都市自営業層の階級的性格――社会学的分析の試み」『静岡大学法経研究』静岡大学人文学部。
神島二郎 一九六一『近代日本の精神構造』岩波書店。
喜多野清一 一九五九「親方子方」『社会と民俗Ⅱ（日本民俗学大系 第四巻）』平凡社。
鬼頭宏 二〇〇〇『人口から読む日本の歴史』講談社。
木本喜美子 一九九五『家族・ジェンダー・企業社会――ジェンダー・アプローチの模索』ミネルヴァ書房。
――編 二〇一八『家族・地域のなかの女性と労働――共働き労働文化のもとで』明石書店。
―― 二〇二一「ふたつの継続的就労女性像と働く意味――織物産地の経験をもとに」『家族社会学研究』第三三巻第二号。
河野正直 一九三四「但馬に於ける出稼の地理的考察――主として百日稼に就いて」『地学雑誌』四六号。
越川次郎 二〇〇二「同窓会と故郷――在京気仙沼高校同窓会の事例から」松崎憲三編『同郷者集団の民俗学的研究』岩田書院
小浜ふみ子 一九九五「下町地域における町内社会の担い手――戦前期の下谷区を事例として」『社会学評論』四六（二）。
斉藤史郎 二〇一八『昭和日本の家と政治――日本社会学における家理論の形成と展開』弘文堂。
酒井はるみ 一九九四「日製の少子化政策」日立の現代史の会編『日立製作所と地域社会』2巻、日立市郷土博物館。
坂田博美 二〇〇六『商人家族のエスノグラフィー――零細小売商における顧客関係と家族従業』関西大学出版会。

坂本佳鶴恵 一九九七『「家族」イメージの誕生、日本映画にみる「ホームドラマ」の形成』新曜社。
佐藤（粒来）香 二〇〇四『社会移動の歴史社会学――生業／職業／学校』東洋館出版社。
司馬遼太郎 一九七八（一九九九）『坂の上の雲（八）』文春文庫。
嶋崎尚子 二〇二一「特集のねらい――産業・地域から家族の何がみえるのか」『家族社会学研究』第三三巻第二号。
清水美知子 二〇〇四『〈女中〉イメージの家庭文化史』世界思想社。
庄谷怜子・末川千穂子・中村和子 一九七〇「都市自営業の『家』と生活保障――西陣織業世帯の調査を中心として」『社会問題研究』。
東海林さだお 二〇二一『大衆食堂に行こう』だいわ書房。
杉之原壽一 一九五三『但馬における親方・子方関係の実態』京都大学人文科学研究所調査報告第一〇号。
杉原達 一九九八『越境する民――近代大阪の朝鮮人史研究』新幹社。
鈴木智道 一九九六「戦間期日本における家庭秩序の問題化と「家庭」の論理――下層社会に対する社会事業の認識と実践に着目して」『教育社会学研究』第六〇集、日本教育社会学会。
隅谷三喜男 一九六四（一九八三）「農民層分解と労働市場」（再録：中安定子編『昭和後期農業問題論集五　農村人口論・労働力論』農山漁村文化協会）。
祖父江孝男 一九六九「日本における同郷人の結合様式――県人会の比較研究」日本社会心理学会編『年俸社会心理学』一〇、勁草書房。
武田尚子 一九九九「都市流入者と『出身地域』という属性――広島県沼隈郡内海町出身者の大阪における同郷団体」『日本都市社会学年報』一七、日本都市社会学会。
竹内洋 二〇〇五『立身出世主義――近代日本のロマンと欲望［増補版］』世界思想社。
竹中英紀・高橋勇悦 一九八八「大都市インナーエリアにおける社会移動と地域形成――東京・墨田区K地区調査（一九八七）より（東京インナーエリアの社会学的研究）〈特集〉」『総合都市研究』三四．東京都立大学都市研究センター。
谷譲二 二〇〇〇「就職・進学移動と国内人口移動の変化に関する分析」『地理学研究報告』二〇号。
谷口貢 二〇〇二「都市における同郷者集団の形成と故郷観――新潟県西蒲浦地方の出郷者と東京の風呂屋・銭湯の展開」松崎憲三編『同郷者集団の民俗学的研究』岩田書院。

田渕六郎 二〇一八「〈戦後家族モデル〉再考」公益社団法人日本学術協力財団『学術の動向』二三（九）。
鄭賢淑 二〇〇二『日本の自営業層――階層的独自性の形成と変容』東京大学出版会。
徳井美智代 二〇〇九「小規模製造業における業種の妻の役割――東京都大田区の事例から」『日本中小企業学会論集』第二八号、同友館。
仲修平 二〇二一「日本における自営業の変遷――地域別にみる雇われない働き方の仕事環境」『日本政策金融公庫論集』第五〇号。
中西雄二 二〇一六「奄美出身者の組織化と領域的アイデンティティ――神戸における終戦から復帰までの事例をもとに」『文明研究』三五。
―― 二〇二一「同郷ネットワークと職業紹介機能――同郷者集団研究の知見をもとに」労働政策研究・研修機構『日本労働研究雑誌』六三（七）。
中野卓 一九六六「商業経営の主体――商家とその同族組織」『社会経済学』三一巻六号（再掲：永原和子編『日本家族史論集一一 家業と役割』吉川弘文館。
―― 一九七八『商家同族団の研究（上）（下）』未來社。
並木庄吉 一九六〇『農村は変わる』岩波書店。
成田龍一 一九九八『「故郷」という物語――都市空間の歴史学』吉川弘文館。
西村雄郎編著 二〇〇六『阪神都市圏における都市マイノリティ層の研究――神戸在住「奄美」出身者を中心として』社会評論社。
―― 二〇〇八『大都市圏の拡大・再編と地域社会の変容』ハーベスト社。
野沢一馬 二〇〇二『大衆食堂』創森社。
野尻重雄 一九四二『農民離村の実証的研究』（再録：一九七八、近藤康男編『昭和前期農政経済名著集』一〇、社団法人農山漁村文化研究会。
野村正實 一九九八『雇用不安』岩波書店
―― 二〇一四『学歴主義と労働社会――高度成長と自営業の衰退がもたらしたもの』ミネルヴァ書房。
―― 二〇一六「高度成長期における会社・自営業・学歴主義――一つの問題提起」『社会政策』第八巻第一号、社会政策学会。
野依智子 二〇一〇『近代筑豊炭鉱における女性労働と家族――「家族賃金」観念と「家族イデオロギー」の形成過程』明石書店。
服部治則 一九八〇『農村社会の研究――山梨県下における親分子分慣行』御茶の水書房。
深沼光 二〇一一「新規開業企業における家族従業員の役割」『調査月報：中小企業の今とこれから』二八、日本政策金融公庫。
福田恵 二〇一六「近代山村における林業移動と人的関係網――広狭域に及ぶ山村像の把握に向けて」『年報村落社会研究』五二、農山漁村文化協会。
―― 二〇二〇「農山漁村をめぐる移動研究の俯瞰図」福田恵・日本村落研究学会編『年報村落社会研究』五六、農山漁村文化協会。
松本通晴 一九六八「西陣機業者の地域生活――とくに西陣機業を規定する地域生活の特質について」『人文学』一〇九。
―― 一九八六「離村者の口述資料一富山県東礪波郡利賀村出身者の事例」『評論・社会科学』三一、同志社大学人文学会。
丸山侃堂・今村南史 一九一二（一九九八）『丁稚制度の研究』政教社（『日本〈子どもの歴史〉叢書二二』久山社）。
見田宗介 一九六九「『立身出世主義』の構造――日本近代の価値体系と信念体系」（再録：一九七一年『現代日本の心情と倫理』筑摩書房）。
―― 一九九〇『農村変動の研究』ミネルヴァ書房、一九九〇年。
―― 一九九四『都市移住の社会学』世界思想社、一九九四年。
宮崎良美 一九九八「石川県南加賀地方出身者の業種特価と同郷団体の変容――大阪府の公衆浴場業者を事例として」『人文地理』五〇（四）。
―― 一九七九『現代社会の社会意識』弘文堂。
茂木信太郎 二〇一九『食の社会史―兵食からレストランへ』創成社。
本橋文平 一九八七『但馬の夜明け――革新青年学生の活動』健友館。
柳田国男 一九〇二（一九九一）『時代と農政』聚精堂（『柳田国男全集』二九巻、筑摩書房）。

山口覚 二〇〇八『出郷者たちの都市空間——パーソナル・ネットワークと同郷者集団』ミネルヴァ書房。
—— 二〇一六『集団就職とは何であったか——〈金の卵〉の時空間』ミネルヴァ書房。
山口拡 二〇一二「東京の銭湯と同郷の結びつき——新潟県出身者を事例に」『民俗学論叢』第二七号、相模民俗学会。
山崎朋子 一九九八「丸山侃堂・今村南史共著『丁稚制度の研究』／京都市社会課編『京都に於ける女中に関する調査』解説」『日本〈子どもの歴史〉叢書二二』久山社。
山本賢治・松田敦志 二〇〇八「郊外の形成」浅野慎一・岩崎信彦・西村雄郎編『京阪神都市圏の重層的なりたち——ユニバーサル・ナショナル・ローカル』昭和堂。
湯浅俊郎 一九九九「都市同郷団体の生成と変容——石川県小松市、加賀市出身者を事例として」『同志社社会学研究』第三号。
湯澤規子 二〇一八『胃袋の近代——食と人々の生活史』名古屋大学出版会。
米村千代 一九九九『「家」の存続戦略——歴史社会学的考察』勁草書房。
Schutz, Alfred 一九三二 Der sinnhafte Aufbau der sozialen Welt : eine Einleitung in der verstehende Soziologie, Springer-Verlag.（＝二〇〇六年、佐藤嘉一『社会的世界の意味構成——理解社会学入門、改訳版』木鐸社）。

【資料】

神美村誌編集委員会編 一九五七『神美村誌』。
香住町教育委員会 一九三四（一九九一）『長井村誌』。
京都力餅組合『従業員記録』。
—— 『会議記録』。
厚生労働省 二〇〇九『飲食店営業（一般食堂）の実態と経営改善の方策』。
国民金融公庫調査部 一九八〇『日本の中小飲食業——八〇年代の活路を拓く』中小企業リサーチセンター。
千成餅組合 一九九二『千成餅』。
総務省「事業所・企業統計調査」各年度。
但馬杜氏編集委員会 一九八一『但馬杜氏』。

力餅連合会　一九八八『一〇〇年のあゆみ』一〇〇周年記念事業委員会。

――――――　一九八九『代議員会資料』（平成元年五月二四日）。

――――――　一九九一『会員名簿』（平成三年三月現在）。

――――――　二〇一五『会員名簿』（平成二七年三月現在）。

――――――「力餅連合会総会資料」各年度。

中小企業庁　一九五七『第一回中小企業総合基本調査』。

中村裕英　一九七七『昭和五十二年歴代記録』。

内閣府経済社会動向研究所『消費動向調査』各年度。

奈佐誌編集委員会　一九五五『奈佐誌』。

日高町史編集専門委員会議編　一九七六『日高町史上巻』日高町教育委員会。

日高町史編さん委員会三方部会　一九七〇『三方村誌稿本』。

兵庫県『兵庫県統計書』（都道府県統計書集成：戦後編）雄松堂。

報道出版『にっぽんの顔』「のれん分けで受け継いだ老舗の味を地域の皆様に　力餅食堂」一九九七年一〇月号。

文部科学省「学校基本調査」各年度。

文部省調査局　一九六二『日本の成長と教育　教育の展開と経済の発達』。

『朝日新聞』「小熊英二寄稿　二〇二四衆院選　よき統治のために」二〇二四年一〇月一二日。

『京都新聞』（夕刊）』「なぜ？京でうけた『〇〇餅』」一九九五年一二月二日。

『近畿麺類新聞』「大阪麺類組合相談役　青山新右衛門氏逝去」一九七八年第三五五号。

『神戸新聞』（但馬版）』「特集　餅系食堂（上）『餅系』の屋号、ルーツは但馬に」二〇二三年一〇月一七日。

――――（但馬版）「特集　餅系食堂（下）但馬と都市、食と職…戦後史見える」二〇二三年一〇月二四日。

『日本経済新聞』「『大大阪』歩みと挫折　市制一三〇年三度の拡張」二〇一九年七月四日。

『毎日新聞』「社説：アサッテ君　四〇年分の感謝を込めて」二〇一四年一二月三一日。

『料飲観光新聞』「小林元組合長を再選　大阪力餅組合本年度の総会開く」一九九三年五月五日。

――――「堺・百舌鳥に新店舗　田野一雄が独立開業一九九八年七月二〇日。

――「大阪力餅組合　新会長に青山恵弘氏」二〇〇一年四月二〇日。
――「晩秋の北陸路を清遊　力餅組合和倉温泉へ慰安旅行」二〇〇三年一〇月二〇日。

【参考ＵＲＬ】

一般社団法人日本即席食品工業協会ＨＰ
https://www.instantramen.or.jp/history/evolution/（最終閲覧二〇二四年六月二三日）。
一般社団法人日本フランチャイズ協会
http://www.jfa-fc.or.jp/particle/320.html（二〇二四年六月二三日最終閲覧）。
OECD　Data https://data.oecd.org/emp/self-employment-rate.htm（二〇一七年一一月二九日最終閲覧）。
大阪府麺類食堂業生活衛生共同組合
https://www.menrui-osaka.net/index.html（二〇二四年八月一八日最終閲覧）。
京都・地域企業応援プロジェクトＨＰ
https://community-based-companies.kyoto/hyousyou（二〇二四年八月二五日最終閲覧）。
国立社会保障・人口問題研究所　一九八八「昭和六二年　第九次出産力調査（結婚と出産に関する全国調査）――第Ⅰ報告書　日本人の結婚と出産」厚生省人口問題研究所（二〇二四年九月二〇日最終閲覧）。
総務省ＨＰ　第三回統計分類専門会議（H24・5・24）「日本標準産業分類　第一二回改定の主要な改定点」
https://www.soumu.go.jp/main_content/000347367.pdf（二〇二四年六月一日最終閲覧）。
Timee　ＨＰ
https://corp.timee.co.jp/news/detail-2570/（二〇二四年九月一〇日最終閲覧）。
但馬学研究会ＨＰ
https://camel2.sakura.ne.jp/tajimagaku/blog/index.php?e=25（二〇一九年二月九日最終閲覧）。
内閣府男女共同参画局『男女共同参画白書令和五年度版』
https://www.gender.go.jp/about_danjo/whitepaper/r05/zentai/pdfban.html（二〇二四年九月一七日最終閲覧）。
ヒロタ創業一〇〇周年特設サイト

https://www.the-hirota.co.jp/html/100th/history（二〇二四年六月二三日最終閲覧）。

あとがき

長らく病気休業をされていた京都・宮川町力餅の北垣和哉氏から、営業を再開する旨の御葉書が届いたのは二〇二四（令和六）年早春である。勤務先の大学から歩ける距離にある宮川町力餅は、筆者が力餅調査を始めた当時京都力餅組合の組合長を務められており、以来、随分と訪問させていただいた。開店早々に寄って温かいおうどんをいただこうと、久しぶりに四条通から鴨川沿いの道を南に歩いていくと、店の数軒手前からふと、出汁の香りが鮮やかに漂ってきた。近づくと厨房からカチャカチャと瑞々しい音が聞こえてくる。あの時の胸ににじんわり広がった高揚感を、どのように表現すればいいだろうか。休業中の店にうかがった時とは打って変わって通り全体が活き活きと生気を漲らせていて、地域にとって店が営まれているとはこういうことなのか、と、すとんと胸に落ちてくるものがあった。

店に入ってご挨拶をすると、手術で声帯を失った北垣氏は発声補助器具を喉に当てながら、でもさっぱり晴れやかな笑顔で「最後の足掻きです」とおっしゃられた。常連らしい幾度かお見掛けしたことのある年配の女性がすでに来店されていて、「頑張り屋さんやからなぁ、昔から」と相槌を打ちながら嬉しそうに食事をされていた。子どもの頃は学校の先生になりたかった、という二代目の北垣氏は拙稿の抜刷にもいつも関心を持って目を通してくださった。

本書の完成をご報告できなかった仕事の遅さが悔やまれてならない。北垣氏のご冥福をお祈りする。

＊　＊　＊

本書は二〇一五年から足掛け九年、途中、家庭の事情とコロナ禍で二度の中断を挟んで調査をしてきた餅系食堂のモノグラフである。筆者はもともと二〇〇七年頃から共同研究に入っていた兵庫県但馬地方日高町の集落で、「このあたりは昔から力餅に出る人が多かった」という語りを何度も耳にしていた。だが、その「力餅」が「あの力餅」のことを言われているのだと気付くには、実はしばらく時間がかかった。大阪育ちの筆者にとって力餅は――語弊を恐れずに言えば――特に意識することもないほど風景に溶け込んで、「なんか、知ってる」大衆食堂だったからである。その後、少し気を付けて但馬のフィールドで話をうかがうと、お世話になっている元区長のおじにあたる方が力餅をされていたり、母親が戦前に力餅に出ていたことがある、という人がいたり、あるいは、学卒後しばらく都会の親戚の店に住み込みで手伝いをしていた、という人のいう「親戚の店」が実は力餅であったり、ということが次々と明らかになった。身近な家族から少し遠い親戚、同郷者や同級生まで辿ると、たいていの人は誰か一人は力餅、あるいは他の餅系食堂関係者に辿り着くのである。日高町内のある中学校卒業生名簿の職業欄に「農業」「大工」「会社員」などにまじって「力餅」という文字を発見したこともある。こうしたことが意味するのは、戦前から北但馬特に北但東部を中心に「力餅」という固有名詞で了解されるような都市移動ルートが存在していた、ということであった。

そうして筆者の「亀の歩み」の餅系食堂調査がスタートした。大阪・千林商店街の靴屋「花幸」の三代目である今西幸嗣氏は筆者の中学時代の同級生であり、彼から千林力餅の青山恵弘氏を紹介してもらったのが初めの一歩である。以降、紹介を辿った機縁法で多くの方々からお話を伺わせていただいた。相川力餅の小林正司氏には、往時から撮り溜めた沢山の写真をはじめ、記念式典や慰安旅行、テレビ取材などの貴重な動画を閲覧・視聴させていただいた。小林氏の記録資料がなければ、本書が形になることはなかっただろう。定休日にボイラーをつけて毎朝のおはぎ作りの工程を一通り見せてくださった水田年男氏、筆者の「応援団」として街歩きの折々に各地の力餅情報をお寄せくださった猪師三郎氏はじめ、お一人お一人のお名前をすべて挙げることはとてもできないが、お忙しいなかさまざまな形でご協力をいただいてきた方々に心より感謝を申し上げたい。

＊　＊　＊

筆者の両親は大阪・梅田で小さな設計事務所を営んでいた。締切前の晩になると、所員さん数人が自宅に来て両親と一緒に朝方まで図面を引いていた。朝起きると父は「番頭格」の所員さんと出来上がった図面を持ってすでに取引先に向かっており、徹夜明けの所員さんたちがリビングで仮眠を取っていて、母は所員さんと私たち姉妹の朝ご飯の支度をしていた。父は事務所の「若い子たち」が取引先の大企業の人間と対峙するときに余計な引け目を感じさせたくない、という思いを随分と強く持っていたように思う。仕事柄、浮き沈みの振幅はなかなかに激しかったようだが、景気が良い時には頑張って所員を海外研修旅行に連れて行くこともあった（ヨーロッパ所員旅行の留守番をさせられた母の恨みつらみは現在進行形である）。力餅の従業員慰安旅行の写真を見ながら、幼い頃は筆者も何度か事務所の旅行で所員さんたちに遊んでもらったことを思い出した。小学校で熱を出した時には、現場に出ていた母の代わりに、所員のお兄ちゃんが迎えに来てくれたこともある。高齢になった父は事務所をたたむ際、残っていた所員さんたちの再就職先の確保に奔走していた。

筆者が奉職している京都女子大学の学生たちに、力餅の慰安旅行の写真を紹介するとかなり驚かれる。社員旅行はおろか職場の飲み会すら「意味が分からない」という彼女たちの生きる世界では、勤務先の所長の子どものお迎えなどという公私混同甚だしいことはありえないのであるが、そこは同時に「親ガチャ」という言葉が流行し、子を持つことの果てしない責任の重さにたじろぎ二の足を踏む世界でもある。親方に面倒を見てもらわないと生活が立てられない社会は、決して牧歌的に振り返るようなものではないが、親だけが、あるいは親と顔のない「社会」だけが子どもの人生の責任を負う社会が持続可能であるというのもまた幻想にすぎないのだろう。

＊　＊　＊

勤務先の同僚である嘉本伊都子先生には、筆者が力餅系図を入手し興奮して研究室に見せびらかしに行った時から、実に長い間調査の経過を見守っていただいた。生来、頭がカチコチに固い筆者の餅系食堂研究を——時にはおはぎも——一緒に味わい楽しみ、じっくりと揉んで「うま味」を引き出してくださった。神戸大学大学院時代から但馬地方の地域調査に引き込んでくださった指導教官の藤井勝先生と先輩の福田恵先生からは、幸運なことに、今なおフィールドワーカーとしての所作と矜持と根性のほどをその背中から学ばせていただいている。日々惜しみないサポートと笑いを与えてくれる夫と娘をはじめ、身近な人々の多大な支えがあって、はじめて本書の執筆が可能になった。

法律文化社の田引勝二氏には、筆者が細々と積み上げてきた餅系食堂研究に目を留めてくださり、このような形で本としてまとめる機会を与えていただいた。筆の遅い筆者に根気強く付き合っていただいたことに感謝を申し上げたい。法律文化社からの出版が正式に決定した際、京都力餅の組合長を務められていた鞍馬口力餅の前田昭氏に報告したところたいそう驚かれた。法律文化社が上賀茂に移転する前は鞍馬口力餅の近所の紫野にあり、入職当時はしょっちゅう出前配達に行っていたのだという。一九六〇年代の配達先の名前を覚えておられることには筆者が驚かされたが、力餅で「胃袋」を満たした歴史のある出版社から本書を上梓させていただくことになっためぐり合わせを幸運に感じている次第である。

＊　＊　＊

本書のもとになる調査研究に際しては、以下の助成金を受給している。

平成二八～三〇年度科学研究費補助金（若手研究(B)）「戦後日本における労働力型都市移動と家族変動の実証的研究：親方子方関係に着目して」

令和五年度京都女子大学研究助成「京阪神都市圏の大衆食堂に関する社会学的研究――小規模家族経営の労働配分とその変化に着目して――」


本書に含まれる各章のもとになった既発表の拙稿の初出は以下の通りである。


『力餅食堂経営主の社会史――平成二九年度力餅経営主アンケート調査結果報告』平成二八～三〇年度科学研究費補助金（若手研究(B)）研究成果報告書、二〇一八年。

「京阪神地域における大衆食堂経営主の生活史と同郷ネットワーク――『力餅食堂』を事例に――」『現代社会研究科論集』第一二号、二〇一八年。

「大衆食堂経営主の『暖簾分け』と同業ネットワーク――『力餅食堂』を事例として――」『社会学雑誌』第三五・三六号、二〇一九年。

「労働力型都市移動と同郷ネットワークの論理――但馬出身者による京阪神都市圏下大衆食堂の展開を事例として――」日本村落研究学会企画・福田恵編『年報村落社会研究』五六、農山漁村文化協会、二〇二〇年。

「大衆食堂の暖簾分けと継承の諸相」鈴木理恵編『家と子どもの社会史――日本における後継者育成の研究』吉川弘文館、二〇二二年。

なお、本書は令和六年度京都女子大学出版助成により、出版経費の一部助成を受けて刊行したものである。

二〇二四年一二月

奥井亜紗子

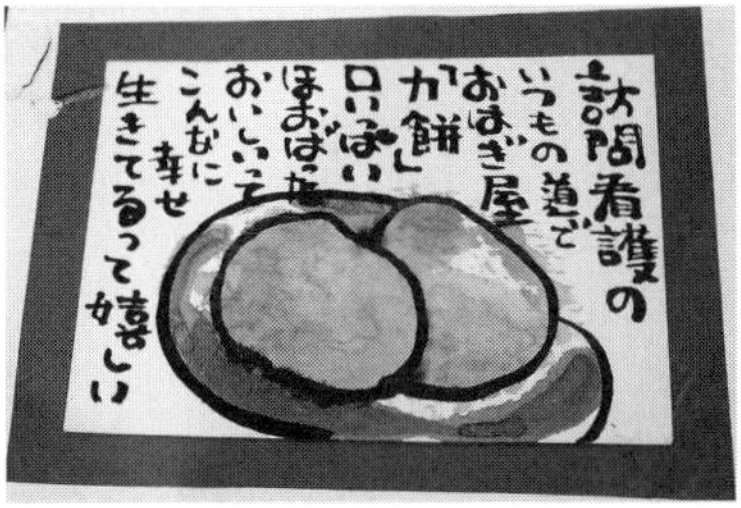

お客さんが描いたおはぎ

出所：小林正司氏提供。

関係年表

和暦	西暦	関係事項	社会の動き
明治一八	一八八五		**12月**阪堺鉄道が難波～大和川間を開業。
二二	一八八九	池口力造、兵庫県豊岡市豊田町に饅頭店を開業。	**2月**大日本帝国憲法公布。
二七	一八九四		**7月**日清戦争勃発。
二八	一八九五	池口力造、京都寺町六角に「勝利饅頭」店を出店。	**4月**下関講和条約締結。
三二	一八九九		**8月**園部駅、京都鉄道嵯峨駅からの延伸で終着駅として開業。
三六	一九〇三	「勝利饅頭」店を「勝利餅」とし、「京都名物力餅」の販売を開始。	
三七	一九〇四		**2月**日露戦争勃発。
三八	一九〇五		**4月**阪神電気鉄道、神戸（三宮）～大阪（出入橋）間を開業。**9月**ポーツマス条約締結。
四〇	一九〇七		三越デパートに食堂新設。
四三	一九一〇		**3月**箕面有馬電気軌道、梅田～宝塚間、石橋～箕面間を開業。**10月**京阪電気鉄道、天満橋～五条間を開業。
大正　三	一九一四	力餅食堂、京都で六店舗、大阪一号店を開店（天神橋三丁目：松本菊太郎）。	**4月**大阪電気鉄道、上本町～奈良間を開業。**7月**第一次世界大戦参戦。
六	一九一七	この頃、堀田鉄次郎、大力餅食堂を創業。	

七	一九一八	力餅食堂、神戸一号店開店（小野柄通り：猪師角造）。	**7月**米騒動勃発。**6月**大阪市営簡易食堂が設置開始（六カ所）。**9月**原敬内閣成立。
一二	一九二三		**9月**関東大震災。大阪～済州島定期航路「君が代丸」開始。
一三	一九二四	この頃、献立に麺類・丼物を導入。甘党食堂から一般的な大衆食堂へ。	
一四	一九二五		**3月**普通選挙法・治安維持法成立。**4月**大阪市第二次市域拡張。**5月**北但大震災。
一五	一九二六	谷口利太郎、弁慶餅食堂を創業。	
昭和四	一九二九		世界大恐慌。
六	一九三一		**9月**満州事変。
七	一九三二		五・一五事件。
八	一九三三	白石鉄造、相生餅食堂を創業。	松下電気器具製作所、大阪府北河内郡門真村大字門真（現・門真市大字門真）に大規模工場を建設して移転。
一一	一九三六	力餅食堂、全六九店舗に。	二・二六事件。
一二	一九三七	力餅連合会発会式。	
一六	一九四一	力餅食堂、全七八店舗（京都三六、大阪三五、神戸五、広島二）に。	**12月**真珠湾攻撃、太平洋戦争勃発。
二〇	一九四五	京都二〇店舗、大阪三店舗まで減少。	**8月**終戦。
二一	一九四六		**11月**日本国憲法発布。
二七	一九五二	力餅連合会再発足。神戸力餅組合戦後初総会。	

二九	一九五四	京都力餅組合戦後初総会、婦人慰労会開催。	**12月**神武景気始まる。
三〇	一九五五	力餅連合会、初の総会開催。大阪力餅組合、組合積立預金開始。	
三一	一九五六	大阪力餅組合、組合積立貯金中断。	**10月**二代目通天閣が開業。
三二	一九五七		**9月**中内㓛、千林商店街（大阪市旭区千林町）に「主婦の店・ダイエー薬局」を開店。
三三	一九五八	力餅連合会、バッヂ作成。	**8月**日清食品、「即席チキンラーメン」発売。
三五	一九六〇	O氏、大阪力餅組合長に就任。	**7月**東芝、国産初のカラーテレビを発売。国際電気（現 日立国際電気）、国産初の業務用電子レンジを発売。
三六	一九六一		
三七	一九六二	大阪力餅組合、組合積立貯金再開。	**11月**千里ニュータウンまちびらき式。
三八	一九六三	力餅連合会、名簿作成。大阪力餅組合、火災保険業務（一括加入）開始。	**7月**名神高速道路、栗東～尼崎開通。
三九	一九六四		**10月**東海道新幹線開業。東京オリンピック。**12月**京都タワー開業。
三七	一九六二	坂口伊作、千成餅食堂を創業。	
四二	一九六七	力餅連合会、西本願寺にて物故者合同慰霊祭法要開催。	
四三	一九六八	京都力餅組合、組合旗入魂式。大阪力餅組合、失業保険組合設立。	**4月**司馬遼太郎「坂の上の雲」連載開始（『産経新聞』）。**10～11月**永山則夫連続射殺事件。**12月**吉野屋、新橋駅前に開店。

四四	一九六九		**1～9月**京大紛争。**4月**司馬遼太郎『坂の上の雲第一巻』刊行。**8月**映画「男はつらいよ」（シリーズ第一作）公開。
四五	一九七〇		**3～9月**日本万国博覧会（大阪万博）。**7月**「すかいらーく」一号店が東京都府中市に開店。
四六	一九七一	神戸力餅組合、第一回親睦旅行開催。以後恒例行事に。	**4月**ダスキン、「ミスタードーナツ」一号店を箕面を開店。**7月**日本マクドナルド一号店が銀座三越にオープン。**9月**日清食品、「カップヌードル」発売。**12月**「ロイヤルホスト」一号店が北九州市に開店。
四八	一九七三		**11月**オイルショック。
四九	一九七四	大阪力餅組合のO氏、厚生大臣より表彰される。	**4月**イトーヨーカ堂、「デニーズ」一号店を横浜市に開店。**5月**セブンイレブン一号店、東京都江東区に開店。
五二	一九七七	大阪力餅組合、のれん・包装紙を統一。	
五三	一九七八	大阪力餅組合のO氏、勲五等瑞宝章受章。	
五九	一九八四	**7月**力餅食堂本店（京都寺町六角）、近隣の火災により類焼。	
六〇	一九八五	**5月**池口正之死去。	
六一	一九八六		**12月**大阪に宅配ピザ一号店登場。
平成 元	一九八九	**3月**力餅創業一〇〇周年記念式典及祝賀会。	
三	一九九一		**2月**バブル経済崩壊。
四	一九九二	千成餅組合、三十周年記念誌作成。	

七	一九九五		**1月**阪神・淡路大震災。
二一	二〇〇九	力餅の総店舗数が一〇〇店舗を切る（九八店舗に）。 力餅一二〇周年ラジオCM放送。	
二三	二〇一一		**3月**東日本大震災。
二七	二〇一五	力餅総店舗数が八〇店舗を切る（七六店舗に）。	
三〇	二〇一八	大阪力餅組合、総会にて「力餅ローン」を解散。	
令和 二	二〇二〇		**1月**コロナ禍が日本でも始まる。
三	二〇二一	力餅、六〇店舗を切る（五八店舗に）。	**7～8月**東京オリンピック。

人名索引

や・わ 行

平成29年6月25日

アンケートご協力のお願い

拝啓　初夏の候、時下ますますご清祥の段、お慶び申し上げます。
私は京都女子大学の奥井亜紗子と申します。この度、**力餅連合会にご了承いただき**、力餅創業130周年に寄せて、力餅連合会員の皆様に**「力餅経営主の生活史に関するアンケート」**にご協力をお願いすることになりました。本企画は学術的課題のもとに実施されていますが、同時にこの成果が力餅連合の発展に役立つならば大変幸いに存じます。

本アンケートはコンピュータで集計され、「○%」というように数字で処理されますので、回答の秘密は厳重に守られます。お手数ですが、質問にご回答のうえ**7月20日（木）までに同封の返信用封筒に調査票を入れてご投函ください**。結果につきましては、力餅連合会と時期・方法等を相談調整させていただいたうえで、来年度総会頃に会員の皆様にご報告させていただく予定です。

ご多忙の折、誠に恐縮ではありますが、アンケート調査にご協力いただきますようお願い申し上げます。

敬具

ご回答いただく用紙について

2通の調査票を同封しております。

初代（一代目）経営主の方⇒ピンクの調査票

二代目、三代目及びそれ以外の経営主の方⇒みどりの調査票

にご回答ください。

＊それ以外の方…ご親族以外の方からお店を継承された方

ご記入上の注意

・**回答は経営主ご本人様がご記入ください。**
・とくに指示がない限り、あてはまる選択肢の番号（1,2,3…）に○をつけてください。
・それ以外は質問文の指示に従ってお答え下さい。
・選択肢の中から選ぶ場合、特に指定しないかぎり一つだけ選んでください。
・「その他」を選択した場合は、その内容を具体的にご記入下さい。
・**ご自身に該当しない項目は未記入のままで先に進んでください。**

本アンケート企画の目的

力餅食堂（以下「力餅」）は、地域密着型飲食店として長年京阪神地域を中心に人々の日常生活に溶け込んできた。昭和末期最盛期における店舗数は約180店舗であるが、所謂チェーンではなく、親方のもとでの一定の住み込み修行を積んで独立開業するという伝統的なのれ

裏面へ

ん分けシステムで店舗展開を行ってきた。高度経済成長期以降までこのようなのれん分けの伝統が継続した事例は珍しく、力餅経営主の生活史は昭和史の証言として貴重な価値を持つ。

力餅初代経営主はその多くが創業者の郷里である但馬地方出身者である。力餅ののれんわけシステムは労働市場の未発達な但馬地方からの都市移動ネットワークを支え、また但馬出身者が都市において生活基盤を構築するうえでの重要な拠り所として機能してきたといえる。力餅の歴史は、戦前戦後にかけて大量の地方人口を吸収しながら成立した京阪神都市地域社会の伸長と期を一にしている。

平成以降の急激な社会変動、家族のあり方や地域社会の変容のなかで、力餅もまた深刻な後継者難等により店舗数を急減させているものの、今なお変わらぬ「昭和らしさ」は、消費者に懐かしさと安心感をもたらし、それは繰り返し足を運ばせる要因の一つとなっている。本企画は創業 130 周年に合わせて力餅の歴史と現状、そして今後の展望を、経営主の生活史に焦点を当てて明らかにしようとするものである。

研究企画者のプロフィール

企画者：京都女子大学現代社会学部 准教授　奥井亜紗子
専門分野：社会学（家族、農村、地域）
研究テーマ：農村—都市移動、家族変動、同郷団体
「力餅」研究の経緯：2000 年頃より兵庫県但馬地方を対象に、地域社会の歴史や人々の生活の変化について調査研究を開始し、香美町（旧村岡町）山田、日高町稲葉を中心に複数地点でフィールドワークを継続。そこで、戦前から但馬出身者が京阪神に転出する際に力餅食堂に働きに出るケースが多かったことを知り、2015 年より京都を中心に力餅経営主の生活史インタビューを開始している。

＊本企画は平成 28～30 年度科学研究費補助金研究（若手研究（B））「戦後日本における労働力型都市移動と家族変動の実証的研究：親方子方関係に着目して」（研究代表 奥井亜紗子：京都女子大学）の一環として実施しています。

＊＊＊＊＊＊＊＊＊＊＊＊＊＊＊＊＊＊＊＊
本アンケートについて、ご不明な点がありましたら下記までお問い合わせください。
〒605-8501 京都市東山区今熊野北日吉町 35
京都女子大学 現代社会学部　　　　奥井 亜紗子

初代経営主の方用

「力餅」経営主の生活史に関するアンケート調査

Ⅰ　力餅を開業されるまでについておうかがいします。

問1　ご出身は但馬ですか、但馬以外ですか。

1. 但馬出身　　　　　2. それ以外（具体的に＿＿＿＿＿＿＿＿＿＿）

問2　あなたが10歳頃のご実家の生業は何でしたか。もっとも近いものを下記から一つ選んで下さい。

【主として農業】

1. 農業のみ（専業農家）
2. 農業と酒造出稼ぎ
3. 農業と日雇や不定期の賃労働

【農業と兼業】

4. 役場・農協などの公務と農業
5. 教職と農業
6. 商業などの自営業と農業
7. 企業などでのお勤めと農業

【非農業】

8. 役場・農協などの公務
9. 教職
10. 商業など非農業の自営業
11. 企業などでのお勤めと農業

【その他】

12. 具体的に（＿＿＿＿＿＿＿＿＿＿）

問3　ご実家でのきょうだい構成**（ごきょうだいがいない場合は0を入れてください）**

ご自身を入れて　男（　　　　）人・　女（　　　　）人

⇒計（　　　　）人きょうだいの　（　　　　）番目

＊すでに他界されているごきょうだいも含めてください。

問4　ご実家は現在どのような状態ですか。

1. 片親あるいは両親のみ
2. 両親（あるいは片親）と単身のあとつぎ
3. 両親（あるいは片親）と結婚しているあとつぎ
4. 両親はすでに他界し、単身のあとつぎのみ
5. 両親はすでに他界し、あとつぎとその家族
6. あとつぎは他界し、その子どもの代になっている
7. 誰も住んでおらず、空き家となっている
8. 売却などで実家はすでに処分している
9. その他（具体的に＿＿＿＿＿＿＿＿＿＿＿＿＿＿）

→ **2～6を選択された方**

あとつぎの続柄　＿＿＿＿＿＿＿

（あなたからみて長兄・次兄など）

問5　あなたが郷里を転出したのはいつですか。　昭和（　　　　）年／満（　　　　）歳

1

問６　力餅で働く前に別の仕事をしていたことはありますか。　　1．ある　　2．ない

⇒「１．ある」と回答された方のみにうかがいます

問６－１．どのような仕事をされていましたか。

具体的に＿＿＿＿＿＿＿＿＿＿＿＿＿＿＿＿＿＿＿＿＿＿＿＿＿＿＿

問６－２．何年ほどされていましたか。

およそ（　　　　　　）年間

問６－３．転職のきっかけや動機は何でしたか。

問７　力餅に修行に入られたのいつですか　　　昭和（　　　　）年／満（　　　　）歳

問８　どこの店舗で修行されましたか。**複数の親方のもとで修行された方はのれんわけをしてもらった店舗をご記入ください。**

（　　　　　　　）府・県　（　　　　　　　　）市・町・村　（　　　　　　　　）

親方のお名前＿＿＿＿＿＿＿＿＿＿＿＿＿＿＿＿＿＿＿＿

複数の店舗で修行した　　1．はい　　2．いいえ

問９　親方とはもともとどのようなつながりがありましたか。具体的にご記入ください。

例：きょうだいの配偶者の親戚にあたる／親方と親戚関係にある同郷の方の紹介、など。

問10　現在どれくらいの頻度で出身地に帰省しますか。

1.年に（　　　　　）回程度　　2．数年に１回程度　　3．ほとんど帰らない

Ⅱ　力餅修行時代についておうかがいします。

問11　修行当時は住込みでしたか。　　1．はい　　2.いいえ

問12　当時のおおよそのお給料とお休みの日数をお答えください。

お給料　１か月（　　　　　　　）円　　お休み　１か月（　　　　　）日

問13　兄弟弟子はいましたか。　　1．いた　　2．いなかった

⇒「1．いた」と回答された方におうかがいします。

問13－1．　兄弟弟子は全部で何人でしたか（ほぼ同じ時期に働いていた人）

（　　　　）名

問13－2．　あなた以外に同じ親方のもとからのれん分けした人はいますか。

現在すでに廃業しているケースも含めて（　　　　）名

問14　修行時代の思い出や印象的なエピソードなどご自由にご記入ください。

Ⅲ　独立開業と店舗経営についてうかがいます。

問15　貴店を開業されたのはいつですか。　　昭和（　　　　）年／満（　　　　）歳

問16　独立開業に際しての資金はどのように調達されましたか。**あてはまるものすべてに○をつけ、そのうち一番大きかった調達方法に◎をつけてください。**

1. 親方が保証人となってあなた自身が金融機関でローンを組んだ
2. 金融機関から親方が資金を調達してあなたに貸し、あなたは親方に借金を返済した
3. 力餅組合のローンを借り入れした。
4. 親方の取引先企業から資金を借り入れした。
5. 郷里の親兄弟から資金を借り入れした。
6. 郷里の親戚から資金を借り入れした。
7. その他（具体的に　　　　　　　　　　　　　　　　　　）

問17　独立当初、貴店に訪れるお客さんの層は主としてどのようなものでしたか。

例）近所の映画館のお客／近隣のファミリー層　など。

問18　独立当初と比べて、現在のお客さんの層には変化はありますか。

1．ある　　2．ない

⇒「1．ある」と回答された方は、どのように変化したのかご記入ください。

例）映画館が閉館して客足が遠のいた／観光客が増えた、など

問19　貴店には住込み従業員がいたことはありますか。

1．ある　　2．ない

⇒「1．ある」と回答された方のみにうかがいます。

問19－1．どのように募集しましたか。**あてはまるものすべてに○をしてください。**

1．郷里の兄弟や親戚を頼んだ
2．郷里の伝手で非血縁の人を頼んだ
3．職業紹介所で同郷の人を雇った
4．職業紹介所で同郷以外の人を雇った
5．力餅他店で働いていた人を雇った
6．その他（具体的に　　　　　　　　　　　）

問19－2．いつ頃まで住込み従業員がいましたか。

1．昭和・平成（　　　　）年頃まで
2．現在も雇用している

問20　貴店には現在、ご家族以外のパート等従業員はいますか。　1．いる　2．いない

問21　力餅の関係者（他店経営主やその配偶者など）に以下に当てはまる方はいますか。**すでに廃業や他界されている方も含めてお答えください。**

問21－1．きょうだいやいとこ、おじやおばなど自分の親戚関係の方

1．いない　2．いる（具体的なご関係　　　　　　　　　）

問21－2．配偶者のきょうだいやいとこ、おじやおばなど、姻戚関係の方

1．いない　2．いる（具体的なご関係　　　　　　　　　）

問21－3．同じ集落出身の方

1．いない　2．いる

問21－4．自分の店から独立開業した方

1．いない　2．いる

問22　貴店でもっとも注文の多い看板メニューは何ですか。

（　　　　　　　　　　　　）

問 23　貴店ではおはぎ等の甘味の販売をしています。

1. している　　　　　2. していない

⇒「2．していない」と回答した方のみにうかがいます。

問 23－1．販売をやめた時期について教えてください

やめた時期　　　　　昭和・平成（　　　　　）年頃

Ⅳ　ご結婚とご家族についてうかがいます。

問 24　ご結婚されたのはいつですか　　　　昭和・平成　（　　　　）年

問 25　配偶者の出身地はどこですか。

（　　　　　）都・道・府・県（　　　　　）市・町・村（　　　　　）

問 26　配偶者とお知り合いになったのはどのような経緯ですか。

1. 郷里の親戚等の紹介
2. 力餅関係者の紹介
3. 力餅以外の転出先の同郷者の紹介
4. 力餅以外の転出先の同郷者以外の紹介
5. その他（具体的に　　　　　　　　　　　　　　　　）

問 27～29 は子どものいる方のみにおたずねします。該当されない方は問 30 に進んで下さい。

問 27　お子さんの①性別、②出生年、③最後に行った学校、④現在の居住場所について、以下の表に**年齢の高い順**から記入してください。**③学校と④居住場所に関しては表下の点線枠の中から一つを選んで表に記入してください。**

	① 性別	②出生年	③最後に行った学校	④居住場所（6を選択された方は都道府県名を括弧内に記入してください。）
1	男・女	昭・平（　　）年		（　　　）
2	男・女	昭・平（　　）年		（　　　）
3	男・女	昭・平（　　）年		（　　　）
4	男・女	昭・平（　　）年		（　　　）

③《最後に行った学校》

イ．中学校
ロ．高等学校
ハ．高専・短期大学
ニ．大学（大学院含む）
ホ．就学中

④《居住場所》

1. 同居	5. 同じ都道府県
2. 同じ町内	6. 他の都道府県
3. 同じ区内	7. 国外
4. 同じ市内	8. 居住地不詳

問28　問27表のお子さんのうち、貴店を継がれる予定の方はいますか。

1.（　　　　　）番の子が継いでいる（すでに店舗で働いている）

2.（　　　　　）番の子が継ぐ予定である（現在はまだ働いていない）

3. 継ぐ予定の子はいない

4. まだ考えていない

5. 分からない

6. その他（具体的に　　　　　　　　　　　　　　　　　　　　　　）

問29　お子さんが小学生頃のお商売と家庭生活の様子、印象深い思い出やエピソードについてご自由にご記入ください。

V　その他の生活やご意見についてうかがいます。

問30　あなたには以下の役職のご経験がありますか。**過去に就かれたことのある役職についてもお答えください。**

問30－1．現在お住まいの地域の自治会・町内会関係の役

1. ある（具体的に　　　　　　　　　　　　　　　　　　　　）　2. ない

問30－2．現在お住まいの地域のPTA、社会福祉協議会等各種団体の役

1. ある（具体的に　　　　　　　　　　　　　　　　　　　　）　2. ない

問30－3．店舗のある商店街や飲食関連団体等の役

1. ある（具体的に　　　　　　　　　　　　　　　　　　　　）　2. ない

問30－4．　その他の役、委員など

1. ある（具体的に　　　　　　　　　　　　　　　　　　　　）　2. ない

問 31　以下の項目についてあてはまる箇所に○をしてください。

	まったくあてはまらない	あまりあてはまらない	どちらでもない	ややあてはまる	あてはまる
①　力餅に入った当初から独立を目標にしていた	1	2	3	4	5
②　親方とは家族ぐるみの付き合いだ	1	2	3	4	5
③　きょうだい弟子とは家族ぐるみの付き合いだ	1	2	3	4	5
④　親方の家族とは年賀状のやりとりをしている	1	2	3	4	5
⑤　組合の親睦旅行にはよく参加した	1	2	3	4	5
⑥　組合や連合の総会には必ず出席する	1	2	3	4	5
	まったくあてはまらない	あまりあてはまらない	どちらでもない	ややあてはまる	あてはまる

問 32　以下の意見についてあてはまる箇所に○をしてください。

	まったくそう思わない	あまりそう思わない	どちらでもない	ややそう思う	そう思う
①　この商売は夫婦が基本である	1	2	3	4	5
②　長年共に働いてきた妻は戦友のようなものだ	1	2	3	4	5
③　同郷の人間は安心感がある	1	2	3	4	5
④　現在の自分があるのは親方のおかげだ	1	2	3	4	5
⑤　一国一城の主であることは誇りだ	1	2	3	4	5
⑥　自治会や商店街組合など地域の役は積極的に引き受けてきたほうだ	1	2	3	4	5
⑦　商売柄、仕事と家庭生活を区別することは難しい	1	2	3	4	5
⑧　子供には自分で将来の道を選ばせたい	1	2	3	4	5
⑨　今は外食産業にとって厳しい時代だ	1	2	3	4	5
⑩　体力が許す限りお店で仕事を続けたい	1	2	3	4	5
	まったくそう思わない	あまりそう思わない	どちらでもない	ややそう思う	そう思う

問 33　**【但馬のご出身で、現在但馬以外にお住まいの方のみにうかがいます】**
あなたは現在のご自身を「但馬の人間」だと思いますか。それとも「転出先の地域（京都、大阪、神戸など）の人間」だと思いますか。あてはまる数字に○をしてください。

但馬の人間である ←――――― どちらでもない ―――――→ 転出先の人間である

1	2	3	4	5

問 34　力餅経営主として現在考えられていること、組合に対するご意見などご自由にご記入ください。

☆☆☆☆☆☆☆☆☆
アンケートは以上になります。ご協力ありがとうございました。最後にあなた自身についてお伺いします。

あなたの性別（ 男 ・ 女 ）　満年齢（＿＿＿＿＿）歳
（平成 29 年 1 月 1 日現在）

出身地域 ＿＿＿＿＿＿＿＿（都・道・府・県）＿＿＿＿＿＿（市・町・村）
【但馬ご出身の場合】 旧町名（＿＿＿＿＿＿＿＿）集落名（＿＿＿＿＿＿＿）

現在お住まいの地域は＿＿＿＿＿＿＿(府・県) ＿＿＿＿＿＿＿＿（区・市・町・村）

離郷の契機や修行時代のエピソード、独立開業時から現在に至るまでのお商売のご苦労話など、これまでの人生の様々なご経験（生活史）についてお話下さる方を探しています。インタビューにご協力を頂ける方は以下にお名前とご連絡先電話番号をご記入ください。

お名前＿＿＿＿＿＿＿＿＿＿　**ご連絡先℡（　　　　　　　　）**

二代目以降の経営主の方用

「力餅」経営主の生活史に関するアンケート調査

Ⅰ　貴店のルーツについておうかがいします。ご存じの限りでお答えください。

問１　初代の方が貴店を開業されたのはいつですか。

明治・昭和・大正・平成（　　　　　）年

問２　あなたは何代目の経営主にあたりますか。　（　　　　　）代目

問３　初代経営主はいつ、どこの店舗で修行されましたか。**複数の親方のもとで修行された場合はのれんわけをしてもらった店舗についてご記入ください。**

問３－１．　力餅に修業に入られた時期　明治・大正・昭和　（　　　　　）年頃

問３－２．　修行された店舗の所在地　（　　　　　　　　　　　　　　）

親方のお名前＿＿＿＿＿＿＿＿＿＿＿＿＿＿＿＿＿＿

複数の店舗で修行した　1．はい　　2．いいえ

問４　初代経営主は力餅に入る前に別の仕事をしていたことはありますか。

1．ある　　2．ない　　3．分からない

⇒「1．ある」と回答された方のみにうかがいます

問４－１．どのような仕事をされていましたか。

具体的に＿＿＿＿＿＿＿＿＿＿＿＿＿＿＿＿＿＿＿＿＿＿＿＿

問４－２．何年ほどされていましたか。

およそ（　　　　　）年間

問４－３．転職のきっかけや動機をどのようにうかがっていますか。

問５　初代経営主のご出身は但馬ですか、但馬以外ですか。

1．但馬出身

2．それ以外（具体的に＿＿＿＿＿＿＿＿＿＿＿＿＿＿＿＿＿）

1

Ⅱ　初代経営主の出身地が但馬の方のみにうかがいます。問５で「2. それ以外」を選択された方はⅢ（3頁）にお進みください。

問6　初代経営主の出身地はどこですか。

（　　　　　　　　）市・町・村　（集落名　　　　　　　　　　）

問7　初代経営主のご実家の生業は何ですか。農業の場合はあてはまるものに○をしてください。

1. 農業　→ 農業専業　・　農業と酒造出稼ぎ　・農業とその他の兼業

2. それ以外（具体的に　　　　　　　　　　　　　　　　）

問8　初代経営主のご実家は現在どのような状態ですか。

1. 片親あるいは両親のみ
2. 両親（あるいは片親）と単身のあとつぎ
3. 両親（あるいは片親）と結婚しているあとつぎ
4. 両親はすでに他界し、単身のあとつぎのみ
5. 両親はすでに他界し、あとつぎとその家族
6. あとつぎは他界し、子どもの代になっている
7. 誰も住んでおらず、空き家となっている
8. 売却などで実家はすでに処分している
9. その他（具体的に　　　　　　　　　　　　　　　　）
10. 分からない・不明

→ **2～6を選択された方**

あとつぎの続柄 ＿＿＿＿＿＿
（初代経営主からみて長兄・次兄など）

問9　**初代経営主がすでに他界されている方のみお答えください。**初代経営主のお墓はどこにありますか。

1. 但馬にある先祖のお墓に入っている
2. 但馬で新規に建てたお墓に入っている
3. 但馬で先祖のお墓に入っていたが、貴店のある地域に移転した
4. 但馬で新規に建てたお墓に入っていたが、貴店のある地域に移転した
5. 貴店のある地域で新規にお墓を建立している
6. 但馬にあるお寺で永代供養している
7. 但馬以外にあるお寺で永代供養をしている
8. お墓はまだ作っていない
9. その他（具体的に　　　　　　　　　　　　　　　　）

問10　**【現在但馬以外にお住まいの方のみ】**あなたは現在のご自身を「但馬の人間」だと思いますか。それとも「現住地（貴店のある地域）の人間」だと思いますか。あてはまる数字に○をしてください。

但馬の人間である ←――――― どちらでもない ―――――→ 現住地の人間である

1　　　　2　　　　3　　　　4　　　　5

Ⅲ　あなたご自身と力餅との関わりについておうかがいします。

問 11　あなたからみて初代経営主は以下のどの続柄にあてはまりますか。

1. 父　　2. 祖父　　3. 配偶者の父親　　4. 配偶者の祖父

5. その他（具体的に＿＿＿＿＿＿＿＿＿＿＿＿＿＿＿＿）

⇒1～2（父、祖父）を選択された方のみにうかがいます。

問 11－1．　あなたは子どもの頃どこでお住まいでしたか。

成人するまでもっとも長く過ごした場所ついてお答えください。

1. 貴店の 2 階など、店舗と一体型の住居
2. 貴店の近隣（同じ町内など）にある別棟の住居
3. 父親または母親の実家（　但馬　　・　但馬以外　）
4. その他（具体的に＿＿＿＿＿＿＿＿＿＿＿＿＿＿＿＿）

問 12　力餅に入る前に別の仕事をしていたことはありますか。

1. ある　　2. ない

⇒「1．ある」と回答された方のみにうかがいます

問 12－1．どのような仕事をされていましたか。

具体的に＿＿＿＿＿＿＿＿＿＿＿＿＿＿＿＿＿＿＿＿

問 12－2．何年ほどされていましたか。

およそ（　　　　　）年間

問 12－3．前職から力餅に入られた契機について、具体的にご記入ください。

問 13　力餅の仕事を本格的に（専業として）始められたのはいつですか。

昭和・平成　（　　　　　　）年／当時のご年齢　満（　　　　）歳

問 14　貴店を正式に継がれたのはいつですか。

昭和・平成　（　　　　　　）年／当時のご年齢　満（　　　　）歳

問 15　**【ご両親が力餅をされていた方のみにうかがいます】**
子どもの頃のご両親のご商売の様子について、印象に残っている思い出やエピソード等ありましたらご自由にご記入ください。

問 16　貴店には住込み従業員がいたことはありますか。
1. ある　　　　　2. ない

⇒**「1．ある」と回答された方のみにうかがいます。**

問１６－１．　いつ頃まで住込み従業員がいましたか。

1. 昭和・平成（　　　　　　）年頃まで
2. 現在も雇用している

問 17　貴店には現在、ご家族以外のパート等従業員はいますか。　1. いる　　　2. いない

問 18　力餅の関係者（他店経営主やその配偶者など）に以下に当てはまる方はいますか。**すでに廃業や他界されている方も含めてご存じの限りでお答えください**。

問 18－１．きょうだいやいとこ、おじやおばなど自分の親戚関係の方
1. いない　　2. いる（具体的なご関係　　　　　　　　　　　　　　）

問 18－２．配偶者のきょうだいやいとこ、おじやおばなど、姻戚関係の方
1. いない　　2. いる（具体的なご関係　　　　　　　　　　　　　　）

問 18－３．貴店から独立開業した方
1. いない　　2. いる

問 19　貴店ではおはぎ等の甘味の販売をしています。
1. している　　　　　2. していない

⇒**「2．していない」と回答した方のみにうかがいます。**

問 19－１．　販売をやめた時期について教えてください
やめた時期　　　　　昭和・平成（　　　　　　）年頃

問 20　貴店でもっとも注文の多い看板メニューは何ですか。

（　　　　　　　　　　　　　　　　　）

問 21　先代経営主の頃、貴店に訪れるお客さんの層は主としてどのようなものでしたか。

例）近所の映画館のお客／近隣住宅のファミリー層　など。

問 22　近年、貴店に訪れるお客さんの層には変化がありますか。**ある場合は具体的にどのように変化したのかをご記入ください。**

1．ある　　2. ない

例）映画館が閉館して客足が遠のいた／観光客が増えた、など。

Ⅳ　ご結婚とご家族についておうかがいします。

問 23　ご結婚されたのはいつですか　　　　　　昭和・平成　（　　　　）年

問 24　配偶者の出身地は但馬ですか。

1.　但馬出身　　　　　　　　　　　　　2.　但馬以外のご出身

問 25～27 は子どものいる方のみにおたずねします。該当されない方は問２８に進んで下さい。

問 25　お子さんの①性別、②出生年、③最後に行った学校、④現在の居住場所について、以下の表に**年齢の高い順から**記入してください。**③学校と④居住場所に関しては表下の点線枠の中から一つを選んで表に記入してください。**

	① 性別	②出生年	③最後に行った学校	④居住場所（6 を選択された方は都道府県名を括弧内に記入してください。）
1	男 ・ 女	昭・平(　　　)年		(　　　　)
2	男 ・ 女	昭・平(　　　)年		(　　　　)
3	男 ・ 女	昭・平(　　　)年		(　　　　)
4	男 ・ 女	昭・平(　　　)年		(　　　　)

③《最後に行った学校》

イ.　中学校
ロ.　高等学校
ハ.　高専・短期大学
ニ.　大学（大学院含む）
ホ.　就学中

④《居住場所》

1.　同居	5.　同じ都道府県
2.　同じ町内	6.　他の都道府県
3.　同じ区内	7.　国外
4.　同じ市内	8.　居住地不詳

問26　問25表のお子さんのうち、貴店を継がれる予定の方はいますか。

1.（　　　　）番の子が継いでいる（すでに貴店で働いている）
2.（　　　　）番の子が継ぐ予定である（現在はまだ働いていない）
3. 継ぐ予定の子はいない
4. まだ考えていない
5. 分からない
6. その他（具体的に　　　　　　　　　　　　　　　　　　　　　）

問27　お子さんが小学生頃の家庭生活とお商売の様子、印象深い思い出やエピソードについてご自由にご記入ください。

V　その他の生活やご意見についてうかがいます。

問28　あなたには以下の役職のご経験がありますか。**過去に就かれたことのある役職についてもお答えください。**

問28－1．現在お住まいの地域の自治会・町内会関係の役

1. ある（具体的に　　　　　　　　　　　　　　　　）　2. ない

問28－2．現在お住まいの地域のPTA、社会福祉協議会等各種団体の役

1. ある（具体的に　　　　　　　　　　　　　　　　）　2. ない

問28－3．店舗のある商店街や飲食関連団体等の役

1. ある（具体的に　　　　　　　　　　　　　　　　）　2. ない

問28－4．　その他の役、委員など

1. ある（具体的に　　　　　　　　　　　　　　　　）　2. ない

問29　以下の項目についてあてはまる箇所に○をしてください。

	まったく あてはまらない	あまり あてはまらない	どちらでも ない	やや あてはまる	あてはまる
①　組合や連合の総会には必ず出席する	1	2	3	4	5
②　組合の親睦旅行にはよく参加した	1	2	3	4	5
③　初代経営主の親方の家族とは年賀状のやりとりをしている	1	2	3	4	5
④　子どもの頃から将来的に店を継ぐことを意識していた	1	2	3	4	5
	まったく あてはまらない	あまり あてはまらない	どちらでも ない	やや あてはまる	あてはまる

問30　以下の意見についてあてはまる箇所に○をしてください。

	まったく そう思わない	あまり そう思わない	どちらでも ない	やや そう思う	そう思う
①　家業は大切に守るべきだ	1	2	3	4	5
②　現在の自分があるのは初代経営主のおかげだ	1	2	3	4	5
③　一国一城の主であることは誇りだ	1	2	3	4	5
④　この商売は夫婦が基本である	1	2	3	4	5
⑤　長年共に働いてきた妻は戦友のようなものだ	1	2	3	4	5
⑥　自治会や商店街組合など地域の役は積極的に引き受けてきたほうだ	1	2	3	4	5
⑦　商売柄、仕事と家庭生活を区別することは難しい	1	2	3	4	5
⑧　子供には自分で将来の道を選ばせたい	1	2	3	4	5
⑨　今は外食産業にとって厳しい時代だ	1	2	3	4	5
⑩　体力が許す限りお店で仕事を続けたい	1	2	3	4	5
	まったく そう思わない	あまり そう思わない	どちらでも ない	やや そう思う	そう思う

問31　力餅経営主として現在考えられていること、組合に対するご意見など、ご自由にご記入ください。

☆☆☆☆☆☆☆☆☆

アンケートは以上になります。ご協力ありがとうございました。最後にあなた自身についてお伺いします。

あなたの性別（　男　・　女　）　　満年齢（＿＿＿＿＿）歳
（平成29年1月1日現在）

現在お住まいの地域は＿＿＿＿＿(都・道・府・県)　＿＿＿＿＿（区・市・町・村）

幼少時代のお店の思い出やお商売を継がれた経緯、店舗経営のエピソードなど、これまでの人生の様々なご経験（生活史）についてお話下さる方を探しています。インタビューにご協力いただける方はお名前とご連絡先電話番号をご記入ください。

お名前＿＿＿＿＿＿＿＿＿＿　ご連絡先℡（　　　　　　　　　　　）

《著者紹介》

奥井亜紗子（おくい・あさこ）

2006年　神戸大学大学院文化学研究科社会文化専攻修了。
現　在　京都女子大学現代社会学部准教授（社会学）。博士（学術）。
著　書　『農村―都市移動と家族変動の歴史社会学――近現代日本における「近代家族の大衆化」再考』晃洋書房、2011年〈第7回日本村落研究学会奨励賞・第5回地域社会学会奨励賞受賞〉。
『人の移動からみた農山漁村――村落研究の新たな地平』共著、農山漁村文化協会、2020年。
『家と子どもの社会史――日本における後継者育成の研究』共著、吉川弘文館、2022年。
『１％の隣人たち――豊岡発！外国人住民と共に生きる地域社会』共著、昭和堂、2024年、ほか。

Horitsu Bunka Sha

Social History of Japan 2

関西大衆食堂の社会史
――「餅系食堂」からみた都市移動と立身出世

2025年３月31日　初版第１刷発行

著　者　奥井亜紗子

発行者　畑　　光

発行所　株式会社　法律文化社

〒603-8053 京都市北区上賀茂岩ヶ垣内町71
電話 075(791)7131　FAX 075(721)8400
customer.h@hou-bun.co.jp
https://www.hou-bun.co.jp/

印刷：中村印刷㈱／製本：㈱吉田三誠堂製本所
装幀：白沢　正
ISBN978-4-589-04387-0